교육의 **배신,** 내몰리는 **아이들**

교육의 배신
내몰리는 아이들

현장에서 쓴 교육개혁 블루프린트

박명섭

지호

"어린 자식이 있다면
최선의 능력을 다해 돕고 안내하고 보호하라.
하지만 더 중요한 것은 그들에게 공간을 주는 일이다,
존재할 공간을.
그들은 당신을 통해 이 세상에 왔을 뿐이지
'당신의 소유'가 아니다."

— 에크하르트 톨레, 『NOW』 중에서

추천사

분노와 절망을 넘어 교육 희망의 새 불씨로 타올라라

내가 프랑스에서 귀국하여 《한겨레신문》에서 일을 시작하면서 '왜냐면'이란 지면을 기획했었다. 이때 현직 교사로서 '왜냐면'에서 처음 글을 기고해왔던 박명섭 선생과의 인연을 나는 소중하게 생각한다. 전남 지역의 학교 현장에서 가끔 만날 때마다 털털하고 수수한 웃음으로 다가오는 그를 보면서 한국 교육에 대한 분노만은 아닌, 그렇다고 절망만도 아닌, 떨칠 수 없는 교육에의 희망을 포기해서는 안 된다는 생각을 하게 되는 한 가지 이유만으로도 박명섭 선생과의 만남과 인연은 매우 귀중하다. 그의 교육개혁에 관한 책 원고를 받으며 반가움이 앞선 것도 바로 그 때문이다.

지난 6월 한국을 방문한 한 어느 철학자가 이렇게 말했다. 하이데거가 "언어는 존재의 집"이라고 말한 것에 빗대어 "언어는 존재의 고문실"이라고 말하는 것을 들은 적이 있다. 언어는 그 자체로 진실의 매개체가 아니며, 오히려 거짓과 편견을 담고 있으며, 사람들로 하여금 순응주의와 때로는 인종주의적인 공격을 실어 나르는 도구일 수 있다는 이야기를 들으면서, 나는 이 말이 한국 사회의 학교와 여기에서 이루어지는 '교육'에 적용하면 그대로 들어맞는다는 생각을 했다.

오늘날 한국의 교육 현장을 '어린 존재들의 고문실'이라고 말한다면 지나친 말이 될까? 나의 이런 이야기에 마음이 불편해지는 사람들이 있을지 모르겠다. 나는 지난해 한겨레 칼럼에 '분노하라!'라는 제목의 글을 쓴 적이 있는데, 이 글은 서울의 한 고등학교에서 전교생을 '알짜(1~50등), 예비(51~100등), 잉여(101등 이하)'로 구분한다는 기사를 읽고 제목 그대로 마음 속 깊은 곳에서 치밀어 오르는 분노를 누르며 써 내려간 것이었다. 학생이 자신의 적성과 능력에 따라 교과목을 선택하는 게 아니라, 학교가 학생을 선택하여 '알짜들'에게만 집중하여 가르치고 특별반을 편성하여 각종 특혜를 주고 심지어는 교사 선택권까지 주면서 차별화 교육을 실시하고, 나머지에 해당하는 학생들 이를테면 '예비'하거나 '잉여'로 내버리는, 뿐만 아니라 자율학습실과 기숙사를 성적에 따라 자격을 부여하고, 좌석 배치는 물론 사물함, 책상 크기, 컴퓨터 설치 등 각종 학습 환경에서까지 차별하고, 성적 우수자에게만 토론대회 참가 자격을 부여하기도 했단다. 이러한 교육 현실 앞에서 "교육의 목표는 인간을 형성하는 데 있다"거나 "학교는 더불어 사는 법을 연습하는 곳"이라는 말들은 얼마나 무색한가. 교육과 학교라는 언어, 교육 목표라는 언어는 결국 진실을 전달하는 매개체가 아니라 거짓과 편견을 담아 순종과 순응을 길들이는 '어린 존재들의 고문실' 구실을 한다. 오늘날 학교는 바로 이러한 첨병 노릇을 하고 있는 것은 아닐까?

폴란드의 아우슈비츠를 비롯해 지금도 유럽의 여기저기 남아 있는 나치의 강제수용소는 20세기 전체주의의 분명한 증거일 것이다. 아우슈비츠 수용소 입구에는 어른들이 아닌 아이들이 통과하는 문이 따로 있었다. 그 출입문에는 낮은 철봉 같은 것이 세워져 있는데, 그 철봉을 그냥 통과할 만큼 어린 아이들은 몸이 불편하거나 장애를 지닌 아이들과 함께 곧장 가스실로 보내졌다고 한다. 노동력이 없는, 밥만 축낼 존재들은 그저 '잉여의 존재'일 뿐이므로 살려둘 가치가 없다고 판단한 것이리라.

학생들을 '알짜, 예비, 잉여'로 구분하는 학교에서 학생들이 무엇을 배우고 익힐까? 지독한 '지적 인종주의'를 학습하여 차별과 억압을 내면화하고 지적 인종주의에 의해 선택되지 않으면 사람대접을 받지 못하는 것을 당연하게 받아들일 것이다. 인간성의 훼손은 하루아침에 일어나지 않는다. 조금씩 추락할 때 분노할 줄 모르게 되고 익숙해지면 다시 또 추락하고 또 익숙해지면서 기어이 파국에 이르는 것이다. 아우슈비츠의 생존자 프리모 레비에게 "이것이 인간인가?"라고 묻게 한 나치즘도 아마 그런 경로를 밟았을 것이다. 특목고 우대와 자사고 확대, 고교 선택제, 수능성적 공개와 학교 줄 세우기, 사교육 팽창과 높은 대학 등록금, 대학 서열화에 이은 고교 서열화, 국민 세금의 차등 사용 등 경쟁 만능주의 교육정책들이 하나하나 수용되고 익숙해지면서 마침내 학생들을 '알짜, 예비, 잉여'로 나누는 괴물 학교를 만들기에 이른 것일 테다.

문제는 '어린 존재들의 고문실'이 된 교육의 붕괴가 학교 울타리 안에서만 벌어지는 일이 아니라는 데 있다. IMF 구제금융기를 거쳐 FTA 자유무역협정 시대로 오는 동안 실질소득이 감소한 대다수의 노동자 가정의 부모들이 이 맹목적 경쟁 교육이 안겨주는 공포로 인해 맞벌이에 나서야 했고, 이것은 아이들과의 단절로 이어지면서 가족의 붕괴를 가져오는 악순환에 빠지게 하는 것이다.

전남 고흥의 한 고등학교에서 아이들을 가르치는 저자의 이 책은 이러한 현실에 대해 내지르는 비명이자, 분노로부터 시작하였으나 분노와 진단에만 머물지 않고 실현 가능한 구체적인 대안까지 제시하고 있는 그 치열함과 교육개혁에 대한 열정은 현직 교사이기에 가능했던 소중한 결과물이다.

그런데 이상한 일이지 않은가?

언제부턴가 교육 현실에 대한 현장 선생님들의 비판적인 목소리들이 서울이 아닌 변방에서 그나마 이어져오는 것이. 이것은 우리에게 또 다른 성찰의 주제가 되어야 할 물음이지만 여기서는 접어둔다. 다만 나는 그 이유가, 많은 이들의 선망의 대상이 된 교사라는 직업을 가지고서 밖으로는 인간 형성을 위한 교육을 이야기하면서도 속으로는 초국적 펀드회사가 불려주는 배당금으로 방학 때마다 가족여행을 꿈꾸며 살기에는, 교사 자신들이 마주하는 아이들의 미래가 결국은 비정규직의 삶일 수밖에 없음을 매일 같이 확인해야 하는 고통을 정면으로 마주하려는 교사의 양심이 아직 변방에서는 죽지 않았기 때문이라고 생각한다. 이 책의 저자와 같은 마음으로, 고통 받는 어린 존재들에 대한 애정으로 절망의 교육과 싸우는 교사들의 건투를 빈다.

이 책이 교육 현장의 '생각하는 존재들'에게 분노와 절망을 넘어 교육 희망을 만들어가는 계기로 작용하고, 명증하게 제시하고 있는 개혁 아젠다를 통해 교육 희망의 새 불꽃을 전국적으로 퍼뜨리는 소중한 불씨가 되기를 바란다.

2012년 12월

홍세화(『생각의 좌표』, 『나는 빠리의 택시 운전사』 저자)

추천사

경쟁과 입시 지옥에서 신음하는 우리 아이들을 이대로 둘 것인가

혹자의 주장 그대로 대한민국의 교육 경쟁력이 전 세계에서 선두에 달리고 있다는 것이 사실이라면, 그것은 그 교육의 수레바퀴 밑에 깔려 신음하는 청소년들이 전 세계에서 가장 많다는 것을 의미할 따름이다. 이곳에서 살아본 사람들은 안다. 대한민국의 교육이, 그 본질이 아이들을 상대로 하는 군대의 '선착순 달리기'에 불과하다는 사실을. 맨 먼저 달리는 아이에겐 휴식이라는 당근을 물려주고, 대오의 후미에서 헉헉거리며 달리는 아이에겐 다시 한 바퀴 더 돌게 강제하는 그 비인간적인 '선착순 달리기' 말이다.

한국의 교육은 목적이 아니라 수단이다. 우리의 교육은 인간성을 계발하고 함양하는 인간적 활동이 아니라, 그 무엇을 이루기 위한 도구이다. 까닭에 이곳의 교육은 대학입시 고사장의 마지막 종소리와 함께 홀연히 사라지는 언어, 수리, 외국어, 사탐, 과탐이라는 저

방대한 지식의 쓰레기를 암기하는 것에 지나지 않는다. 학생들의 서가에 꽂혀 있는 책은 『논어』도 아니요, 『오디세이아』도 아니다. 학생들의 서가에 빽빽이 꽂혀 있는 책들은 인류의 선현들이 개발해온 영혼의 고전이 아니라 대학 입시 합격자 발표와 함께 무서운 속도로 혹은 불태워지고 혹은 쓰레기통에 처박히는 수험서요, '깜지'들이다.

하여 예나 지금이나 우리의 대학생들은 정작 큰 공부(대학大學)를 해야 할 학문의 전당에 들어서면, 잘못 산 청춘에 대해 복수라도 하듯, 먹고 마시고 토하는 일을 매일 반복한다. 뿐만이 아니다. 해마다 천만 명의 학생들이 영어를 배우기 위해 수십조 원의 부를 투입하지만 정작 필요한 원서를 해독하거나 외국인과 의사소통하는 데 영어를 활용한 경험이 있는 사람은 얼마 되지 않는다. 마찬가지로 천만 명의 학생들이 수학을 배우기 위해 수십조 원을 투입하지만 배우는 것은 얄팍한 계산술에 불과하다.

단군 이래 이처럼 무모한 사업을 위해 이처럼 막대한 자원이 낭비된 적이 있었던가! 고사장의 마지막 타종 소리와 함께 사라지는 쓰레기 지식을 위해, 누가 더 많이 찍었는가를 확인하는 이 무익한 게임을 위해 이처럼 방대한 인구가 그들의 청춘을 허송세월한 적이 있었던가! 거듭 말하건대 대한민국의 교육 경쟁력이 세계의 상위권에 있음을 자랑한다는 것은 그 경쟁의 수레바퀴에 깔려 신음하는 학생들, 이 밤도 학교를 다닐까 말까 고민하는 자퇴생들, 삶을 더 살까 말까 밤새워 고민하는 청소년들이 전 세계에서 수위를 기록하고 있음을 고백하는 자료일 따름이다.

하여, 『교육의 배신, 내몰리는 아이들』의 저자 박명섭은 우리 교육의 숨통을 조여오고 있는 저 경쟁의 원리를, 전 사회적 차원의 경쟁 체계와 노동시장의 차별 구조를 무너뜨리지 않고서는 청소년의 자유도 인권도 없으며, 청소년이 누려야 할 사춘기의 황홀도 없음을 역설한다. 초등학교부터 고등학교까지의 학생에게 대한민국은 지옥이다.

우리의 청소년들을 무한 경쟁의 늪 속에 빠뜨린 다음, 그 속에서 살아나오는 소수의 학생들에겐 우월감이라는 한 조각의 빵을 선물하고, 그 늪에서 헤어 나오지 못하는 다수의 학생들에겐 열등의식이라는 끔찍한 낙인을 찍는 이 비정한 현실을 고치지 않고서 우리가 떠드는 '선진'과 '복지'는 모두 공염불이다. 교육을 이대로 경쟁의 수레바퀴 밑에 처 집어놓고서는 그 어떤 사회 개혁도 무의미하다.

일찍이 존 로크는 모든 정부의 목적은 자유와 소유와 안전이라는 자연권을 보장하는 데 있으며, 만일 정부가 국민의 이 자연권을 보장하지 못한다면 우리에게 '저항하라, 그 정부를 전복하라'고 가르쳤다.

그러면 우리는 무엇을 할 것인가? 지금 우리가 대한민국의 교육을 향해 들어야 할 것은 '창과 도끼'이다. 창을 들어 경쟁주의 교육의 숨통을 끊어야 하며, 도끼를 들어 입시 지옥의 쇠사슬을 절단해야 한다. 우리가 가야할 곳은 모든 인간이 자신의 개성을 자유롭게 실현하는 교육 공동체이며, 우리가 들어야 할 표어는 '하나는 모두를 위해, 모두는 하나를 위해' 나누고 보살피고 돕는 공동체, 이것을 회복하는 교육 운동이다.

2012년 12월

황광우(『철학 콘서트』, 『철학하라』 저자)

머리말

한국 교육의 문제는 크게 세 가지, 곧 '지독한 경쟁 교육,' '국가 통제 중심의 교육,' '경제 논리가 지배하는 교육'으로 압축할 수 있다. 특히 '국가 통제 중심의 교육'으로 인해 학교 교육의 본질은 창의성과 다양성이 없는 문제풀이 위주의 입시 대비를 위한 '경쟁 교육'으로 전도되어 있다. 경쟁 원리를 앞세우는 국가가 통제하는 교육은 필연적으로 과정을 무시하고 결과만을 중시한다. 목적을 위해서라면 수단도 언제든지 정당화된다. 지금처럼 학벌 숭배의 사회 풍토와 대학 서열화가 존속되고 있는 한 경쟁 교육은 더욱 치열해진다. 성적이 대학 진학의 결정적 요소로 작용되고 있는 한, 반복적인 문제풀이 위주의 교육은 확대 심화된다. 사교육비가 공교육비를 능가하고 사교육 없이는 명문대 진학이 어려워진다. 무쇠와도 같은 학벌 신화의 괴력이 발휘되는 한, 대학 서열화는 더욱 견고해진다. 정답은 오직 하나뿐이다. "청소년들이여! 미래의 행복을 위해 지금 너희들의 젊음을 과감히 포기하라. 오직 공부! 성적에만 매달려라."

한국 사회에서 성공 조건은 고3 때의 대학입시 성적으로, 서울대가 정점인 대학 서열에서 한 단계라도 높은 대학에 진학해서 학벌 프리미엄의 혜택을 누리고, 사회적 출세를 위한 인맥도 형성하고, 보다 유리한 경제 자본과 문화 자본을 얻을 수 있느냐에 달려 있다.

한국에서 입시 준비와 사교육은 유치원이 아니라 태아 때부터 시작한다. 높은 성적을 얻은 승자만이 살아남고 패자는 학교 교육의 낙오자나 인생의 실패자로 낙인을 받기 때문이다. 서열에 따른 일류대학에 진학하지 못하면 온갖 사회적 차별과 고통을 참아내야 한다. 어린나이부터 치열한 입시전쟁을 대비하지 않으면 미래의 행복이 보장되지 않는다는 근거 없는 불안과 겁박에 두려움을 느껴야만 한다. 당연히 막대한 사교육비가 지출될 수밖에 없고, 가정경제는 휘청거리게 된다. 부잣집 자식이 아니면 공부를 하고 싶어도 제대로 하기 힘들어져만 간다. 교육의 불평등과 양극화가 사회적 불평등과 양극화를 낳고, 사회적 불평등과 양극화가 교육의 불평등과 양극화를 낳는 악순환이 심화되고 있다. 부모의 학력과 경제적 부가 자식들에게 대물림되는 현상이 강화되고 있다. 설령 일류대에 진학했다고 해도 고통과 전쟁이 끝난 것은 아니다. 세계 2위의 비싼 등록금 때문에 대학생들은 정작 공부는 뒷전이고 돈벌이로 내몰려야 한다. 교육비 때문에 가난한 집안은 물론 중산층 가정까지 붕괴되는 사회적 불안의 증거들이 갈수록 늘어가고 있다. 대학생들은 졸업을 하면 더 크고 견고한 장벽에 가로막혀 소중한 목숨까지 버린다. 취업을 했다고 해도 비정규직이 대부분이고, 정규직 일자리를 얻고자 하지만 그 틈새는 좁아지고 있다. 정규직 일자리는 학력과 학벌에 따른 노동시장의 불평등과 임금차별이 고착화되어 있는 구조라 소위 좋은 일자리는 하늘의 별따기 전쟁이나 다름없다.

일류대 진학과 서울 입성(In Seoul)을 하지 않으면 사회적 성공과 출세, 좋은 일자리를 얻기 힘들다는 사실을 모르지 않기에, 지방은 비어가고 서울은 포화상태로 치닫고 있다. 지금 대학 졸업장은 단순한 '종이'가 아니다. 성공과 실패, 승자와 패자, 유능과 무능, '쓸모있음'과 '쓸모없음'의 존재로 낙인찍는 '종신제 신분증'으로 위력을 발휘한다. "어느 대학을 나왔느냐?"는 질문은 곧바로 그 사람의 '신분'과 '자본'을 상징하는 두 얼굴이다. 대학 졸업장은 당신의 인생을 규정하는 이데올로기이고 계급적 권력의 힘으로 작동되는 성공과 출세의 보증수표다.

요컨대 한국 사회에서 대학입시는 단순히 대학 진학을 위한 시험이 아니다. 학벌과 계급 권력을 쟁취하기 위한 목숨을 건 계급투쟁이다. 학생 개인만이 아닌 온 가족이 매달려 싸우는 학벌 전쟁이요 계급투쟁이다. 태아 때부터 고교 3년에 걸친 기나긴 20여 년의 세월을, 맹목적인 경쟁 원리를 신봉하며 앞만 보고 달리는 치열한 생존투쟁이다. 학교가 즐거울 수 없고, 교육이 행복을 가르쳐주지도 않는다. 돈이 없으면 배우기도 힘들고, 명문대 학벌이 아니면 그 아픔과 원통함을 사발석 내면화 과정을 통해 스스로 위안할 도리밖에 없다. 일부 대학들은 고3 학생들의 입시성적이 만들어 준 서열화 혜택을 누리면서도 높은 등록금에 상응하는 양질의 교육을 제공하지도 않는다. 대학은 가르치는 경쟁에는 눈을 감고 있다. 학문 수준을 높이려는 노력보다 대학 서열에 안달하며 외형적 몸집 키우기에 몰두해 있다. 한국의 대학은 세칭 '개념 없는 대학들'이라 해도 과언이 아닌 듯하다.

민주공화국에서 교육은 국가가 책임져야 한다. 그럼에도 국가는 '경쟁 논리에 의한 경쟁력'을 압박하며 그 모든 책임을 개인과 부모에게 떠넘기고 있다. 해방 이후부터 지금까지 정치권과 국가는 교육개혁을 추진해왔지만 모두가 헛발질에 불과했다. 정치권력의 지배 이념이나 정당성을 선전하고 홍보하기 위해 교육개혁을 명분으로 끝없이 이용해왔기 때문이다. 숱한 교육개혁의 역사에도 불구하고 정치 논리와 경제 논리만 화려하게 치장되어 있을 뿐 '교육의 논리'는 찾기 어렵다.

'나는 경쟁에 반대한다'는 알피 콘Alfie Kohn의 선언처럼, 경쟁 교육의 본질은 "당신이 실패해야 내가 성공할 수 있다"는 극단의 선택과 죽음의 논리에 있다. 한국 교육이 바로 이런 원리와 논리에 목숨 바쳐 충성하는 막장 교육으로 내닫고 있다. 요한 하위징아Johan Huizinga의 견해를 빌리자면, 아이들에게 배움이나 공부는 노동이 아닌 즐거운 놀이여야 한다. 개인적 취미활동과 같은 놀이가 아니라 규격화된 틀에서 벗어나 자유로운 공간에서 타자들과 더불어 자기를 발견하고 창의성과 상상력을 발휘하는 사회적 활동으로서 놀이방식의 배움과 공부이다.

헨리 지루Henry A. Giroux는 말한다. 학교는 민주적인 공공영역이라고. 학교는 참된 민주주의 속에서 살아가는 데 갖추어야 할 지식과 기술을 배우는 공공영역이다. 민주적 공공영역으로서 학교는 대화와 인간의 행위를 존중하는 비판적 탐구 활동이 이루어지는 곳이다. 학교는 사회를 재생산하면서도 사회의 지배 논리에 저항하는 공간이다. 학교는 침묵과 순종, 통제와 죽음의 공간이 아니라 역동적이고 변혁적이고 민주적인 삶의 공간이라는 말이다.

하지만 한국 사회에서 학교는 민주적 시민을 양성하는 민주적 공공영역도, 민주적 원리에 따른 인간적 만남과 인권이 존중받는 곳도 아니다. '퍼 넣으면 얌전히 받아먹는' 주입식 교육이지 자유로운 사고와 비판적 탐구와 표현 활동이 이루어지는 공간이 아니다. 학교는 '또 하나의 학원'으로 내몰린 지 이미 오래다. 시중에 있는 학원이 개인이 운영하는 '사설학원'이라면 학교는 국가가 운영하는 '공립학원'으로 전락해버렸다. 공교육이 무너진 자리엔 사교육이 비집고 들어와 학교는 배움과 공부의 기쁨을 누리는 공간이 아니다.

파울루 프레이리Paulo Freire가 말하는 '은행 저금식 교육'이란 교사와 학생이 서로 대화를 하는 것이 아니라, 교사가 어떤 것을 두고 이것은 중요하고 저것은 시험에 꼭 나온다고 강조하고 설명하면서 학생들에게 주입하면, 학생들은 교사가 설명한 내용들을 참을성 있게 얌전히 듣고 기계적으로 받아 적는 훈련을 통해 저장하고, 암기하고, 반복하는 교육을 말한다. 한국의 교육이 이와 같다. 오직 교사는 모든 것을 알고 있는 존재이기에 가르치기만 하고, 학생은 아무것도 모르는 존재이기에 교사와 학교의 지시에 순응하면서 배우기만 한다. 교사와 학생의 관계는 교과서와 문제집에 나와 있는 지식과, 내신시험과 수능시험에 나올 가능성이 높은 내용들만 골라 '교사의 퍼

넣기'와 '학생의 받아먹기' 관계로 고착되어 있다. 이러한 관계로 인해 도무지 개성과 창의성, 특성과 다양성이라곤 찾아볼 수 없고, 생동감이 사라지고 참된 대화가 단절되고 진정한 만남마저 중단 상태에 있다. 교사와 학생의 관계는 수직적이고 권위적인 관계에서 수평적이고 민주적인 관계로 나아가지 못하고 있다.

1장에서는 한국의 교육이 경쟁 원리에 의해 작동되는 약탈적 교육 체제이고, 학교는 창의적 인재나 민주적 시민 양성이 아닌 규격화된 붕어빵과 벽돌을 찍어내는 공장과 같은 공간으로 바뀐 실태를 분석하고 있다. 오늘날 한국 사회는 학벌을 숭배하는 사회 풍토가 갈수록 심화되고 있는 까닭에 대학 서열화는 더욱 견고해지고 있다. 학력과 학벌에 따른 임금 차별 구조와 노동시장의 불평등과 모순이 해소되지 않은 한 교육과 대학입시는 높은 학벌과 계급 권력을 획득하는 도구적 수단으로 작용할 수밖에 없는 현실에서 '왜 교육개혁이 절실한 과제인가'를 말하고 있다.

2장에서는 교육과 국가의 경쟁력은 타자를 짓밟고 승자가 되어야 내가 살아남는다는 '제로섬 게임'이나 '죄수의 딜레마 논리'에 함몰된 경쟁 원리로는 결코 향상되지 않으며, 오히려 경쟁 원리가 아닌 서로를 존중하는 협력의 원리에 의해 작동되는 교육이 더 나은 경쟁력을 낳는다는 사실을 밝히고 있다. 또한 교육과 국가의 진정한 경쟁력은 만인의 만인에 대한 맹목적이고 무차별적인 경쟁 사회보다도 사회적 안정망이 구축된 사회, 사회적 불평등이 낮고, 학력 · 학벌에 따른 임금차별이 약한 사회에서 더 나은 경쟁력을 낳는다. 그리고 경쟁력의 핵심은 보통교육 단계인 초 · 중 · 고가 아닌 대학의 경쟁력에 있다는 점을 강조하고 있다.

3장에서는 해방 이후 교육개혁의 역사적 반성과 성찰을 전제로, 21세기에 부응하는 교육 패러다임의 전환을 위해 무엇을 개혁해야 할 것인가에 대한 과제들을 다섯 개의 주제로 제시하고 있다. 고교 다양화 정책은 껍데기 다양화이고, 학교의 자율화는 획일적이고 몰개성적인 입시 교육을 강화하는 자율화다. 외국어고와 자사고 등을 폐지하고 고교평준화 체제로 전환하고, 성적위주의 대학선발제도를 혁신하면 사교육 폭증 현상도 해소할 수 있다는 이유를 밝히고 있다. 또한 세계 최고 수준의 비싼 대학 등록금은 어떤 논리와 근거를 제시하더라도 '반값 등록금'이 왜 가능한가를 보여주고 있다. 국가가 개인과 부모에게 교육의 책임을 떠넘기기 전에 고등교육(대학)에 대한 국가 예산의 공적 재정지원을 최소한 OECD 평균수준으로 끌어올려야 한다는 점을 강조하고 있다. 그리고 가장 중요한 교육개혁 과제라 할 수 있는 핵심의제, 곧 교육과학기술부를 해체하고 정치적으로 완전히 독립적인 새로운 형태의 '국가교육위원회'를 구성하고 이 기구에서 21세기의 시대 변화에 상응하는 백년대계의 교육개혁을 만들자고 제안한다.

4장에서는 교육정책이 학교 현장을 새롭게 변화시키지 못하고, 교사들로부터 외면 혹은 거부당한다면 실패할 수밖에 없다는 점을 강조하고 있다. 학교 교육의 핵심 아이콘을 '통제가 아닌 자유, 불평등이 아닌 평등, 고통과 억압이 아닌 즐김'에 두고, 제일 먼저 학교 교육이 국가 통제 중심의 교육에서 벗어나 학교 단위의 자치 교육을 구현할 수 있는 장임을 강조하고 있다. 학령기에 종료되는 배움이 아닌 평생학습 체제 구축을 위해서는 녹슬고 낡은 20세기 산업화 시대의 교육 패러다임에서 탈피하여 21세기 새로운 교육 패러다임으로 전환해야 공교육에 희망이 보인다. 점수와 등급으로 학생들의 학업 능력을 평가하는 방식은 20세기의 낡은 방식이다. 따라서 절대 방식에 바탕을 둔 교과목별 학점 이수제의 도입과 무시험 학교를 만들어 간다면 아이들이 공부와 입시의 고통으로부터 해방되고, 교육과 배움이 행복한 것이라는 깨달음을 가져다 줄 것이다. 교사는 교육의 실천자요, 실질적 책임자다. 교사가 변화하지 않으면 학교는 바뀌지 않는다. 교육의 주체가 아닌 월급쟁이 직장인에서, 변혁적 지성인이 아닌 문제풀이에 몰입하는 기능적 기술인에서 한 발짝도 벗어나지 못한다면 교사 집단은 존경의 대상은커녕 또 다시 비난과 교육개혁의 대상으로 내몰리게 된다. 교사 집단의 혁명적인 변화는 시대적 흐름이다. 학교장의 변화 이유도 이와 조금도 다르지 않다.

살아 있는 생물로서 작동될 때, 학교는 교육의 상대적 자율성을 발휘하면서 창의성과 다양성이 빛을 발하는 교육을 꽃피울 수 있다. 학교는 규격화된 붕어빵과 벽돌을 찍어내는 '공장'이 아닌 다양한 꽃들로 장식되고 저마다의 향기를 뿜어내는 풍요로운 '정원'이 될 수 있다. 그러기 위해서는 교육정책이 정치나 경제 논리에 의해 짓이겨지는 불행한 현실에 종지부를 찍어야 한다. 이 책이 아이들이 배움의 즐거움과 기쁨을 누리며 그들의 행복을 가장 우선에 둔 교육개혁이 되도록 학교 현장을 바꾸고 교육개혁의 이정표를 제시하는데 도움이 되었으면 한다. 학부모에게는 '내 새끼주의'에 함몰된 이기적 교육관이나 자녀사랑을 빙자한 대리 욕망 실현의 도구적 교육관이 아닌 '모든 아이들을 위한 교육관' 만들기에 도움을 주고 새로운 교육 주체로 거듭나는데 작은 조약돌이 되었으면 한다.

끝으로 바쁜 일정에도 기꺼이 딱딱한 원고를 꼼꼼하게 손질해주신 광주 · 전남 지역 고전읽기교사모임의 나익주 박사님(『폴리티컬 마인드』·『프레임 전쟁』 옮긴이)과 김선구 선생님, 강정희 선생님, 범혜영 선생님, 김정은 선생님께 진심으로 고마움을 전하고 싶다. 이 분들의 날카로운 지적과 섬세한 감성이 있었기에 비로소 책의 모습을 갖추게 되었다. 이 책을 집필하도록 격려해주신 황광우 선생님께도 감사의 마음을 전한다. 아무튼 한국 사회에서 교육개혁이 더 이상 자본의 입김과 정치권의 치장된 수사들에 의해 만신창이가 되는 '교육개악'이 되지 않기를 간절히 바란다.

2012년 11월

남녘 끝자락에서 박명섭

차례

1 장

왜, 교육개혁을 말하는가?

"그럼, 진짜 공부는 언제 해야 됩니까? 그러면 언제가 진짜 하고 싶을까요? 초 · 중 · 고 대학 중에서 언제 제대로 공부를 해야 합니까? 대학 가서 진짜 공부해야지요. 그런데 우리나라는 중 · 고까지 완전히 배추에 간 절이듯 애들을 죽여요. 다음날 되면 확 사그라지죠. 그래 놓고 '제발, 대학 가서 놀아라'고 합니다. 아니, 정작 공부해야 할 대학에선 놀라고 하니, 이런 나라에 미래가 있겠습니까?
그리고 공부의 출발점이 뭐예요? 애들아, 땅 파고 살지 않으려거든 공부해라. 즉 농부가 되어 땅 파고 살지 않기 위해 공부를 열심히 하라는 거예요. 공부하는 목적이 농부가 안 되기 위해, 농촌에 안 살기 위해……. 이래 갖고 뭐가 되겠습니까? 농촌 망하고 농민을 죽여도, 달러만 잘 벌어들이면 잘 사는 나라가 된다고 하는 정책이 얼마나 엉터리입니까?"

— 한홍구 외, 『1%의 대한민국』 중에서

1. 한국 교육의 슬픈 자화상

해외 토픽으로 전락한 한국 교육

걸음마를 떼자마자 모국어보다 영어 습득에 매달리며 입시 준비를 시작하고, 철장에 갇힌 병아리처럼 심야까지 야간자율학습을 해야만 하는 한국의 학교 풍경과 학생들이 공부하는 모습이 세계적인 웃음거리가 된 것은 어제오늘의 일이 아니다. 미국, 영국, 프랑스, 독일 등 많은 선진국들이 신문과 방송 매체를 이용해서 '신비롭기도 하고 이해할 수도 없는 교육'이라며 한국의 교육 풍토를 조롱하고 있다. 이 어찌 부끄럽고 창피한 일이라 아니할 수 있겠는가. 특히 영국의 BBC 방송은 "한마디로 죽느냐 사느냐라는 인생을 결정하는 시험"을 치르고, "매월 수백만 원의 과외비를 지출하고, 좋은 대학에 들어가지 못하면 좋은 직업도 갖지 못한다"[1]며 한국 교육의 일그러진 현실을 꼬집었다.

한국의 학부모와 학생들은 조금이라도 좋은 대학에 진학하기 위해 어려운 가정경제의 허리띠를 졸라매며 땀을 흘리고 있고, 학교와 교사들은 인재양성이니, 창의성 · 인성교육이니, 학력 향상이니 하면서 밤낮으로 열심히 노력하고 있다. 그럼에도 이러한 상황이 세계적인 웃음거리가 되고 있다는 것은 창피와 부끄러움을 넘어 분노와 울화가 치미는 일이다. 더욱이 경제협력개발기구(OECD)에서 3년마다 실시하는 국제학생학업성취도 비교 연구(PISA: Programe for International Student Assessment) 때마다 최상위권에 속하는 국가인데도 선진국 언론으로부터 '신비롭기도 하고 이해할 수도 없는 교육'이라는 혹평을 받는다는 것 자체가 어찌 불쾌하고 불편하지 않은가.

한국의 교육 상황이 세계적인 뉴스거리가 되고 있다는 것은 새벽 일찍 눈 비비고 일어나 아침은 대충 먹는 둥 마는 둥 하여 등교하면 저녁 10시나 11시까지 학교에 붙들어 놓고 보충수업과 야간자율학습을 강제하고, 그것도 부족해서 학원 수업까지 마치고 나면 새벽 1시나 2시에 귀가하는 한국 학생들의 일상이 인간의 정신적 · 육체적 한계를 시험하는, 세계에서 그 유례를 찾아보기 어려운 유일한 현상이기 때문이다.[2] 한마디로 한국의 학생들은 소화하는 학습량과 공부시간, 그리고 하루 생활의 거의 전부를 학교와 학원, 독서실과 집에서 공부하는 데 쏟아 붓고 있는 현실이니, 혹시라도 기네스북에 오를만한 기이한 교육현상이 아닌가.

"밤늦도록 억지로 머리에 쑤셔 넣는 것이 한국 학생들의 일상이다. 비록 한국의 교육 시스템은 비교적 우수하지만, 학생들은 높은 대가를 치른다. 즉 밤늦도록 억지로 머리에 쑤셔 넣으며 자유시간, 친구 및 잠은 공부를 위해 희생해야 한다. 그리고 공교육은 학부모들이 보기에 어려운 대학 입시를 준비하는 데 충분하지 않기 때문에 거의 모든 학생이 방과후에는 과외비용이 많이 드는 '학원'을 다닌다. 학원은 지식을 억지로 학생의 머리에 쑤셔 넣는 사설기관으로서, 오직 '시험과 관련된' 자료에만 집중한다. 밤이면 모든 집 근처에서는 하루 노동을 마치고 귀가하는 학생들을 데려다 주는 노란색 학원 버스들을 볼 수 있다. 학생들의 하루 학습시간은 그들의 아버지의 노동시간보다 더 길고 때로는 더 힘들다. …(중략)… 서울대와 연세대, 고려대로 대표되는 명문대에 입학하는 목표를 달성하는 학생은 소수에 불과하다. 그렇지만 가장 명성 있는 국가 엘리트 양성소 가운데 하나에 합격하는 사람은 가파른 출세와 충분한 수입을 기대할 수 있다."[3]

한국의 학교는 예나 지금이나 여전하다. 1945년 해방과 미 군정 3년의 교육을 거쳐 1948년 정부수립 이후 70여 년 동안, 정권이 교체될 때마다 수많은 교육개혁을 시도해왔다. 그럼에도 국민들은 여전히 교육개혁에 목말라하고 있으며, 심지어는 교육개혁을 추진한다고 해도 정부의 교육정책을 믿으려고도 하지 않는 불신과 공황의 지경에 이르렀다. 교육의 변화와 혁신은커녕 과거보다 경쟁이 더 치열해지고 학부모와 학생, 그리고 교사들의 고통이 갈수록 심해져가고 있기 때문이다. 21세기를 맞이한 지금, 우리는 선진국들의 혹평에 대해 불만과 불편부당을 주장하기에 앞서, 과연 우리 교육의 문제점이 무엇이고, 이의 개선을 위해 어떻게 지혜를 모아가야 하는가에 대해 뼛속 깊이 반성하고 진지하게 성찰해야 할 계기로 삼아야 한다. 한국 교육에 대한 선진국의 혹평을 오히려 한국 교육이 더욱 새롭게 앞서가는 선진적 도약과 혁신의 약이 되는 창조적 전환점으로 만들어가야 한다.

교육의 변화와 혁신을 위해 이제는 달라져야 한다는 주장의 당위성에 대해 대다수의 국민들은 동의할 것이다. 하지만 막상 총선이나 대선 시기가 다가올 때 약방의 감초처럼 교육개혁하자고 주장하면, 배가 산으로 올라가는 형국으로 끝나버리거나, 정치적으로 표를 얻는 수단으로 악용되는 터에 한국 사회에서 교육개혁은 미궁의 나락으로 떨어지고 만다. 정권이 바뀌고 그때마다 교육개혁 조치가 발표되지만, 학교 교육은 과거의 모습에서 진일보하지 못하고 경쟁이 더욱 치열해지면서 불신을 받는다. 정부의 교육정책에 대한 불신과 공교육과 교사에 대한 불신은, 학교를 사설 입시 학원과 다를 바 없는 자율과 협력이 아닌 억압과 통제 구조로, 창의성과 인성이 아닌 입시위주의 획일적 경쟁 구조로 고착화하는 요인이 되고 있다. 한국에서 대학입학수학능력시험이 치러지는 날의 '기상천외한 풍경'을 본 외국 교육전문가의 시선은 왜 교육개혁이 필요한가를 역설적으로 말해준다.

> "전국의 출퇴근시간이 늦춰지고 시험장 200m 이내에는 차량 통행과 경적이 금지되고, 듣기 평가시간에는 비행기 이착륙이 조정되고, 열차도 학교 근처를 운행할 때는 속도를 늦춘다. 지각 수험생 수송을 위해 경찰

과 해병전우회 순찰차가 시내를 왱왱거리며 질주한다. 그뿐인가. 1,000명의 수능 출제와 관리 요원들은 외부와 격리된 장소에서 한 달 가까이 '감옥살이' 출제를 해야 한다. 집에 안부 전화도 못하고, 부모상을 당해도 보안요원의 감시 속에서 4시간밖에 빈소에 머물지 못한다."[4]

대학수능시험은 개인은 물론 국가적으로도 중요한 일이기 때문에 충분히 이해할 수 있지만, 전국의 모든 직장인들의 출근시간이 늦춰지고 부모상을 당해도 보안요원의 철저한 감시와 통제를 받으며 빈소를 떠나는 자식의 뒷모습은 처량하기 그지없다. 마치 빈틈없는 군사작전을 연상하게 하며 치러지는 시험장의 모습은 준전시 상황이나 다름없다. 결코 바람직하고 정상적인 모습은 아니다. 참으로 안쓰럽고 비극적인 한국 교육의 슬픈 자화상이라 하지 않을 수 없다.

전쟁이 된 학교 교육

한국 사회에서 교육은 전쟁이다. 공교육도 사교육도 전쟁, 수능시험도 대학입시 설명회도 전쟁이다. 어디 그뿐인가. 수능시험이 끝나기도 전에 학부모들의 입시정보 수집 활동은 러시아의 KGB나 미국 CIA의 첩보원을 뺨치는 활동만큼 적극적이고 치열하다. 전쟁은 모두에게 고통이다. 학생은 물론이거니와 학부모나 교사도 마찬가지고, 학교와 입시생을 둔 모는 가정도 전쟁 상황이다. 물불을 가리지 않고 목적과 수단이 전도되는 전쟁판이다.

"영어 발음을 위한 혀 수술은 혀를 길고 빠르게 움직이도록 하기 위해 혀 밑의 얇은 조직을 절개하는 것이다. 의학 용어로 '설소대절제술(舌小帶切除術)이라고 불리는 이 수술은 선진국 등에서는 혀 밑 조직의 이상으로 언어장애가 일어날 경우에 하는 것으로 알려져 있다. 한국의 엄마들은 자녀들의 능숙한 영어 회화를 위해서라면 못할 일이 거의 없다. 임신 중에 영어로 자장가를 들려주고 고가의 유아 가정교사를 두며 학교도 가지 않은 아이를 미국에 보내 발음을 익히게 한다. …(중략)… 정상적인 어린이를 상대로 단지 영어 발음을 위해 혀를 수술하는 것은 해부학적으로 말도 안 되는 것이며, 미친 짓이다."[5]

"집안 일만 하던 40~50대 주부들이 취업 현장에 뛰어들고 있다. 아이 돌보기, 파출부, 식당 종업원, 도배일은 물론이고 건설공사 현장도 마다하지 않는다. 연간 1,000만 원까지 불어난 자녀 대학 등록금을 벌기 위해서다. 과거엔 부모가 소 팔아 등록금 댄다고 해서 대학을 우골탑(牛骨塔)이라고 했지만, 이젠 나이든 어머니가 힘든 일을 하며 학비를 댄다고 해서 모골탑(母骨塔)이란 말이 생겼다."[6]

"겨울방학의 서울 대치동 학원에는 도시락이 배달된다. 학원 수강생들을 위한 점심이다. 학생들은 저녁에도 배달된 도시락을 먹는다. 수강생들은 오전 10시에 들어가면 밤 10시 이전엔 밖에 못나온다. 일명 '자물쇠 반'을 운영하는 것이다. …(중략)… 한 달 수강료는 기본 128만 원. 여기에 교재비 10만 원에 점심, 저녁 도시락 값 15만원이 추가된다. 6만 원하는 보충수업까지 듣는다면 월 159만 원을 내야 한다. 학원 관계자는 서울뿐만 아니라 제주도, 강원도 학생들도 있다고 자랑했다. 밤이 되면 살벌해진다. 복도마다 감시원이 나타난다. 모두 몽둥이를 들었다. 쉬는 시간에도 교실 밖을 돌아다닐 수 없다. 체벌도 이루어진다. 수업시간에 장난을 치거나 수업태도가 산만하면 매를 맞는다. …(중략)… 학원강사를 신뢰하고 교사는 불신하는 비틀린 세태다. 이러니 인권침해니 강제학습 불만은 발생할 수 없다. 1990년대 유행하던 스파르타식 기숙학원은 '저리 가라'다. 학원의 장삿속과 무슨 수단을 써서라도 자녀를 대학에 진학시키려는 학부모의 욕심이 담합한 결과물이다."[7]

오직 영어를 잘하기 위해 아이들의 혀 수술도 마다하지 않고, 태아 때부터 영어 자장가를 불러주거나 영어 동화 읽기를 하고, 월 50만 원이 넘는 유치원 영어 과외까지 한다는 것을 부모의 지나친 욕심과 허영심 탓으로만 돌릴 일이 아니다. 이는 말 그대로 '미친 짓'이다. 세상에서 그 사례를 찾아보기 어려운 오직 대한민국에서만 일어나는 특이한 일이다. 이것은 자녀교육에 대한 학부모의 높은 교육열 탓도, 빗나간 자녀사랑도 아니다. 자녀교육과 자녀에 대한 사랑을 빙자한 학부모의 어리석은 탐욕과 내 아이만 잘 되면 그만이라는 이기적인 권력 추구 욕망에서 비롯된 학부모의 광기 행위다.

그렇지만 경제적으로 소득이 많은 학부모는 광기어린 미친 교육을 할 수 있다고는 해도, 대다수의 서민 가정에서는 그 '미친 짓'을 하고 싶어도 할 수 없는 처지다. 자녀가 초 · 중 · 고 학생일 때는 사교육비를 버느라, 대학생일 때는 비싼 대학 등록금을 마련하느라 학부모로서 빗나간 자식 사랑도, 사랑을 빙자한 자녀교육에 대한 탐욕도 꿈꾸기 어렵다. 서민 가정의 학부모들은 "아이 돌보기, 파출부, 식당종업원, 도배일, 건설공사 현장의 일"을 하는 데서 그치지 않는다. "가정주부가 노래방 도우미의 36.8%를 차지"[8]할 정도로 자녀들의 사교육비와 등록금을 벌기 위해 밤낮으로 내몰리고 있다.

통계청 자료(2011년)에 따르면, 전국 1,740여만 가구의 4.1%에 해당하는 71만 1천 가구가 대학 등록금이나 사교육비 등 자녀교육을 위해 빚을 내고 있다. 이는 가구당 평균 1,706만 원이 넘고, 소득 하위 20%인 저소득층 가구의 연간소득(1,500만원)보다 많은 규모로 전체적으로는 12조 원을 넘는다.[9] 교육 부채가 교육 문제를 넘어 국가의 경제발전마저 발목을 잡고 있다.

이것은 국민소득 2만 달러 시대의 믿기 어려운 한국 사회의 비극이다. 대학생들이 공부는 뒷전으로 제쳐 두고 학자금 마련을 위해 노동착취의 '시간제 알바'에 시간을 쏟아 붓고 있다. 그것도 모자라 고리채 빚을 지고 신용불량자로 낙인찍히는 현실에서 중등 교육이든 대학 교육이든 한국의 교육은 이미 목적과 방향을 잃고 헤매고 있다.

민주공화국에서 학교 교육은 국가가 떠맡아야 할 책무이다. 그럼에도 한국 사회에서는 국가가 앞장서서 '교육은 학생 개인과 그 집안에서 책임을 져야 한다'는 논리를 마치 흔들림 없는 종교적 믿음처럼 우리를 오도하고 있으며, 모든 학생과 학부모들의 의식에 내면화하고 있다. 게다가 아이들의 학습 집중력을 높여주는 데 효과가 있다면서 '최면 교육'을 가르치는 사설 기숙학원도 있다고 하니, 학원에서 '자물쇠 반' 운영으로 열심히 공부를 시켜준다면 도리어 반기는 풍조는 당연하다.

'공장의 불빛'과 '학교의 불빛'

학교 교육도 학원과 크게 다를 바 없다. '70년대 경제성장을 위해 산업체 여성노동자들이 '공장의 불빛' 아래에서 밤늦도록 열악한 노동 조건을 참아내며 끝날 줄 모르는 혹사를 당했던 것처럼, 이제는 야간자율학습이라는 미명 아래 많은 학생들이 교실에 잡혀 있는 '학교의 불빛'이 21세기 한국 사회를 상징적으로 웅변하고 있다. 도시학교든 시골학교든 '학교의 불빛'은 갈수록 휘황찬란한 조도를 밝히고 있지 않은가.

지금 이 순간에도 밤낮으로 학교의 불빛을 밝히며 심야보충학습과 야간자율학습에 몰입하고 있다. 토요일과 일요일은 물론 방학까지 반납한 채 모든 학교가 마라톤 질주를 하고 있다. 이런 현상은 아이들로 하여금 공부에 대한 거부감과 싫증을 증폭시켜 배움으로부터 도주를 재촉한다. 배움으로부터 도주 현상은 소위 학력저하 현상보다 더 심각한 문제다. 학력저하 현상은 학력이란 고정적인 것이 아니며 노력 여하에 따라 오르고 내리고 할 수도 있다.

하지만 배움으로부터 도주는 아이들로 하여금 아예 공부와의 거리를 갈수록 넓히면서 공부가 아닌 전혀 다른 세상으로 달아나게 한다. 학교 공부를 혐오하고 공부로부터 도망치게 만든다. 한국 학생들이 성적은 높지만 학업 흥미도가 세계에서 가장 낮은 이유도 바로 이런 이유 때문이다. 따라서 '공부'에서 '배움'으로 근본적인 전환을 시도해야 한다. '공부의 세계'와 '배움의 세계'는 근본적으로 다르기 때문이다.

"공부와 배움의 차이를 '만남과 대화'의 유무에 있다고 생각한다. '공부'가 무엇과도 만나지 않고 아무런 대화도 없이 수행되는 것에 비해, '배움'은 사물이나 사람이나 여러 상황과 만나고 대화하는 행위이며, 타자의 사고나 감정과 만나고 대화하는 행위이고, 자기 자신과 만나고 대화하는 행위라고 생각한다. 또한 '배움'이란 사물(대상 세계)과의 만남과 대화를 통한 '세계 만들기'와, 타자와의 만남과 대화에 의한 '친구 만들기', 그리고 자기 자신과의 만남과 대화에 의한 '자기 만들기'가 삼위일체 되어 수행되는 '의미와 관계를 엮어가는' 영속적인 과정이다."[10]

"공부의 세계는 아무도 만나지 않고 아무것에도 부딪치지 않고 스스로를 깨닫지 못하는 세계이며, 쾌락보다 고통을 존중하고 비판보다 순종을, 창조보다 반복을 중시하는 세계였다. 공부의 세계는 장래를 위해 현재를 희생하는 세계이며, 그 희생의 대가를 재산이나 지위, 권력에서 찾는 세계였다. 또한 공부의 세계는 사람과 사람의 끈을 끊어버리고 경쟁을 부추겨 사람과 사람을 지배와 종속관계로 몰아가는 세계였다. …(중략)… 이에 반해 배움의 세계는 대상이나 타자, 그리고 자기와 끊임없이 대화하는 세계다. 자기를 내면에서부터 허물어뜨려 세계와 확실한 끈을 엮어가는 세계다. 고독한 자기성찰을 통해 사람들과의 연대를 쌓아올리는 세계다. 또는 보이지 않는 땅으로 자신을 도약시켜 거기에서 일어난 일을 자신의 것으로 연결하는 세계다. 그리고 스스로의 행복을 위해서뿐만 아니라 행복으로 이어지는 많은 타자와 함께 탐구해가는 세계다."[11]

실제로 공부를 거부하고 싫어하는 아이들도 그 내면에는 배움에 대한 강한 욕구와 갈증을 품고 있다. 학생들이 학교 부적응이나 진로문제와 학업 스트레스 등으로 자살을 하는 경우에도 그 내면에는 배움에 대한 열정과 기대가 매우 높다는 역설이 담겨 있다. 지금의 시대는 암기와 문제풀이를 중시했던 산업화 시대의 공부의 논리에서 창의력과 상상력, 그리고 타자와 함께 할 수 있는 풍부한 감수성과 공감 능력을 배양할 수 있는 배움의 논리로 학교 교육을 전환해야 한다. 따라서 학교는 공부를 하는 경쟁의 장이 아니라 배움을 서로 주고받는 즐거움의 공간으로 전환해야 한다. 그래야만 학교를 거부하거나 진로와 공부 때문에 스트레스를 받아 자살을 시도하는 사례를 예방할 수 있으며, 자살 충동을 느끼지 않는 행복과 배움의 교육 현실로 혁신할 수 있다.

그런데 이명박 정권 출범 이후 일제고사(국가 수준 학업성취도 평가)가 전국의 모든 학교에서 실시됨에 따라 고등학생들만 해왔던 보충학습과 야간자율학습이 각종 편법과 탈법적인 방법으로 전국의 초등학교와 중학교까지 확산되고 있다. 일제고사에 대비하기 위해 방학을 줄이거나 방학 중에도 등교하여 보충수업과 자율학습을 받고 있다.[12] 일제고사 파행 사례[13]는 여기에서 그치지 않는다. 학교까지 나서서 3만5천 원짜리 롯데월드 이용권 경품 제공 및 우수학급엔 20만 원 지급, 은밀한 부정행위 교육, 초등학생과 중학생들까지 '0교시' 문제풀이와 야간 보충수업, 토요일 의무 등교 등 성적지상주의로 몰아가고 있다.

이런 상황에서 아이들은 학교 공부에 흥미를 느낄 수 없고 도리어 공부에 대한 짜증과 스트레스를 더욱 많이 받게 된다. 오직 점수만 올리면 된다는 성적지상주의 이데올로기가 교육의 목표인 양 확대 재생산된다. 일제고사는 "학생에서 교사, 학교, 지역 교육청, 시도 교육청에 이르기까지 모든 교육 주체를 일렬로" 세우고, "국가가 정한 교육과정을 왜곡하고, 학생의 학습권과 교사의 수업권을 침해"하면서 "성적이 나쁜 학생에 대한 낙인"으로 학생들에게 "자존감이 짓밟히는 자괴감과 상처"를 주는 시험이다.[14] 그럼에도 일제고사의 유령은 전국의 학교를 뻔뻔하게 배회하고 있다.

이제 '학교의 불빛'이 없는 학교는 비판의 대상이 되고, 방학 때에도 학생을 등교시켜 보충수업과 야간자율학습을 시키지 않으면 '아이들을 공부시키지 않는 학교,' '무책임하고 노는 학교,' '자녀를 보내고 싶지 않은 학교'로 낙인찍히는 현실이다.

"밤늦도록 억지로, 친구 및 잠은 공부를 위해 희생해야" 하는 막장 교육으로 내닫고 있다. 한국 학생들은 아버지의 노동시간보다 더 많은 시간을 공부에 쏟아 붓고 있다. 세계에서 가장 긴 공부시간이다. 그런데 학생들은 "행복하지 않다"고 말한다. 학업에 대한 흥미와 만족도는 세계 최하위권이다. 당연히 학생들이 느끼는 행복지수도 낮을 수밖에 없다.

OECD 회원국의 어린이와 청소년들에게 '자신의 삶에 만족하는가?'라는 물음에 대해 한국의 청소년들은 만족도가 가장 낮은 최하위의 반응을 보였다[15]고 한다. 한국 청소년들의 행복지수(53.9%)는 선진국과는 견줄 수도 없거니와 OECD 회원국의 평균 행복지수(84.8%)에도 훨씬 못 미치고 있다. 이런 결과는 국제학생학업성취도 비교 연구(2009)에서도 그대로 드러난다. 한국의 학생들은 학업성취도에서는 최고 수준이었지만 학습 흥미도와 스스로 공부할 수 있는 자기주도 학습능력에서는 최하위의 결과를 보여주었다. 즉 다른 사람의 도움 없이 스스로 공부하는 능력이 현저하게 떨어진다는 것이다. 재미도 없고, 하고 싶지도 않은 공부를 억지로 해서 얻어진 성취 결과 때문이다.

한국의 아이들은 고통 속에서 시험공부와 싸우며 10대를 소비하고 있다. 슬픈 우리 교육의 현실이다. 아이들이 공부를 즐겁고 행복한 것이 아니라 '재미없는 것,' '하기 싫어도 억지로 해야만 하는 것,' '안 하면 학교와 집에서 혼나니까 하는 것,' '짜증과 스트레스를 주는 것'으로 인식하는 한 그들의 일상적 삶은 즐거울 수도 행복할 수도 없다. 이는 오직 아이들에게 좋은 시험점수를 얻어 일류 명문대 진학하도록 경쟁을 조장하는 막장 교육의 당연한 결과다.

자살에까지 이르는 학업 스트레스

초·중·고교생의 자살자 수가 해마다 증가하고 있다. 2009년 기준 최근 10년간 청소년의 사망 원인 중에서 교통사고나 질병 등에 의한 사망률은 감소하고 있는데 비해, '성적과 진학문제'에 따른 사망률은 갈수록 높아가고 있다. 여성가족부와 통계청이 발표한

〈2012 청소년 통계〉를 보면, 15~19세 청소년들의 절반 이상이 자살하고 싶었던 가장 큰 이유로 '성적 및 진학문제'(53.4%)를 꼽았다.

2011년 한국청소년정책연구원이 발표한 〈4개국 청소년 건강실태 국제 비교조사〉 보고서[16]를 보더라도 한국 청소년들의 학업 스트레스가 어느 정도인가를 여실히 짐작할 수 있다. "최근 1년 사이 학업으로 인한 스트레스가 한국은 72.6%인 반면, 중국은 59.2%, 미국 54.2%, 일본 44.7%"로 한국에 비해 훨씬 낮았다. 또한 "중도에 고등학교를 그만둔 학생이 3만 8천 명"이었다. 그런데 2012년 한 해에만 "초 · 중 · 고 학생 63,501명이 학업을 중단"[17]했다. 이는 하루 평균 200여 명에 육박하는 학생들이 학교를 떠난다는 뜻이다.

더욱 심각한 상황은 스스로 목숨을 끊은 10대 청소년들이 하루에 한 명 꼴이란다. 청소년들이 자살 충동을 느끼는 이유가 성적과 상급학교 진학문제 때문이다. 학업이 최고의 스트레스와 정신적 · 심리적 고통으로 작용하고, 소중한 생명까지 앗아가는 지경에 다다른 교육 현실에서 시골이든 도시이든 학교는 행복한 곳이 아니며, 공부는 결코 즐거운 것일 수 없다.

"한마디로 우리 청소년들은 지금 불행하다는 얘기입니다. 상급학교로 올라갈수록 행복하지 않다는 학생은 늘어납니다. 왜 그럴까요? 초등학생을 보면 친구 관계에 대한 만족도가 아주 높습니다. 중학생은 교육 관계 행복지수가 가장 높습니다. 문제는 고등학생이 되면 180도 달라진다는 겁니다. '친구와 대화가 잘 통한다'는 항목의 점수가, 30개 설문 항목 가운데 꼴찌입니다. '가족관계가 화목하다'는 답은 꼴찌에서 두 번째입니다. 어릴 때 행복을 느끼게 했던 친구와 가족관계가 고등학생이 되어선 오히려 이들을 불행하게 만들고 있는 겁니다. 입시전쟁 속에서 '친구'는 누르고 올라서야 할 '경쟁자'로 변해버리고 있습니다."[18]

교육은 타자와 함께 살아가는 행복의 가르침이어야 한다. 교육은 배움의 즐거움과 기쁨을 주어야 한다. 교육은 자기발견과 삶의 지혜를 깨닫는 과정이어야 한다. 교육의 결실은 억압과 통제가 아니라 자유로움과 협력, 인정과 격려 속에서 피어난다. 대학입시를 앞둔 고등학교만을 한정해서 하는 말이 아니다. 어떤 교육이든지 그러해야 한다는 것이다. 학교에서 교육을 한다는 의미는 스스로 행복한 삶을 살아가는 인간이 되도록 도움을 주는 행위라고 생각한다. 행복한 삶이 성공적인 삶일 수 있어도 성공한 삶이 반드시 행복한 삶인 것은 아니다. 교육은 성공하는 사람을 만들어내려는 것이 아니라 다른 이들과 함께 행복한 삶을 누리며 살아가는 사람으로 만드는 일인 까닭이다.

"사회적 성공이 반드시 인생의 성공을 보장해주지는 않는다. 인생의 성공은 남과 더불어 살면서 얼마나 행복한가에 달려 있다. 그렇다면 교육 또한 행복을 얻기 위한 과정이 되어야 한다. 배우는 과정은 즐겁고 행복해야 하고, 배운 것을 기쁜 마음으로 유용한 데 사용할 수 있어야 한다. 미래의 성공을 위해서 지금의 행복을 접어두라는 주문, 성공하면 행복해질 것이라는 막연한 기대는 결코 아이들을 위한 것이 아니다. 진정으로 아이들을 사랑하고 아이들에게 인생의 성공을 안겨주고 싶다면, 언제나 어떤 상황이든 간에 아이들을 행복한 사람으로 만들겠다”[19]는 교육 철학이 절실하다.

공부는 자기 자신을 위해서 하는 것이지 부모의 욕망을 채우기 위해서 하는 것이 아니다. 강요된 공부, 시험점수 올리기 교육, 친구들과의 비교 경쟁을 부추기는 교육은 아이들을 진정한 배움으로부터 도주하게 만들뿐이다. 공부는 자신의 행복한 삶을 위해 스스로 하는 것일 때 학습능률도 올라가고, 배움의 즐거움과 발견의 기쁨도 더욱 커져간다.

그런데 한국의 교육은 거꾸로 가고 있다. 초등학교를 넘고 유치원마저 뛰어넘어 이제는 태아 때부터 경쟁에 몰입하게 만드는 것이 바로 우리의 현실이다. 이러한 현실은 단순히 교육개선의 수준을 훨씬 뛰어넘고 있다. 국민들은 정권교체기마다 추진되었던 짜깁기 수준의 교육개선책 정도는 숱하게 경험해왔다. 따라서 교육을 획기적으로 바꿔야 한다. 학교를 개선 수준이 아닌 획기적으로 뜯어 고쳐야 한다. 교사와 학부모도 변해야 한다. 대학도 변해야 하고 성적으로 학교와 학생을 한 줄로 세우려는 사회 풍토도 바뀌어야 한다.

‘나’는 그대로인데 ‘상대방’의 변화만을 촉구한다거나 ‘교육개혁에는 답이 없다’거나 하는 태도는 교육개혁을 거부하고 반대하겠다는 주장과 다를 바 없다. 세상 바꾸기를 원한다면 ‘내’가 먼저 변해야 한다. 이때 그 ‘나’는 1인칭인 ‘나’가 아니다. 교사, 학부모, 언론, 국가, 시민사회 모두를 지칭한다. 개인의 문제로 개인의 변화에만 국한되는 것이 아니라 사회의 문제로 사회 전체에 변화가 일어나야 한다는 것이다. 『주역』에서 ‘궁즉변 변즉통 통즉구(窮則變 變則通 通則久)’라고 한 것도 같은 맥락이다. 궁하면 변화해야 되고, 변하면 서로 통하게 되고, 통하면 오래가게 된다. 물론 교육개혁이 단기간에 갑작스럽게 바뀔 수 있는 것은 아니다. 긴 시간을 가지고 국민적 합의 도출을 통해 반드시 바꿔야 한다.

태아기에서 고등학교 3학년 때까지 한국 사회의 모든 가정은 편안한 날이 있을 수 없다. 국 · 영 · 수 교과서 속의 지식들이 미래의 성공과 행복의 필수조건도 아닌데 아이들은 유치원부터 고교를 졸업할 때까지 공부 말고는 다른 활동을 거의 하지 못한다. 한마디로 입시 공부와 싸움은 전쟁의 연속이다. 태아에서 고등학교 3학년까지 20년 동안 피를 말리는 기나긴 전쟁이다. 또 다시 용두사미 교육개혁이나 선거철만 거론되는 교육개혁이 되어서는 안 된다.

21세기의 한국 교육, 더 이상 이대로 진행되어서는 결코 안 된다. 한국 사회에서 학교 교육은 모두의 고통이자 비극이다. 개인과 가정만이 아니다. 국가 차원에서도 과도한 사회적 비용을 지불해야 하는 고통스런 장애물이고 국가적 난제다.

교육은 고통이 아니라 행복이고 기쁨이어야 한다. 아이들에게 고통을 주는 교육이 아닌 새로운 자기 발견과 자아형성의 기쁨을 주는 교육이어야 한다. 이런 것들이 바로 왜 교육개혁이 필요하고 절박한 것인가를 웅변하는 그 이유다.

2. 교육이 경쟁이면 학교는 공장

캐나다에 한국처럼 사교육을 담당하는 입시 학원이 오래 전에 생겼다고 한다. 자식을 캐나다로 유학을 보낸 한국 엄마들의 욕심과 요구에 의해 사설 입시 학원이 생겨나고 개인 과외도 성행한다는 것이다. 당연히 학원 수강생이나 개인 과외수업을 받는 아이들은 한국에서 건너간 학생들이다. 한국 사람의 교육열은 타의추종을 불허할 정도다. 세계 최고의 교육열을 자랑하는 국가라고 좋아해야 할지 부끄러워해야 할지 어려운 과제다.

무엇 때문일까? 초등학교에서 고등학교까지 12년 동안의 긴 세월과 치열하게 사투한 뒤에 단 한 번의 시험점수로 인생의 승리자와 실패자를 판가름하는 살인적인 경쟁 교육 때문이다. 국내는 물론이거니와 외국에 가서까지 과외공부와 사투를 해야만 살아남을 수 있다는 절박감과 불안 심리가 학생과 부모를 착취하며 고통의 굴레로 압박하고 있기 때문이다. 초등학교 5학년 어린 학생이 "아이들이 왜 어른들보다도 여유롭지 못한지 알 수가 없다. 나는 너무나 자주 죽고 싶은 생각이 든다. 물고기처럼 자유롭고 싶다"며 자살 직전에 쓴 유서는 한국의 학교 교육이 얼마나 비인간적이고 살인적인 교육이며, 학생과 부모 모두를 착취하는 경쟁 체제의 교육인가를 호소하고 있다.

경쟁 교육과 청소년 자살률 세계 1위

한국의 학교 교육이 살인적인 경쟁 교육 체제라는 사실을 모르는 사람은 거의 없을 것이다. 그럼에도 대다수의 사람들은 잘못된 교육 체제를 고쳐야한다는 데는 동의하면서도 '내 자식은 그렇지 않겠지,' '내 자식만 잘 가르치면 되겠지'라며 개인적인 차원에서 덮어둔 채 교육개혁 문제에 대해서는 뒷전으로 물러난다. '교육 문제가 심각한 것은 알지만 현실이 그러하니까 어쩔 수 없지 않은가,' 혹은 '지금 당장 우리더러 자녀의 대학입시를 포기하란 말인가'라고 하며 회피한다. 예를 들어 '청소년 자살 문제' 하나만 보더라도 현 시기

〈표 1〉 연도별 10대 자살자 수 현황 및 추이

(단위 : 명)

연도별	2005	2006	2007	2008	2009	2010	2011
자살자 수	135	232	309	317	446	353	150

* 〈통계청 자료〉와 국회 교육과학기술위원회에 제출된 〈교육과학기술부의 자료〉를 종합하여 재구성한 것인데, 청소년 자살률은 갈수록 증가 추세에 있다. 특히 2012년의 경우에는 7월 현재까지 150명으로 집계된 숫자인데도 2005년 연간 총수를 이미 넘어서고 있다.

교육개혁 문제가 왜 절실한 과제이고, 무한 질주를 부추기는 경쟁 교육 체제가 얼마나 심각한가를 충분히 짐작할 수 있다.

2010년 통계청 자료에 따르면, 10~19세 청소년 자살자는 최고 353명으로 하루에 1명꼴이고, 2009년부터 10대 사망 원인 1위가 자살이라고 한다. 이는 교육과학기술부 자료에서도 그대로 드러났다. 2011년 한 해에 자살한 초·중·고교생이 모두 150명으로 이틀에 한 명꼴이고 사망 원인도 자살이 1위였다. 2007년부터 2009년까지의 미성년자에 대한 통계청의 청소년 사망 원인 분석 결과에 따르면, 10대와 20세 이상의 청소년 및 대학생까지 아우르는 24세까지 인구의 사망 원인 1위도 자살이었다. 청소년 자살은 줄어들기는커녕 해마다 증가 추세다. 15~24세 청소년의 경우, 2008년에서 2009년 사이 인구 10만 명당 13.5명에서 15.3명으로 크게 증가했는데, 이는 OECD 평균을 넘어서는 것으로 한국은 청소년 자살률 세계 1위 국가다.

꽃도 피워보지 못하고 어린 나이에 자살이라는 극단적 처방을 선택한 이 비극적인 원인, 곧 한국 청소년 자살의 원인은 무엇일까?

자살 충동 경험이 있는 15~19세 청소년은 '성적'과 '진학문제'가 가장 컸고, 20~24세 청소년 및 대학생은 '경제적 어려움'이 가장 컸다고 한다.

특히 중·고등학생 또래에 속하는 15~19세 청소년은 2008년 51%, 2010년 53.4%가 자살 충동의 이유를 '성적문제'라고 응답했다.[20] 2012년에는 대구에서 6개월 사이 중·고생 8명이 스스로 목숨을 끊고 2명이 자살을 시도해 사회적 충격을 주기도 했다. 고3 학생이 '전국 1등'을 강요해온 어머니를 살해한 사건[21]도 한국 사회의 일등지상주의나 성적중심주의와 같은 교육 병리가 극단을 치닫는 상황에 이르렀다는 상징적 방증이기도 하다. 청소년 자살률이 해마다 증가하고 세계 최고 수준이라는 이 부끄러운 사실의 핵심은 이 문제가 청소년 개인이나 가정의 문제가 아니라 교육의 문제에서 싹을 틔워 사회적인 문제로 확산되고 있다는 점이다. 입시만능, 성적지상주의, 획일적인 학교 교육 그리고 공부와 성적만이 유일한 삶의 길이라는 '막장 교육,' 가정과 학교 그리고 사회에서 압박하는 "공부! 공부!…… 성적! 성적! 타령"의 외부적 강요가 어린 아이들을 죽음과 절망의 나락으로 밀쳐낸 것이다. 아이들은 무죄다. 승자에게만 특권을 부여하는 승자 독식 사회, 자식을 통해 부모의 욕망을 대리 만족하려는 빗나간 학벌 따기와 출세주의 교육, 고등학교 때의 입시성적으로 패자나 낙오자로 낙인찍는 학교 교육과 사회 풍토가 아이들을 죽음으로 내쫓은 것이다.

> "한국 교육을 이렇게 살인적인 입시 경쟁으로 몰아넣는 원인이 무엇인가? 두말할 필요도 없이, 그것은 바로 학벌과 대학 서열 또는 계급적으로 서열화한 학벌 체계다. 학벌 체계는 사회적 불평등의 체계다. 서울대는 한국의 왕족, 연 · 고대는 귀족 그리고 대학 못 나온 사람은 천민. 이것이 한국 사회의 불평등 위계이다. 서울대는 최고의 지배계급으로서 권력과 자본 그리고 위세를 독점한다. 마찬가지로 연 · 고대는 그 다음, 그리고 또 그 아래 층층시하 서열이 생기고 그 서열에 따라 각 대학의 학벌이 사회적 자본을 차등적으로 나누어 가지면서 신분계급의 계열

을 형성한다. 이처럼 출신 대학이 한 사람의 사회적 신분을 결정하는 사회에서, 아니 정확히 말해 대학의 서열에서 높이 올라가면 갈수록 한국 사회에서 차지하는 사회적 자본의 양이 기하급수적으로 커지고, 반대로 꼭대기에서 조금만 아래로 내려와도 비교할 수 없을 만큼 큰 격차가 벌어지는 상황에서, 너도 나도 최고의 지배 학벌에 진입하기 위해 수단과 방법을 가리지 않고 경쟁할 것은 너무도 분명한 일이다. 그러니까 대학과의 관계에서 규정될 수밖에 없는 보통교육이 홀로 순수한 교육 이념을 지키는 것은 처음부터 불가능한 일인 것이다. 그리하여 이 땅에서 교육은 자기실현의 기관이 아니라 더 높은 서열의 대학에 들어가기 위해 타인과 치열하게 생존투쟁을 벌이는 전쟁터가 되지 않을 수 없다."[22]

학교는 공장이 아니다

국민대 김동훈 교수는 오늘날 한국의 교육을 "약탈적 교육 체제"라고 단정한다. 모든 가정이 부모의 절대적인 의무인 양 국가의 공교육비를 상회하는 가혹한 사교육비 지출로 고통을 받고 있고, 자녀가 20대 초 · 중반의 나이가 될 때까지 대학 등록금을 조달해야 하고, 자식들마저 대학생이 되어도 미래의 비전도 없는 대학 졸업장 획득을 위해 밤낮으로 편의점, 식당 등으로 알바를 하거나 심지어 휴학까지 해야 하는 처지로 고통을 당하며 젊은 시절을 소진하고 있기 때문이다.

약탈적 교육 체제는 경제적인 측면만이 아니라 정신적 · 문화적 측면에서도 나타난다. 아침 7시에 등교해서 정규수업, 보충수업, 심야 야간자율학습, 독서실과 학원 공부, 그리고 집에서 새벽 2시까지 계속되는 복습, 방학도 휴일도 없이 몰아치는 이 끔찍한 지옥의 과정을 통과하더라도 대부분의 청소년들의 기력이 소진되기 때문에 더 이상의 고급 지력을 발휘할 기력을 잃고 만다는 것이다.[23] 고교 3년의 입시성적이 인생 전체의 성공 여부를 결정하는 사회 구조에서 학교생활은 탈출구가 없는 폐쇄적 감옥 생활과 다름없다. 이런 생활을 참아내고 대학에 진학하고 졸업하지만 졸업 후의 미래마저 보장되지 않는다. 불안과 고통, 두려움과 배제, 비정규직과 저임금 노동 착취를 지속시키는 교육 시스템이 작동되고 있기 때문이다. 이는 청소년과 대학생들을 사람이 아닌 공장의 상품 정도로 취급하는 것과 다르지 않다.

일본의 사토 마나부 교수는 한국, 중국, 일본 등 동아시아 국가들의 교육은 주입식 교육과 시험 지향 교육이 특징이라고 지적하면서 "학교는 대량의 지식을 획일적 · 효율적으로 전달하고, 개인 간의 경쟁을 조직하여 확실하게 습득시키는 교육을 추진해왔다. 생산성과 효율성을 내걸고 대량생산을 실현하는 대공장 시스템의 학교 교육을 추구해왔다"[24]고 비판했다.

학교는 공장이 아니다. 공장이 되어서도 안 된다. 똑같은 벽돌을 찍어 내는 벽돌공장도 아니요, 각종 공산품을 생산하는 기업체도 아니다. 학교는 살아 있는 사람을 인간답게 길러내는 교육기관이다.

하지만 지금의 학교는 공장의 역할을 여실히 수행하고 있다. 공장 운영 시스템과 학교 운영 시스템이 매우 유사하기 때문이다. 요즘은 학교 운영이 아니라 학교 경영이라는 말이 아무런 비판도 없이 마땅히 그러해야 한다는 듯이 보편적으로 사용되고 있다. 기업주는 생산성과 효율성을 앞세워 더 '질 높은 상품 생산'을 위해 밤낮으로 '공장의 불빛'을 밝히며 노동자들을 격려한다. 그렇지만 '불량 제품들'은 쓰레기장에 폐품으로 처리하거나 싼 값으로 무더기로 팔려나가고, '질 높은 고급 제품,' '상품성이 있다고 인정되는 제품'만 골라 최적의 값으로 팔기 위해 큰 시장, 작은 시장, 심지어 해외시장까지 물색하여 판로를 개척한다.

어디 그뿐인가. 동일 업종의 다른 기업과 경쟁을 해야 할 처지라면, 다른 기업체의 정보를 입수하는 첩보전을 펼치기도 하고, 비슷하거나 동일한 제품의 판매 시장을 타기업체에 빼앗기지 않으려고 매일매일 전략회의를 갖는다. 비록 오랜 기간 기업의 수익률을 높여준 기존 제품이라도 더 이상 시장성이 떨어진다고 판단하면 신제품 개발을 위해 연구 · 개발 투자와 시설 투자에 집중해서 새로운 기업으로 거듭 태어나기도 한다.

그러면 학교의 모습은 어떤가. 공장의 '질 높은 고급 제품'은 성적이 우수한 공부 잘하는 학생이고, '불량 제품'은 성적이 낮은 공부 못하는 학생이다. 불량 제품을 쓰레기장에 폐품으로 처리하듯이 공부 못하는 학생들은 학교 교육으로부터 소외되고, 관심의 대상에서 제외되어 자신의 성적에 맞춰 '아무 대학, 그저 그런 대학'으로 팔려나간다. 싼 값에 무더기로 팔려나가는 상품처럼 말이다.

미국에서 프리스쿨과 대안교육, 홈스쿨링 같은 운동에 큰 영향을 끼친 존 홀트John Holt의 견해를 빌리자면, 학교는 노예를 생산하는 공장이기도 하다.[25] 온갖 '스펙 쌓기'와 '성적 올리기' 등으로 명문대 합격생의 배출, 곧 '질 높은 고급 상품'을 만들어내려고 밤늦게까지 꺼지지 않는 '학교의 불빛' 또한 방학과 휴일마저 헌납한 채로 1년 내내 작동되고 있지 않은가. 기업주가 시장의 판로 개척을 위해 전략회의를 하는 것은 마치 공부 잘하는 학생들을 철옹성으로 서열화한 명문대에 한 명이라도 더 합격시키기 위해 대학교육협의회나 유명 사설학원에서 제공하는 대학별 입시 전형자료를 펼쳐놓고 가장 적합한 전형을 찾아 불철주야 노력하며 진학 상담을 하는 학교 업무와 닮아 있다.

특정 기업주가 동일 업종의 다른 기업과 경쟁을 해야 할 때 다른 기업체의 정보 입수를 위해 첩보전을 펼치는 것도 학부모와 교사들이 발 디딜 틈이 없이 빽빽이 들어찬 사설학원 주최 대학입학설명회를 쫓아다니는 것이나, 학교에서는 입시 전문 유명 강사를 초빙하여 학생들을 대상으로 대학입시설명회나 간담회를 개최하는 것과 매우 닮아 있다.

하지만 대학입시 결과가 좋지 않거나 명문대 합격생을 배출하지 못할 경우라면, 중학교 3학년을 대상으로 성적이 우수한 신입생 유치를 위해 수백만 원의 장학금 지급과 기숙사비 면제, 명문대 합격 시 입학등록금 100% 지급 등의 미끼를 던지기도 한다. 또한 기숙형 학교 · 농산어촌 우수고교, 자율형 · 자립형 학교 등으로 지정되었다는 선전홍보 활동을 활발히 선개하는 것도 명문학교로 새롭게 거듭나려는, 곧 기존 제품의 한계를 극복하여 '신제품 개발'로 시장의 활로를 새롭게 개척하여 새로운 기업으로 거듭나려는 기업의 공장 운영 방식과 조금도 다르지 않다.

이명박 정권 출범 이후 '고교 300 프로젝트'의 고교 다양화 정책 추진에 따라 일반계고가 대거 자율형 사립고와 자율형 공립고로 전환하여 성적이 우수한 중3 학생들을 신입생으로 유치하려는 것도 기업주가 기존의 상품이 지닌 한계를 떨쳐내고 '전혀 다른 신제품'으로 기업의 새로운 활로를 개척하는 행위와 흡사한 전략이다. 상품이냐 학생이냐의 취급 대상만 다를 뿐, 만들어내는 공정과 대응 방식들이 동일 구조와 시스템 속에서 작동되고 있다는 것이다.

졸업생의 50~60%를 옥스퍼드나 케임브리지와 같은 대학에 진학시킬 정도로 유명한 영국의 명문 사립고 이튼 칼리지의 토니 리틀 교장은 "우리는 매주 화 · 목 · 토요일에는 점심 이후에 학과 수업을 하지 않고 음악, 운동 등 자유로운 활동을 한다"고 밝히면서 한국의 경쟁 교육에 일침을 가했다. "좋은 시험성적을 받을 수 있도록 교육하는 학교는 생산력이 뛰어난 공장에 불과하다"며 "그보다 더 중요한 것은 도전 정신과 전통, 사람과 관계를 맺는 법을 배우는 것"[26]이라고 말했다.

그러나 실제 학교 현장에서는 상품이 만들어지기도 전에 폐기 처분되는 사례가 일상화되어 있다. 교실 붕괴로 상징되는 것처럼, 아이들이 배우는 교실 상황은 10% 이내의 학생들을 대상으로 수업이 전개되기 일쑤고, 90%의 대다수 학생들은 잠자기, 동료와 잡담하기, 전자기기로 오락하기, 만화 보기, 거울 꺼내들고 화장하기 등 수업과 전혀 무관한 일에 몰두하고 있다. 정규수업이 이러할진대 방과후 보충수업과 야간자율학습 역시 10%의 학생들만 학습을 할 뿐, 시간 때우기나 억지로 자리 지키기 등으로 학교생활의 하루하루의 일과를 채우고 있다. '우리는 공부 못하는 학생이니까,' '이미 학교에서도 선생님들도 포기한 학생들이니까,' '대학? 아무데나 가지 뭐,' '꼭 재들처럼 저렇게 공부를 해야만 돼?' 등으로 자발적 배제와 소외를 내면화하고 있는 현실이다.[27] 학생들 스스로도 '나는 이미 경쟁에서 낙오된 사람'이라는 인식을 정당화하고 있다. 오직 대학입시만을 좇아가는 경쟁 체제의 학교 교육이 대다수의 아이들을 스스로 포기하고 체념하도록 만들고 있기 때문이다.

학교와 공장이 명확히 구별되는 본질적인 차이점이 있다면 그것은 아마도 이런 현상들이 아닐까 한다. 곧 공장에서 생산하는 공산품은 죽은 상품이고, 학교에서 만들어내는 상품은 살아 있는 상품이라는 데 본질적인 차이가 있다. 그래서 학교는 결코 공장일 수 없다는 사실, 기업주가 공장을 경영하는 것처럼 학교를 경영해서는 안 된다는 사실이 명백히 다른 점이다.

학교의 운영이나 체제가 상품을 생산하는 공장의 시스템과 상품을 팔아 이윤을 창출하려는 기업주의 기업 경영 방식과 닮아 있다고 주장하면, 이는 너무 심한 비유라며 불만을 드러내는 사람도 있을 것이다. 하지만 잘 생각해보라. 기존의 선입견이나 편견을 버리고 냉정한 태도로 학교와 공장이 돌아가는 시스템을 자세히 관찰해보면 납득이 되리라 생각한다.

기업에는 경쟁이 약이지만 아이들에게는 독이다. 상품은 사용 가치의 효용성이 떨어지면 폐기처분하면 되지만 학생은 상품이 아니라 사람이다. 사람은 사회적 존재로서 타자와 함께 살아가는 폭넓은 인성과 교양을 기르며 학교 교육을 통해 공동체적 삶의 태도를 배우는 존재다. 이것이 상품을 생산하는 기업과 사람을 가르치는 학교의 본질적인 차이다. 그래도 혹자는 교육에서 어느 정도는 경쟁이 필요하지 않느냐고 반문할지도 모른다. 하지만 지금과 같이 만인의 만인에 대한 투쟁이라는 맹목적인 경쟁, 혹은 혼자만의 성공과 승리를 위한 경쟁은 독이다. 설령 경쟁의 승리자라 할지라도 여기서 끝나는 것이 아니라 불안과 스트레스와 싸우며 또 다른 경쟁을 준비해야 하는 무한 경쟁이다.

무한 경쟁 체제는 영원한 승자도 패자도 없는 정글의 법칙이 작동되는 '제로섬 게임' 구조로 지탱된다. 세계 어디에도 완전 경쟁이란 존재하지 않는다. 교육은 승자와 패자를 가르는 경쟁이 아니라 다 함께 행복하기 위한 삶을 탐색하는 존중과 협력이어야 한다. 교육이 경쟁이 아니라 존중과 협력이어야 한다는 것에 대해서는 제2장에서 구체적으로 다룰 것이다.

한국 교육은 가장 잔인한 가정 파괴범

한국의 경쟁 교육에 대해 일본 리쓰메이칸대학의 사회학과 야마모토 교수는 "한국과 일본 모두 경쟁주의 교육 때문에 '집단 따돌림'과 '학교 폭력'이라는 심각한 사회적 문제를 만들어낸 공통점이 있다"고 하면서 다음과 같이 말한다.

"경쟁주의의 특징은 승자와 패자를 확실하게 나누는 것입니다. 경쟁에서 진 사람은 지배당해도 좋은 사람, 이 사회에서 쓸모없는 인간, 배제된 인간으로 취급당합니다. 이기는 것만을 강조하는 경쟁주의 교육은 친구를 보살피거나 도와주는 사람이 아닌 이겨야 하는 대상으로 바라보게 만듭니다."[28]

야마모토 교수에 따르면, 일본의 경우 1960년대 경제성장기를 거치면서 경쟁 교육이 확산되었고, 그로 인해 집단 따돌림, 학교 폭력, 자살 등 학교 붕괴라는 심각한 사회 문제를 야기했다. 오늘날 한국 사회의 경쟁주의 교육이 바로 그러한 폐단이 얼마나 무서운가를 말해주고 있다고 지적한다. 경쟁주의 교육은 아이들에게 학교 교육을 거치면서 "인간의 존엄마저 무시해도 되는 사람, 가치도 없는 사람도 있다"는 생각을 갖게 만든다.

미국 연방교육부의 안토니 밀러 차관은 아시아태평양경제협력체 APEC 교육장관회의에 참석한 방한 기자회견에서 한국에서는 치열한 입시 경쟁으로 인성교육이 소홀해지고 있다는 질문을 받고, "동료에 대한 존중과 협력, 관용 정신, 정보 활용 능력 그리고 윤리적 기준에 맞는 '좋은 인성을 기르는 것'이 미래 교육의 핵심"이라고 말했다. 특히 요즘처럼 정보가 폭발적으로 증가하는 시대에는 "단순히 정보를 얻는 것보다 폭발적으로 쏟아지는 정보에 어떻게 접근하고, 이를 재구조화하고 응용할 것인가 하는 능력이 더욱 중요해졌다"고 하면서 이제는 "배움과 가르침의 의미도 달라져야 한다"[29]고 강조했다.

캐나다 윈저대학 경제학과의 서상철 교수는 "한국의 교육은 가히 살인적이고, 학생들이 자살을 해도 그 학생 수가 너무 많아서 이제는 언론에서조차 큰 주목을 받지도 못할 정도가 되었다"고 말하면서 "한국의 교육은 가장 잔인한 가정 파괴범"이라고 단정한다. 심지어 그들은 "입시 경쟁이라는 거대한 사회적 모순의 희생자"임에도 불구하고 "경쟁의 실패자로 혹은 교육의 과정에서 예상된 탈락자 정도로 치부되면서 한국 사회가 그들의 고통을 외면"[30]하고 있다고 강도 높게 비판한다.

2003년 11월 재미 한국인 출신 교수들이 한국의 경쟁주의 교육을 안타까워하는 〈교육개혁을 위한 거국적 노력을 촉구함〉이라는 공동 성명서를 발표했다. 한국의 장래는 오늘의 교육에 달려 있기에 정치인들에게만 교육개혁을 맡길 수 없다면서 조국의 미래를 위해 한국 전체가 깨어날 것을 촉구했다. 교육개혁을 위해서는 한국 사회 전반의 변화가 시급하다는 사실을 강조하고 있는데, 인용 분량이 다소 많지만 그 내용을 요약하면 이렇다.

> "…(전략) 오늘날 한국 사회는 구성원의 무한한 저력과 가능성을 고갈시키는 중대하고도 고질적인 결함을 드러내고 있다. 바로 교육의 완전한 실패다. 이 문제는 세계가 점점 지구촌화되어 가고 있는 상황에서 다음 세대의 복지를 높이고 한국의 위상을 높이는 데 큰 걸림돌이 되고 있다. 현재 한국의 교육 제도 전반에 걸친 수많은 문제점들은 이미 익숙해질 대로 익숙해져 새삼 일일이 나열할 필요가 없을 정도다. 여기서는 두 가지 주요한 문제점만 지적한다.
>
> 첫째, 대부분의 한국 가정들이 '학원'이라는, 돈이 많이 들면서도 극도

로 경쟁적인 사교육 제도 때문에 엄청난 심리적 · 재정적 압박을 받고 있다. 어린 학생은 물론이고 가족 모두에게도 감당할 수 없는 부담을 줄 뿐만 아니라 이런 부담 때문에 많은 학생들이 스스로 목숨을 끊기도 하고, 무수한 가정이 더 나은 교육을 위해 미국이나 캐나다, 호주, 뉴질랜드 등지로 이주하고 있다. …(중략)… 잘못된 교육이 자녀와 가정, 교육 제도 자체 그리고 한국의 사회적 · 경제적 틀을 송두리째 뒤흔들고 있다. 둘째, 한국의 교육은 공익적 시민 육성에 철저히 실패했다. 한국 교육이 탁월한 인격과 추진력을 갖춘 사회구성원 양성에 실패했다는 것은 미래의 국가 위상이 크게 위축되고 있음을 의미한다. 미래의 한국 시민은 개인의 행복뿐 아니라 이성과 이해를 겸비하여 발전적인 민주사회를 건설하는 데도 기여할 수 있는 시민이어야 한다. 그러나 그동안의 교육 제도는 사회 전체의 덕목에는 완전히 무지한 채 자신의 야심만 좇는 맹목적인 지식계급을 생산해왔다. 이러한 교육의 실패는 여기에 열거하지 않은 많은 결함들과 함께 한국 사회에 피할 수 없는 재앙을 예고하고 있다. …(중략)… 한국의 부모들은 자녀의 성공을 위해서라면 못할 것이 없다는 식의 아주 단순하고 직접적인 교육관을 가지고 있다. 그리고 한국 사회에서 성공하려면 무엇이 필요한지도 알고 있다. 명문대 졸업장, 학교를 통한 인맥, 지역주의, 연고주의, 정실주의 등 이른바 줄과 고리가 한국 사회에서의 성공 요건들이다. 그러나 이것들을 통한 성공을 결코 바람직하다고 볼 수는 없다. 한국 사회에서는 학교에서 배운 지식보다 명문대 졸업장과 이력서에 기재되는 학력이 중요하며, 고등학교와 대학 동문 및 출신 지역과 기타 관계에 의한 인맥이 중요시된다. 이러한 한국 사회의 풍토가 교육 제도에 엄청난 왜곡을 가져오고 있다. 교육의 실패는 바로 한국 사회 구조 전체의 실패를 반영하는 것이다. 따라서 교육 제도 개혁 이전에 사회 전반의 변화가 시급하다.(하략)…"[31]

하지만 오늘날 한국의 초 · 중등학교와 대학교는 이미 시장화되어 버렸다. 즉 상품을 사고파는 시장 논리가 마치 교육의 논리이고 교육의 목표인 양 도시 지역과 농산어촌 지역 구석구석을 떠돌아다니는 신화적인 유령처럼 위력을 발휘하며 일반화되어 버렸다. 교육개혁의 핵심은 여러 가지 측면이 있겠으나 학교 교육의 심장에까지 뿌리내리고 있는 자본주의 시장 논리를 제거하는 일에서부터 출발해야 하는 이유다. 경쟁 교육 체제는 시장 논리를 먹고 살아가면서 그 세력을 확대재생산하고 있다. 교육은 투자 대비 효율성과 생산성을 강조하는 경제 논리나 무한의 이윤 추구를 지향하는 자본주의 시장 논리로 접근해서는 결코 어떠한 해답도 찾을 수 없다. 교육은 사람과 삶의 논리, 교육의 논리로 접근해서 풀어야 할 과제다. 말 그대로 '백년대계'는 아닐지라도 '30년대계'는 되어야 한다.

3. 대학입시는 학벌 따기 계급투쟁

한국 사회의 성공 조건

2011년 신년은 새해 벽두부터 사회적 충격을 던져준 연구보고서가 많은 관심을 끌었다. 정부 출연 연구기관인 한국보건사회연구원이 〈한국인의 자녀양육 책임 한계와 양육비 지출 실태〉 보고서였다. 한국 사회에서 부모가 자녀 1명을 낳아 대학교를 졸업할 때까지 키우는데 드는 비용이 도시근로자 가구당(4인 가족 기준) 평균 월급 422만 원의 62배에 달하는 규모인 무려 2억 6천2백만 원 이상이라는 내용이었다. 연구보고서의 주된 내용[32]은 이렇다.

자녀를 양육 기간별로 나누어 분석한 결과(2009년 기준)에 따르면, "영아기 3년간 지출되는 양육비가 2,466만 원, 유아기 3년간 양육비는 2,937만 원, 초등학교 6년간 양육비는 6,300만 원, 중학생은

3,535만 원, 고등학생은 4,154만 원이고, 대학생 자녀에게 4년간 지출되는 양육비는 6,811만 원으로 가장 많다." 그런데 여기에는 자녀가 대학입시에서 재수를 하거나 해외로 어학연수를 가는 비용은 포함되지 않았기에 요즘 대학생은 물론 "초·중·고교생들까지 방학 등을 이용해서 해외 어학연수를 다녀온다는 점을 감안한다면 중산층이 자녀교육을 위해 지출하는 비용은 이보다 훨씬 많을 것으로 추산된다."

또한 "월평균 자녀 양육비는 영아기 68만 원, 유아기 81만 원, 초등학생 87만 원, 중학생 98만 원, 고등학생 115만 원, 대학생 141만 원이고, 출생 직후 3년간은 식료품비가 가장 높은 비중을 차지하지만, 자녀가 초·중·고교에 다니는 기간에는 교육비가 그 다음으로 가장 많이 지출"되고 있다.

자녀가 태어나서 성인이 될 때까지 먹고 입고 생활하는 데 들어가는 기본적인 양육비야 부모로서 마땅히 감당해야 할 의무일 수는 있겠지만, 포괄적이고 단순한 양육비에다가 자녀교육을 위해 지출되는 교육비까지 합산하여 1명에 2억 6천2백만 원이 들어간다는 것은 한국 사회에서는 중산층도 쉽게 감당해내기 어려운 일이다. 이는 사는 것이 행복하지도 않고 복지제도나 사회 안전망도 매우 취약한 한국 사회의 자화상일 것이다.

부모가 태생적 죄인이 아니라면 어느 누가 자식 낳기를 거부하겠는가. 자녀를 대학 교육까지 시키지 않으려는 부모라면 몰라도, 한국 사회에서 어느 부모가 자식의 대학 교육을 포기하겠는가. 은행 빚을 내더라도, 식당 종업원으로 파출부로 노래방 도우미로 건설 공사 현장으로 나가 고된 육체적 노동을 해서라도 자녀교육에 대한 강한 집념과 땀방울 흘리는 것을 마다하지 않을 것이다. 로또복권 같은 갑작스런 횡재나 행운이 아니라면, 한국 사회에서 출세와 성공, 물질적 부와 행복한 삶을 이루려면 교육밖에 없다는 사실을 너무도 잘 알기 때문이다. 한국의 학부모들은 "명문대 졸업장, 학교를 통한 인맥, 지역주의, 연고주의, 정실주의 등 이른바 줄과 고리가 한국 사회에서의 성공 요건들"이라는 사실을 너무도 잘 알고 있기 때문이다. 자식을 대학에 진학시켜야 하고, 그것도 전문대가 아닌 4년제 대학에, 지방대학이 아닌 서울에 있는 대학으로, 서울에 있는 대학 중에서도 대학 서열의 상층부에 있는 명문대에 진학시켜야 이 땅에서 출세하고 성공하는 삶이라고 여기고 있기 때문이다.

민간정책연구소인 '미래와 균형'이 서울시교육청의 의뢰를 받아 수행한 〈서울 초 · 중 · 고교 학업 중단 학생의 실태조사와 예방 및 복귀 지원을 위한 정책 대안 개발 연구〉 보고서에 따르면,[33] 조사 대상 중 · 고교생 3,389명 중 32.5%(1,103명)가 학습부진 또는 학업에 대한 흥미상실(39.5%), 학교에 대한 불만(16.8%), 진로와 적성 불일치(16.2%) 때문에 학업 중단을 한 번 이상 고민했다고 한다. 그리고 실제로 자퇴한 학교 밖 청소년 301명을 대상으로 실시한 조사에서도 자퇴 이유가 학교에 대한 불만(30.7%), 학습부진 및 학업에 대한 흥미상실(23%), 진로와 적성 불일치(8.4%)였다고 한다.

학교를 지퇴하는 이유나 청소년들이 자살하는 이유의 핵심에는 학교와 학업, 그리고 성적과 향후 진로 적성 문제가 아이들의 최대 고민거리이자 고통의 중심이 되고 있음을 알 수 있다.

그런데 이러한 문제가 비단 학교 부적응 학생이나 공부를 못하는 성적이 낮은 학교나 학생들만이 겪는 고민거리나 고통이 아니라는 사실이다. 소위 A급 학군으로 분류되는 부유층 자녀들이 다니는 명문고나 명문대 진학생을 많이 배출한 학교에 다니는 학생들의 자퇴와 자살도 크게 늘고 있다.[34] 특히 이명박 정권 출범 이후 고교 서열화에 이어 일제고사가 전국적으로 확대 실시됨에 따라 도시 지역과 중산층에 속하는 지역의 학교 학생들의 자살도 부쩍 늘었다. 2주에 한 명꼴로 목숨을 끊었다.[35] 교육을 통해 사회적 지위와 계층 상승의 꿈을 이루겠다는 학부모의 경쟁 심리가 중산층에서 더욱 심해지면서 학생들에게 엄청난 학업 스트레스를 강요하는 악순환 구조가 갈수록 심화되고 있기 때문이다.

이른바 '묻지마 살인 사건'[36]도 그 단적인 사례다. 이 살인 사건의 범인은 강남 8학군의 고등학교 출신으로 미국 명문대학에 진학한 청년이었다. "고등학교 3학년 때는 반장을 하고, 밤늦게까지 학교와 학원, 집을 오가며 오로지 공부만 하는 모범적인 스타일이었고, 서울의 모 법과대학에 4년간 장학생으로 합격했는데도 소위 명문대에 진학하지 못했다는 이유로 괴로워하다가 결국 미국행을 선택하고, 미국에서도 좋은 성적을 얻지 못하자, '이제는 공부가 싫다'며 괴로워한 끝에 살인 사건을 일으켰다"고 한다. 이 사건의 근본적인 원인은 4년간 장학생으로 합격했음에도 SKY(서울대, 연세대, 고려대)라는 대학 서열화의 최상층부에 속한 명문대 입학에 실패했고, 미국에서도 실패해서, 결국 막장으로 내몰려 잔인한 범죄자가 되었다는 것이다. 한국에서 대학은 고등학교 3학년 학생들의 대학입학 성적으로 서열화되어 있고, 최상층부에 속한 대학에 진학해야만 한국 사회에서 출세와 성공한 삶을 꾸려갈 가능성이 높고, 또 인간적인 대접과 사회의 특권적 지위를 누릴 수 있다는 사실을 알고 있었기 때문이다. 이 사건은 아이들을 초등학교 때부터 대학을 졸업하고 사회에 나가서도 줄을 세우고, 열등감과 좌절감, 자포자기와 심리적 압박감을 끊임없이 주입하고 있는 한국 사회의 모습이다.

학부모의 뜨거운 욕망

대한민국 '사교육 빅5'—강남, 목동, 중계, 과천, 분당—지역의 초·중학생 1,380명을 대상으로 시행한 조사 결과도 대학입시의 목표가 단순히 대학 진학에만 있는 것이 아니라 대학 서열화의 사다리에서 한 단계라도 더 높은 대학에 오르려는 욕망 구조에서 비롯되었음을 여실히 알 수 있다. 물론 그 욕망 구조를 잉태한 바탕에는 한국 사회에 뿌리 깊게 똬리를 틀고 있는 학벌 숭배 문화가 자리 잡고 있다. 단순히 학령기에 따른 '높은 학력'을 얻어야 한다는 것이 아니라 기필코 '좋은 학벌'을 쟁취해야 한다는 욕망이 우리를 지배하고 있다. 한국 사회에서는 '좋은 학벌'을 쟁취해야만 출세와 성공을 보장받는다는 위력적인 학벌 신화가 힘을 발휘하고 있는 까닭이다.

특목고의 하나인 외국어고 선호도에 대해 '사교육 빅5' 지역 학생들을 조사한 결과[37]는, 학부모의 욕망 구조가 자녀들에게 고스란히 투영되어 공교육을 왜곡하는 결과를 낳고 있다는 것을 극명하게 보여준다. "초등학생의 경우 과학고와 영재고에 이어 외국어고가 3위였지만, 중학생의 경우 외국어고 선호도가 27.8%로 가장 높았고 그 이유는 '외국어를 공부하고 싶어서'가 아니라 '좋은 대학에 입학하기 위해서'라고 했다. 또한 외국어고 지망 학생들의 사교육 의존도는 거의 절대적이었다. 외국어고 진학을 희망하지 않는 학생들은 77.4%가 사교육을 받고 있었지만, 외국어고 진학을 희망하는 학생들은 그 비율이 91.9%였다."

한편, 권영길 의원이 분석한 자료[38]에 따르면, 가계의 소득 수준이 높을수록 일반고가 아닌 외국어고를 포함한 특목고나 자사고 등에 진학할 가능성이 높다. "통계청의 직종별 평균소득에 따라 5개 직업군(상위직, 중위직, 하위직, 무직, 기타)으로 분류하였을 때, 외국어고 재학생 아버지들의 직업군은 상위직과 중위직이 85%인 반면 일반계고 재학생 아버지들의 직업군은 상위직이 13.11%였고, 전문계고의 경우 상위직이 겨우 3.68%에 불과했다." 이와 같은 결과는 부모의 "소득 수준 격차가 학력 격차를 유발하고, 학력 격차가 다시 소득 수준 격차를 유발하는" 악순환 구조를 띠고 있음을 의미한다.

사회의 욕망 구조가 공고화되고 좋은 학벌 쟁취 투쟁이 갈수록 치열해지면 사교육비의 과잉지출과 확산을 불러온다. 학교 교육을 통한 사회적 신분 상승과 계층 이동의 기회도 더욱 어려워진다. 즉 경제적으로 잘 사는 집의 학부모들이라고 해서 높은 사교육비 지출을 달가워하지는 않겠지만 인색하지는 않다. 반면에 경제력이 뒷받침되지 못하는 가난한 집안의 학부모는 가계 경제를 흔드는 고통과 압박 때문에 사교육비 지출에 인색할 수밖에 없다. 부모의 경제력의 차이에 따라 학생들 간의 학력 격차가 생겨나고 이러한 구조는 부모세대에서 자식 세대로 대물림하는 결과를 낳는다.

한국개발연구원KDI 김영철 연구위원이 2004년 전국 중학교 3학년 학생 1,731명의 2008학년도 대학 진학 성과를 추적 조사한 〈고등교육 진학 단계에서의 기회형평성 제고 방안〉[39] 연구보고서에 따르면, 부모의 사회적 · 경제적 지위와 학력이 높을수록 자녀들의 상위권 대학 진학에 막대한 영향을 미치고, 이는 고스란히 자녀들에게 대물림되고 있다(〈표 2〉참고).

부모의 사회적 · 경제적 지위가 하위 1분위에 속한 자녀들의 상위권 명문대 및 의대 진학률이 0.8%인데 비해, 상위 10분위(13.8%)에 속한 자녀들의 진학률은 13.8%로 13배나 높다. 또한 1~3분위에 속한 자녀들의 4년제 대학 진학률이 평균 37.9%인 반면, 8~10분위에

〈표 2〉 부모의 사회 · 경제적 지위에 따른 자녀 대학 진학률

(단위 : %)

사회 · 경제적 분위	수능등급	4년제 대학	30위권 대학	9위권 대학 및 의과대학
1분위	5.6	33.8	2.3	0.8
2분위	5.4	45.7	6.3	0.0
3분위	5.6	34.2	3.8	2.5
4분위	5.7	49.3	6.7	0.7
5분위	5.8	52.2	5.9	0.0
6분위	5.5	61.3	10.2	0.7
7분위	5.2	74.3	14.9	5.0
8분위	4.9	64.7	13.4	2.5
9분위	4.8	75.8	14.8	6.3
10분위	4.3	74.5	23.4	13.8

자료: 한국 교육개발원(2008)

속한 자녀들의 진학률은 71.6%로 2배나 더 높았다.

좋은 학교를 만드는 데는 "학교 교육도 변화를 일으킬 수 있지만 학생의 교육 성취도와 학업수행능력에 가장 큰 영향을 미치는 것은 가정환경이다. 영국 학교의 가장 큰 문제 중 하나는 빈부격차, 가정 환경의 차이, 아이들이 학교에 가지고 오는 사회적 · 문화적 자본의 차이"[40]라는 사실이 우리나라에서도 입증된 꼴이다.

이런 사실은 교육시민단체 '사교육걱정없는세상'이 전국 173개 고교 1학년생 11,774명을 대상으로 실시한 조사 결과[41]를 보더라도 어렵지 않게 확인된다. 학교 유형별 입학 전 월평균 사교육비가 수도권의 과학고 학생들은 724,700원이었고, 이는 수도권 일반계고 학생들의 입학 전 지출 사교육비 403,900원에 비해 무려 80%가량 많은 액수를 지출한 것이다. 수도권의 경우 월평균 사교육비 지출이 과학고, 외국어고, 자율형 사립고, 자립형 사립고, 일반계고 순으로 많았고, 지방의 경우 과학고, 자립형 사립고, 자율형 사립고, 외국어고, 일반계고의 순으로 많았다. 이는 한국 사회에서 고소득층(상위 20%)과 저소득층(하위 20%)의 교육비 지출이 극명하게 양극화되고 있다는 뜻이다.

권영길 의원의 조사 결과에 따르면,[42] 교육 양극화에 따라 고등학교는 이미 5개의 위계로 고착해가고 있음을 알 수 있다. "최고의 부자가 다니는 자립형 사립고, 보통 부자의 자녀가 다니는 특목고, 서민의 자녀가 다니는 일반고, 가난한 자의 자녀가 다니는 전문계고 그리고 학교 밖 아이들이 그것이다." 이들 '계급'의 미래는 어찌 될까. 이 위계의 상위 두 학교(특목고와 자립형 사립고) 출신 학생들은 큰 걱정 없이 부와 권력을 독점할 가능성이 높아 보이지만, 나머지 학교 졸업생들은 앞날이 불투명할 수밖에 없다. 특히 일반고의 경우는 소득의 절반을 사교육에 쏟아 부으며 앞의 계급을 따라가려고 노력하지만 대다수가 비정규직 노동자 처지를 벗어나지 못할 가능성이 높다. 부모의 소득 수준과 자녀의 성적이 완벽하게 정비례하고 있다. 이는 고교의 서열화와 더불어 학교 교육을 통한 계층 대물림 현상이 고착되어 가고 있다는 한국 사회의 불편한 진실이다.

SKY대학은 유일한 독점적 권력

한국 사회의 불편한 진실은 여기서 끝나지 않는다. 2009년 대법원 자료[43]를 보면, 신임판사 138명 가운데 33명이 외국어고 출신인 반면, 지방고교의 경우 1999년 39.5%(62명)에서 2010년 26.1%(36명)로 크게 줄어들어 외국어고의 편중 현상이 심화되었다. 이런 편중 현상은 서울대 로스쿨 입학생 배출 현황[44]에서도 잘 드러난다.

지방대를 나와 수도권 지역 로스쿨에 입학한 학생은 전체 입학생 100명 중 2명꼴인 것으로 나타났다. 서울대 로스쿨도 '돈이 없으면 가기 어렵다'는 말이 나올 정도로 로스쿨 전체 입학생 가운데 특목고와 자사고, 고학력 고소득층 밀집 지역인 강남 3구 출신 비율이 2009년 51.3%, 2010년 52.9%, 2011년 52.9%, 2012년 61.7%로 증가하고 있다.

2006년 한국개발연구원KDI의 〈양극화 해소를 위한 교육 부문의 과제와 대책〉 보고서[45]에 따르면, "서울 지역 4년제 대학에 진학한 자녀 부모의 월평균소득은 247만 원인 반면, 대학에 진학하지 않은 자녀 부모의 월평균소득은 절반 수준인 131만 원, 지방 4년제 대학에 진학한 자녀 부모 소득은 189만 원, 전문대에 진학한 자녀 부모의 소득은 146만 원이었다. 또한 고소득층 가정의 자녀가 서울대에 입학하는 비율은 일반 가정의 자녀에 비해 1985년 1.3배에서 2000년에는 16.8배로 벌어졌고, 자립형 사립고인 민족사관고의 경우 학부모의 월평균소득이 684만 원이며, 가계소득이 많을수록 자녀의 수능성적도 높은 것"으로 나타났다.

2000년 서울대 학생생활연구소가 실시한 신입생의 학부모 직업 조사 결과[46]를 보면, "우리나라 전체 경제활동 남성의 전문직과 관리직을 합산한 평균이 9.1%인데 서울대 신입생의 아버지 직업이 전문직과 관리직인 사람의 비율은 각각 23.2%와 26.6%로 총합 49.8%로 절반에 육박한다. 반대로 아버지의 직업이 생산직에 종사하는 경우는 9.3%뿐이고, 서울 강남 8학군 출신 신입생은 무려 50.6%를 차지한다."

한마디로 서울대는 유일한 독점적인 권력으로서 한국 사회 전체를 움직일 수 있는 학벌이고, 부잣집 자식이 아니면 즉, 부모가 돈이 없으면 아무나 쉽게 입학하기도 어려운 권력과 학벌을 쟁취하는 중심 기관이 되고 있다. 부유한 집안의 자식일수록 서울대 학벌 따기와 대학 졸업 후 학벌 쟁취에 따른 권력 구조에 편입 가능성이 매우 높다는 것이다. 이런 현상은 비단 어제오늘의 일이 아니다. 1950년대 이후 중등 및 고등교육 진학자의 계층별 · 계급적 배경을 부모의 직업을 통해 추정한 조사 연구[47]를 보자. "당시 서울대 재학생 부모 중에서 농업에 종사하는 사람은 18.9%에 불과했고, 상업이 34%, 공무원과 회사원이 각각 16.5%와 13.5%를 차지했다. 고려대의 경우 농업종사자가 25.7%로 서울대보다는 높았으나 연세대는 9.6%로 더 낮았다. 당시 경제활동인구의 70%가 농업종사자였다는 점을 감안한다면 대학생의 출신 계층은 도시의 전문직종사자, 일부 고소득 자영업자와 화이트칼라와 같은 중산층 이상의 사람들에게만 그 혜택이 주어지고 있었음"을 확인할 수 있다.

시간이 흐를수록 부모의 경제력과 소득격차에 의해 교육 기회가 제약을 받고 있다. 더욱이 부모의 경제적 부가 자식에게 대물림될 뿐만 아니라, 교육의 대물림 현상이 심화 수준을 넘어 이제는 고착화되어가고 있다. 부유층은 비싼 사교육비를 자녀의 교육에 투자해서 특목고 · 자사고 등 서열화한 명문고와 SKY의 명문대에 보내고, 대학 졸업 후에도 좋은 직장을 얻을 수 있다. 이에 따라 경제적 지위와 사회적 신분과 계층의 대물림이 지속된다. 하지만 서민계층은 말 그대로 '하늘의 별 따기 경쟁'이라며 스스로 위안을 삼아야 하는 처지다.

왜 이런 현상이 일어나는가?

한국 사회에서 대학 졸업장은 '단순한 종이 문서'가 아니다. 정치적 · 경제적 · 사회적 자원을 취득하고 특권적 지위를 얻을 수 있는 '종신제 신분증'으로 위력적인 간판 노릇을 하기 때문이다. 서울대가 한국 사회의 거의 모든 권력 구조의 다양한 분야에서 독점하고 있다. 연세대와 고려대 출신이 얼마간의 권력을 나누어 가지고는 있지만, 서울대 출신들이 사실상 권력을 독점하고 있는 구조 속에서는 대학입시가 단지 상급학교 진학을 위한 시험공부가 아니다. 그것은 생존경쟁의 정글을 통과해야 하는 개인과 가족 모두가 똘똘 뭉쳐 몰입해도 쉽지 않은 학벌 따기 경쟁이다.

한국의 높은 교육열 또한 자녀에 대한 학부모의 자애로운 사랑이라기보다는 개인과 가족의 생존이 걸린 전쟁이며, 명문대를 진학시켜야 한다는 학벌 쟁취를 위한 뿌리 깊게 박힌 고질적인 일류병이다. 한국의 대학입시가 단순히 대학이라는 곳에 진학하여 고등교육을 받겠다는 기대가 아니라 개인과 집안 전체가 살아남기 위한 계급투쟁의 속성을 지닐 수밖에 없는 이유다.

어느 변호사의 호소처럼 "13년 동안 평검사로 지방만 돌 때, 학벌 없는 서러움을 뼈저리게 느꼈다. 후배가 부장검사로 올라서는 것을 몇 년 동안 지켜보다가 평검사 생활 15년 만에 사표를 내고 말았다. 우리 사회에서 학벌을 넘어서는 것은 하늘의 별따기다."[48]

서울대를 정점으로 하여 SKY대학 출신들이 사회 전 분야에 걸쳐서 장관과 차관을 비롯한 한국 사회의 주요 고위직을 차지하고 있고, 상층부로 올라갈수록 SKY대학 편중 현상은 더욱 심해진다. 서울대 출신의 장관직 점유율[49]을 보면, 이승만 정권 34.5%, 장면 정권 75%, 박정희 정권 44.1%, 전두환 정권 55.2%, 노태우 정권 53.3%, 김영삼 정권 66%, 김대중 정권 48.6%, 노무현 정권 62.3%이다. 이런 편중 현상은 행정부나 사법부, 언론계도 마찬가지다. 권력도 주변부 권력에서 핵심 권력으로, 낮은 권력에서 높은 권력으로 올라갈수록 SKY대학 출신이 향유하는 권력 집중과 독점 현상은 더욱 심화된다.

이는 공기업과 민간부문에서도 크게 다르지 않다. 2003년 기준 100대 기업 대표이사와 공기업 임원(이사장, 사장)의 70% 이상을 SKY대학 출신자들이 점유하고 있다.[50] 민간부문에서 독점 현상이 일어나는 근본적인 이유는 공공부문과 국가기구의 모든 권력을 서울대 등 SKY 학벌이 독과점하고 있기 때문이다. 학벌을 활용한 패거리 집단의 힘을 기업과 사적인 이익을 수호하거나 획득해야 하는 절박한 이유가 도사리고 있기 때문이다. "사원의 채용과 승진에 있어서는 경쟁력을 높이기 위해 학벌을 따지는 경향이 줄어들었다고는 하나, 대외업무를 담당해야 하는 주요 보직에는 여전히 학벌을 고려하고 있다. 사외이사나 CEO의 경우가 대표적인 예이다. 대외적으로 회사를 대표하는 CEO나 사외이사의 경우 기왕이면 학벌이 좋아야 '대외 민원 창구'로 활용할 수 있다는 판단인 듯하다. 아이러니하게도 이런 분위기는 글로벌 경쟁력을 가장 잘 갖추고 있는 대기업일수록 심각한 수준이다."[51]

"1995년 외무부 외시 출신 외교직 730여 명 가운데 80%, 1960년대 이후 1990년대까지 중앙지 편집국장 184명 중 77%, 2001년 한 해 동안 7개 중앙 일간지에 칼럼을 실은 외부기고자의 73%, 김영삼 정부 각료의 68.1%, 2004년 전국 고등법원 부장판사 이상 127명 가운데 87.4%, 2005년 청와대 중앙 행정부처의 1급 이상 302명의 66.9%, 2005년 전체 장차관급 공무원의 62.2%, 2002년부터 2005년까지 사법연수원 입소자의 63.1%, 2006년 국내 4대 그룹의 사장급 이상 주요 경영자의 65.8%, 2007년 국내 100대 기업 최고경영자의 68.8%"[52]가 SKY대학 출신들이 차지하고 있다. 서울대를 선두로 한 SKY대학 출신들의 전방위적인 권력 독과점이 문제이고, 이는 "국민의 95%를 학벌과 학연의 피해자"[53]로 만들면서 사회제도를 왜곡하고, 개인의 분열과 집단 이기주의를 지속적으로 조장하게 된다는 점이다.

"학벌 의식에 사로잡힌 사람은 자기를 자율적이고 자유로운 주체로서가 아니라 오직 어떤 집단에 귀속하는 구성원으로서만 자각한다. 그들은 '나는 나'라는 당당한 자기 정립 속에서 자기를 의식하고 나머지 온 세계를 자기에게 속하는 대상, 자기가 규정하고 자기가 그 속에서 활동하는 대상으로서 인식하는 것이 아니라, '나는 서울대 출신이다,' '나는 연세대 출신이다.' 아니면 '나는 고려대 출신이다' 따위의 가련한 집단 의식 속에서만 자기 존재의 안정감을 확인하게 된다. 이러한 나약한 자기의식이 바로 학벌 의식이다. 자기 자신만으로는 어떤 질량도 갖지 못할 만큼 공허하고 가벼워 오직 어떤 학벌 집단에 끈을 연결해서만 자기를 지탱할 수 있는 의존적인 존재의 자기의식이 바로 학벌 의식인 것이다.
이런 학벌 의식에 사로잡힌 사람은 자기가 속한 학벌의 질량이 큰 만큼 자기의 질량도 크다고 느낀다. 이런 학벌 의식이 지배하는 사회에서 어떤 학벌에도 귀속하지 않는 사람이나, 또는 자기가 속한 학벌이 보잘 것 없는 사람은, 자기의 존재 역시 아무것도 아니고 보잘 것 없다고 생각하게 된다. 그리하여 모든 사람들은 어떤 학벌에 귀속함으로써, 그것도 강하고 지배적인 학벌에 귀속함으로써 자기의 존재를 확인하려 한다. 그 결과 아직 어떤 학벌에도 진입하지 않은 사람들 사이에는 지배 학벌 진입 경쟁, 곧 대학입시 경쟁이 상상할 수 없을 정도로 격화되며, 또한 개별 학벌 집단들 사이에는 공동체의 안위를 돌보지 않는 치열한 주도권 다툼이 언제 어디서나 그칠 날이 없다. 그리고 이 다툼이야말로 한국 사회 계급투쟁의 참모습인 것이다."[54]

따라서 한국 사회에서 권력의 힘을 빌거나 출세와 성공의 지름길을 찾으려면 서열화한 명문대에 진학하기 위해 목숨을 거는 '대입전쟁'에 참여할 수밖에 없다. 한완상 전 교육부총리는 이렇게 말했다. "학벌 타파야말로 공교육을 살리고 학부모들이 사교육비의 고통으로부터 벗어날 수 있는 길입니다. 학벌 타파와 관련해 가장 가슴 아픈 일은 대학의 서열화에 따른 인간의 서열화입니다."[55] 이것이 바로 대학입시가 전쟁으로 치닫는 까닭이다. 이 전쟁은 단지 고교 3년 기간에 걸친 전쟁이 아니다. 엄마의 뱃속의 태아 시절부터 시작해서 고등학교를 졸업하는 거의 20년 기간에 걸쳐 진행된다. 과거에는 명문대 학벌을 따서 개인과 집안을 일으킬 만큼 계층 상승의 통로가 넓었으나, 지금은 더욱 촘촘하고 빽빽하여 그 통로가 바늘구멍만큼 작거나 막혀 있다. 그럼에도 학벌 따기 생존경쟁은 태아 때부터 매우 적극적이고 치열하게 전국적으로 펼쳐지고 있다.

"한국의 학벌체계는 현대판 신분제다. 대학 졸업장이 있는가 없는가는 물론이고 서열화된 대학에 입학한 뒤 4년 동안 등록금을 잘 냈다는 증표로 받는 대학 졸업장은 죽는 순간까지 효력을 발휘한다. 출생 시점이 아닌 만 18세에 서열이 매겨진다는 점에서 과거의 신분제와 다르지만 여기에 의미심장한 함정이 있다. 겉보기엔 경쟁 시험에 의해 서열이 매겨지기 때문에 모든 사회구성원들에게 신분 상승의 기회가 열려 있는 듯한 착각을 준다.

그러나 개천에서 용이 나던 시절은 지났다. 지난 시절에는 일제가 망하고 분단과 전쟁을 겪으면서 사회 상층에 빈자리가 생긴 데다 경제 규모가 커가는 과정에서 그런 자리가 많이 늘었다. 서민 출신이 들어갈 틈새가 컸던 것이다. 그러나 지금은 그 자리들이 이미 채워졌다. 또한 '고용 없는 성장' 시대가 말해주듯이 사회 상층의 자리뿐만 아니라 '괜찮은' 자리도 줄고 있다. 이처럼 병목현상이 심해지는 상황에서 엄청난 사교육비를 쏟아 붓는 부유층을 서민 출신이 따라잡아 용이 될 가능성은 로또 복권에 당첨될 확률만큼이나 낮다. 한국의 교육과정은 이미 고착화된 사회계층의 단순재생산을 합리화해주는 과정에 지나지 않는다. 지배 세력은 끊임없이 경쟁을 부추기고 강조함으로써 경쟁을 통해 대물림으로 지배할 수 있도록 함과 동시에 교육과정이 계층의 단순재생산을 합리화하는 과정에 지나지 않는다는 점을 가리는 효과도 얻는다."[56]

한국 사회에서 대학 진학은 일류병 신화와 대학 서열 체제에 근거한 명문대 입학의 학벌 쟁취 투쟁이고, 이는 곧바로 생존을 걸고 사투를 해야 하는 치열한 사회적 계급투쟁이다. 고교 3년의 시험성적이 곧 계급투쟁의 성공 여부를 판가름하는 종신적 계급의 성적이 되고, 기존의 권력을 얼마나 풍요롭게 누릴 수 있는가를 결정짓는 계급 권력의 성적이 된다. 대학 서열 체제하에서 서열이 한 단계라도 높은 학벌을 쟁취할수록 그 학벌이 부여하는 권력의 양과 특권적 지위가 크기 때문이다.

"한국의 교육 현장에서 일어나는 경쟁은 획일적인 서열 체제 내에서 선두를 차지하기 위해 벌어지는 다툼으로, 교육의 다양성이나 전문성과는 아무런 상관도 없는 일이다. 특히 놀이와 유희로 이루어지는 것이 아닌 한, 경쟁이란 언제나 경쟁하는 당사자들 사이에 적대적 관계를 야기할 수밖에 없다. 이는 교육의 경우에도 마찬가지다. 특히 한국 사회처럼 학교 교육에서 벌어지는 경쟁이 단순한 학업 경쟁이 아니라 미래의 부와 권력을 두고 벌어지는 생존경쟁일 경우에는 학교에서의 경쟁은 학생들 사이에 단절과 대립을 제도화함으로써 보편적인 공교육의 이상을 치명적으로 훼손하게 된다. 뿐만 아니라 학생들이 교육과정에서 타인과의 경쟁으로 내몰릴 때, 교육은 학생들의 개성적 소질을 제대로 계발하는 일에서 역시 실패할 수밖에 없다. 자기를 발견하고 자기를 실현하는 것이 아니라 부와 권력을 거머쥐기 위해 타인을 이기는 것이 교육의 목표가 되어 있는 곳에서, 게다가 그것이 지금처럼 획일적인 입시에 종속되어 있는 곳에서, 어떻게 진정한 자기발견과 자기실현이 가능하겠는가? 참된 자기발견과 자기실현은 자유로운 자기관계에 기초하는 것이지 결코 타자와의 맹목적인 경쟁으로부터 이루어지는 일일 수 없다."[57]

'묻지 마 진학'의 진짜 원인은

그래서 학부모들은 자녀가 중학교를 졸업하면 특성화고(전문계고)가 아닌 인문계로 '이유 불문하고 진학'을 시키고, 고등학교를 졸업하면 전문대가 아닌 4년제 대학으로, 그것도 지방대학이 아닌 서울과 수도권 소재 4년제 대학으로 '묻지 마 진학'을 시킨다. 이것은 바로 서열이 한 단계라도 더 높은 명문대 학벌 쟁취를 위한 계급 전쟁에 몰입하게 되는 것이다. 사회는 "몇 안 되는 승자들과 엄청나게 많은 패자들로 구성되어 있고, 학교가 하는 일은 바로 '서열 매기기'를 통해 누가 승자가 되고 누가 패자가 되는지를 갈라 대다수 패자들이 한평생 실패자로 살아가는 법을 강제하고 세뇌하는 곳"[58]으로 전락했기 때문이다. 전문계고 졸업자나 학교 중퇴자, 전문대 졸업자와 4년제 지방대학 졸업생들은 20여 년간의 학벌과 권력 쟁취라는 기나긴 계급투쟁의 과정에서 낙오된 패배자라는 낙인이 찍히게 된다.

학습 노동을 강요하는 사회는 온전한 사회일 수 없다. 등급과 석차 스트레스, 상위권 대학에 입학해야 한다는 강박감이 아이들을 자살로까지 몰아가는 현실을 용인한 채 우리는 인권을 말할 수 없고, 상식과 정의를 말할 수 없다. 인권이 침해당하는 교육 현장에서 인권 의식의 형성을 기대할 수 없고, 어린 사회구성원들에게 끊임없이 경쟁을 강요하는 한 연대 의식의 형성을 기대할 수 없다.

인권 의식도 연대 의식도 기대할 수 없는 학벌 경쟁은 소수의 경쟁 승리자들이 누리는 부와 지위와 권력을 더욱 강고히 하기 위한 것 이외의 목적을 찾을 수 없다. 학벌 체계가 모든 사회구성원들에게 강요하는 입시 지옥은 경쟁에서 낙오하거나 패배한 구성원들에게 사회적 차별을 받아들이도록 작용한다. 학벌 경쟁에서 승리한 자들은 그 보상으로 특권 의식을 갖는 한편, 패배한 자들은 신분이 귀족화한 사회 상층에 대한 견제 의식이나 저항 의식을 갖지 못한다. 과거 신분제에선 그나마 기대할 수 있었던 노블레스 오블리주를 한국의 사회 상층에게 기대하기 어려운 것은 이긴 자와 패배한 자 모두 학벌 경쟁에서 이긴 자들이 누리는 지위, 명예, 권력과 부를 당연한 보상으로 인식하기 때문이다.[59] 이는 '묻지 마 대학 진학'과 '학벌 따기 경쟁'에 너도나도 뛰어들도록 부추기는 사회적 요인이다.

대학 서열화에 이어 고등학교마저 국제고–특목고–자사고–자율고–일반계고–전문계고의 서열화가 명증하게 고착되어 가고 있는 현실에서 어느 학교에 진학하느냐의 문제는 훗날 그 사람이 전체 인생을 살아가는 동안 거의 고정적인 종신제 신분증을 받는 문제와 같기 때문이다. 이것이 바로 한국 사회에서 본질적으로 대학입시가 단순히 상급학교 진학을 위한 시험공부가 아닌 이유다.

한국 사회의 높은 교육열은 진정한 '교육열'이 아니다. 학벌 따기 출세병과 일류병에 마취된 일그러진 교육열이다. 그러다보니 교육의 목표는 더 좋은 학벌을 얻는 것이 되고 말았다. 한국 사회에서 학력과 학벌은 평생 짊어지고 갈 든든한 사회적 신분이자 문화적 · 경제적 자본이기 때문이다.

"한국에서 대학입시는 학생 선발 기능 이상의 의미를 지니고 있다. 이는 단지 극단적 학벌주의 아래서 한 차례 시험으로 결정되는 운명이 평생을 신분처럼 따라다니게 된다는 것만을 의미하는 것이 아니다. 입시제도는 능력본위주의라는 이데올로기에 따라 개개인들이 같은 기간 연마한 실력을 똑같은 문제를 풀어 시험받고, 그 결과에 따라 상이한 대우를 받아들여야 한다고 강요한다. 즉 이 제도는 '모든 사람에게 불평등해질 수 있는 공평한 기회를 제공한다'는 신화에 기초하여 사회적 불평등을 정당화하고 있다. …(중략)… 우리 사회에서 대학입학시험은 일반인들을 기존 질서에 순응하게 만드는 가장 중요한 장치였다. 한국 사회를 지배하는 과외 열풍으로 대표되는 교육열은 피지배계급이 지배체제를 수용하고 나름대로 생존전략을 모색하는 적응 방식이기도 하다. 교육열이 한국 사회의 보수화를 유지하는 기본적인 동력으로 작용할 수 있었던 것은 그래도 대학 시험이 썩어빠진 한국 사회에서 그나마 공정성이 유지되어왔기 때문이다. …(중략)… 열심히 공부해서 좋은 대학에 가면 팔자가 필 수 있다는 신화, 바로 그 신화가 이 불합리한 교육열을 지탱해온 비결의 하나였다.

그러나 시간이 흐를수록 이 신화는 위협받고 있다. 공부를 잘하기 위해서는 과외를 받아야 하고, 과외를 받으려면 엄청난 돈이 든다. 입시제도는 능력본위주의라는 신화에 기초하여 출발했지만, 여기서 능력이란 개인의 능력만이 아니라 부모의 경제적 능력까지를 포함하는 개념이 되어버렸다. 과거에는 개천에서 용이 났다는 말을 흔히 들을 수 있었다. 그러나 요즘 개천은 오염이 심해서인지 미꾸라지도 살기 힘들어져버렸다. 이제 시골에서, 가난한 집에서 좋은 대학 가는 것은 점점 어려워지고 있다."60

해방 이후 정권교체기마다 역대 정부가 경쟁 위주의 입시 교육을 극복하기 위해 교육개혁을 추진했지만 권력과 계급 획득을 위한 학벌주의가 마력을 발휘하는 상황에서 모조리 실패했다. 아니 더 정확하게 말하자면 그동안 모든 정권은 교육개혁을 부르짖었지만 대학 서열화와 학벌주의를 조장하거나 오히려 그것들의 해체를 반대해왔다. 역대 정권은 오늘날까지 교육 문제는 마치 해법을 찾을 수 없는 난수표여서 '교육개혁은 불가능하다'는 그릇된 인식을 전체 국민에게 퍼뜨리면서 자신들이 추진했던 교육개혁의 실패를 정당화했다. 이것이 교육개혁을 더욱 꼬이게 만든 요인이 되었다.

교육이 학벌과 계급 권력 획득을 위한 수단으로 전락되어버린 한, 공교육의 정상화는 결코 쉬운 과제가 아니다. 더욱이 사회적 지위 획득과 신분적 계층 상승을 도모할 수 있는 틈새마저 좁아지고 있는 현실에서 교육은 피 터지는 무한 경쟁이 계속될 수밖에 없는 처지로 내몰리게 된다. 뿌리 깊은 학벌 숭배에 대한 그릇된 믿음이 붕괴되지 않는 한, 계급 권력을 획득해야만 사람대접을 받고 살 수 있다는 집단적 허상이 해소되지 않는 한, 대입 선발 제도의 개선책은 결코 제대로 작동할 수 없다.

교육개혁의 목적과 방향은 사회 전체적으로 확산된 학벌 따기 경쟁과 이로 인한 계급 권력 획득을 무력화하고 원천 봉쇄할 수 있는 근본적인 개혁에 초점을 두어야 한다. 한국 사회의 구조적 불평등, 불균등 문제들과 연계된 개혁을 추진해야 한다는 말이다. 따라서 서열화한 대학 구조의 개혁, 왜곡된 노동시장의 불평등 구조의 혁신, 그리고 한국 사회를 지탱하는 뿌리 깊은 학벌 구조의 해체를 통해 공교육 정상화를 모색하는 것이 바로 우리 시대 교육개혁의 핵심 과제라 할 수 있다.

2 장

교육 경쟁력, 무엇이 문제인가?

"기회의 균등은 공정한 사회를 이룩하기 위한 출발점이다. 하지만 이것만으로는 충분하지 않다. 물론 훌륭한 성과를 올린 사람은 충분한 보상을 받아야 한다. 그러나 문제는 모든 사람이 같은 조건에서 경쟁을 했는가 하는 것이다. 어떤 아이가 배가 고파서 수업시간에 제대로 집중하지 못한다면 선천적으로 능력이 떨어지기 때문에 성적이 나쁘다고 말할 수 없다.

공정한 경쟁이 되려면 그 아이도 다른 아이들처럼 배불리 먹을 수 있어야 한다. 집에서는 생계비 지원을 받아 식사를 할 수 있도록 하고, 학교에서는 무료급식을 통해 밥을 굶지 않도록 보살펴야 한다. 기회의 균등이 진정한 의미를 가지려면 일정 수준 이상의 결과의 균등이 보장되어야 한다. 말하자면 부모가 아이를 굶기지 않을 정도로는 돈을 벌 수 있어야(결과의 균등), 그 아이도 같은 조건에서 다른 아이들과 경쟁을 할 수 있는 것이다."

— 장하준, 『그들이 말하지 않는 23가지』 중에서

1. 고통과 억압의 짐이 되어버린 학교 공부

한국 사회에서 가장 많이 팔리는 책이라면 정확한 통계자료는 없지만 아마도 입시 대비를 위한 초 · 중 · 고교 참고서와 문제집일 것이다. 물론 여기에는 EBS 방송교재도 포함된다. 그 다음으로는 역경을 딛고 성공 신화를 창조한 사람의 자서전이나 자기계발서 정도가 아닐까. 성공 신화 전략을 담은 자기계발서로는 변화심리학의 권위자로 알려진 미국의 앤서니 라빈스Anthony Robbins도 한몫을 한다. 앤서니 라빈스는 『네 안에 잠든 거인을 깨워라*Awaken the Giant Within*』에서 지금과 같은 무한 경쟁의 시대에서 살아가기 위해서는 자신의 직접적인 행동 변화의 중요성을 강조하면서 다양한 전략과 전술을 소개하고 있다. 그러면서 다음과 같이 밀한다.

"우리는 누구나 꿈을 간직하고 있다. 마음속 깊은 곳에서 울려 나오는 소리에 귀를 기울여보라. '나는 남다른 재능을 가지고 있어. 나는 뭔가 달라. 특별한 방식으로 사람들을 감동시킬 수도 있고, 세상을 멋진 곳으로 만들 수도 있어' 인생을 살아오면서 우리는 한때 원하는 멋진 삶에 대한 비전을 가졌던 적이 있다. 그것이 성취되길 바라면서 언젠가는 충분히 누릴 수 있으리라 꿈꾸었다.

하지만 좌절을 겪으면서 대부분은 평범한 일상에 묻혀 살게 되었다. 어느새 그러한 꿈을 이루어보려는 노력조차 하지 않게 되었다. 너무도 많은 사람들이 자신의 꿈과 운명을 새롭게 개척해 나가려는 의지를 잃어버린 채, 자신의 능력에 대한 확신도 없이 그럭저럭 살아가고 있다. 내 인생의 목표는 이런 사람들에게 잃어버린 꿈을 되찾아주는 것이다. 또한, 내 안에서 잠자는 거인의 힘을 깨닫게 하고, 거인의 능력을 발휘할 수 있게 해주는 것이다. …(중략)… 사람들은 대부분 어떤 분야에서든 최고가 되려고 하기보다는 그냥 취미삼아 해보는 정도에서 그친다. 나는 인생에서 실패하는 가장 큰 이유가 사소한 일에 목숨을 걸기 때문이라고 믿는다. 인생에서 가장 중요한 교훈 하나는, 우리를 만드는 것은 바로 우리의 행동이라는 사실을 깨닫는 것이다."[61]

교실 붕괴와 교육 소외의 내면화

앤서니 라빈스의 말처럼, 우리는 한국 사회에서 학교 교육의 목표가 아이들에게 "잃어버린 꿈을 되찾아 주는 것"이고, 아이들의 내면에서 잠자고 있는 "거인의 힘을 깨닫게" 하여 바로 그런 "거인의 능력을 발휘할 수 있게 해주는 것"이라고 할 수 있을까? 교사들 또한 학교 교육의 과정에서 어떤 분야의 최고는 아닐지라도 아이들의 내면에서 잠자고 있는 "거인의 힘"을 흔들어 깨워서 아이들이 하고 싶어 하고 자신 있어 하는 분야에서 잠재적 능력을 발휘하도록 행동 변화를 가르치고 있을까? 우리의 학교 현실은 결코 그렇지 않다. 오히려 "거인의 힘"이 밖으로 드러나는 것을 차단하거나 "거인의 능력을 발휘"할 기회조차 제공하지 않는다.

오직 공부만을 강요하는 입시 경쟁 시스템이다. 정규수업도 모자라 방과후에는 보충수업을 하고, 그것도 모자라 밤늦게까지 야간자율학습에, 학교 끝나면 학원 수업과 개인 과외에, 방학도 강제로 저당 잡힌 채 교과서와 각종 참고서와 EBS 문제집과 씨름하며 학창시절을 소비하고 있지 않은가. 세칭 '엉덩이와의 싸움'을 잘해야만 성공할 수 있다는 강박관념과 불안 속에서 생활하고 있다는 말이다. 자기계발서로 소개되는 숱한 성공 신화 사례가 아무리 교훈적이고 훌륭하다고 해도, '엉덩이와의 싸움'을 거쳐 본인이 희망했던 대학에 들어가서 졸업하면 천국은 아니더라도 기대했던 세계가 그들을 손짓하며 반겨주는 것도 아니다. 이미 불평등한 사회 구조 속에서 입시가 아닌 '또 다른 경쟁'을 준비하며 경쟁 사회와 게걸스런 자본이 요구하는 각종 '스펙 쌓기'로 사투를 벌여야 한다. 윌리엄 탭이 『부도덕한 코끼리』에서 밝힌 거부할 수 없는 세상이 기다리고 있기 때문이다. "세계 상류층의 20%가 세계 GDP의 86%를 얻고 있고, 하위층 20%는 고작 1%를 얻으며, 중간층의 60%는 겨우 13%만을 얻는다. 전 세계 200대 부자들의 수입은 1994년부터 1998년까지 수조 달러나 늘어 두 배가 되었다. 세계 3대 부자의 자산은 가난한 48개국의 모든 소득을 합한 것보다도 더 많아졌다."[62]는 현실은 끝없는 경쟁만 이 성공 신화를 만들어가는 지름길이라는 매우 오도되고 불편한 진실을 우리에게 강요하고 있다.

오늘날 학교 교육이 학벌 따기 경쟁과 상층부의 지배적인 계급 권력에 입성하기 위한 무한 경쟁의 입시 교육이라는 말은, 학교가 소수의 아이들을 위해 존재할 뿐 대다수의 아이들을 배움으로부터 도주하게 만들거나 자발적으로 교육 소외를 내면화하면서, 학교 스스로 교육 붕괴나 교실 붕괴를 조직적으로 만들어가고 있다는 말이다. 아이들이 자발적으로 교실 붕괴를 야기하는 것이 아니라 학교 교육이 아이들로 하여금 자발적 교실 붕괴에 빠지도록 유도하며 그러한 교육적 환경을 갈수록 심화 · 확대하고 있다.

2009년 PISA 보고서에 따르면,[63] OECD 34개 회원국 가운데 우리나라는 학업성취도가 만년 1위 국가인 핀란드와 더불어 최상위권이었다. 이런 결과는 2003년과 2006년에도 마찬가지였다.

반면, 학습에 대한 흥미도와 통제 전략, 곧 자기학습관리능력에서는 OECD 평균을 밑도는 수준으로 2003년과 2006년 모두 최하위권이었다. 공부는 잘하는데 억지로 공부했다는 것이고, 사교육 효과로 문제 해결 능력은 뛰어났으나 다른 사람의 도움 없이 스스로 읽고 공부하는 능력은 매우 낮았다는 것이다. 문제풀이와 암기 중심의 획일적인 공부를 해왔다는 증거다. 공부에 대한 자발성이 낮은 상태에서 학교와 가정의 강제와 억압으로 수행하는 공부는 이미 공부가 아니라 고통이다. 당연히 학교에 가는 것도 즐거울 수 없고, 공부하는 행위 자체에 싫증과 거부감을 갖기 마련이다.

해마다 수능시험을 치러야 하는 학생들은 평균 잡아 60만 명 안팎이다. 2013학년도 입시요강 기준 서울대 신입생 정원은 3,124명(0.5%), 연세대 3,597명, 고려대 3, 793명으로 SKY대학의 신입생 총 정원은 10,524명(1.75%)이다. 전국의 거의 모든 학교가 0.5%, 혹은 2%도 안 되는 10,524명에 속하는 합격자를 배출하기 위해 발버둥을 치고 있다. SKY대학이 아닌 서울 소재 4년제 대학이나 지방 국립대, 교육대 등을 합하더라도 학교 교육은 SKY대의 2%의 학생들을 포함하여 10% 안팎의 학생들을 대상으로 이루어지고 있다. 90%에 해당하는 대다수의 학생들은 자발적 교육 소외를 선택하여 학업 포기를 당연한 것으로 받아들이고 있다. 그들은 수능시험도 보기 전에 이미 스스로를 실패자로 낙인찍고 아무런 저항도 없이 내면화한다. 그들에게 학교의 일상은 창살 없는 감옥이거나 보이지 않은 굴레에 갇혀 스스로를 안위하며 2%, 혹은 10% 친구들의 학교내신과 수능등급을 지탱해주는 노리개로 전락된 고통스런 삶의 연속이다.

실제로 90%에 속하는 대다수의 학생들은 공부하지도 않을 참고서와 EBS 문제집을 구입하여 학교가 강요하는 지침에 따라 기계적으로 행동하는 철저한 수동형 인간으로 길들여진다. 정규수업이든 방과후 보충수업이든 모든 수업은 10% 학생들 위주로 진행되고 90% 학생들은 자신만의 놀이 문화, 곧 다른 과목 공부하기, 스마트폰으로 영화보기와 오락이나 게임하기, 만화책 보기, 거울 꺼내 얼굴과 헤어스타일 다듬기, 멍하니 교실 창밖 바라보기, 잠자기, 기타 딴 짓하기 등을 스스로 터득하여 시간을 허송하며 졸업할 날을 기다린다.

앤서니 라빈스의 주장처럼 학교 공부가 “거인의 힘”과 “미래의 희망"을 말해주지도 않는다. 사회적 존재로서 타자와 더불어 살아야 한다는 공동체적 삶의 지혜도 가르쳐주지 않는다. 설령 어떤 교사가 이와는 반대되는 수업을 하면 학생들로부터 대학입시와 관련이 없는 것이라며 배척당하기 일쑤고, 무책임한 교사라는 따가운 핀잔을 듣기 십상이다. 무책임한 교사라는 정보가 아이들을 통해 학부모에게 전달되면 학교의 전화통은 난리가 나고, 그 교사는 학교장에게 질책의 대상이 된다. 학교 공부가 아이들에게 배움의 기쁨과 즐거움마저 빼앗아가는 억압적 고통과 원죄적 짐이 되고 있기 때문이다.

학교 공부가 왜 억압적 고통이고 원죄적 짐인가를 상징적으로 보여주는 이색적인 학교 풍경이 하나 있다. 해마다 어느 학교든 졸업식이 다가오면 한국의 학교에서만 목격되는 특이한 풍경이다. 3년 동안 애지중지하며 동고동락했던 각종 입시용 참고서와 교과서와 EBS 문제집들을 산더미처럼 쌓아 버린다. 이렇게 버린 책들의 높이는 말 그대로 산더미 그 자체다.

잃어버린 꿈과 배움으로부터 탈출

왜 이런 현상이 일어날까. 고등학교 3년의 인생을 동고동락하며 거액의 돈을 들여 구입해서 자기의 신체 일부처럼 소중하게 취급했던 책들이 소나기처럼 쏟아지는 것은 그동안 학교에서 배운 것들이 무용하다는 것은 아닐까. 인생을 살아가는 데 아무 효용 가치도 없고 또 참고할 만한 것도 없는 부질없는 책으로 헛개비 같은 교육을 받으며 3년 동안 몸서리쳤다는 자각에서 나오는 후련함의 반영은 아닐까. 이제야말로 지긋지긋하고 쓸모없는 학교 교육의 억압과 구속에서 자유인으로 해방되었다는 비극적 역설의 자유와 기쁨을 보여주는 산더미는 아닐까.

우리나라에서 고3 학생들이 수능시험 준비를 위해 언어 · 수리 · 외국어 영역의 참고서나 문제집을 1명당 25권꼴로 구입하지만 결국 그것을 다 풀지도 않는다. 국 · 영 · 수를 제외한 비수능 교과의 내신 대비 문제집까지 합산하면 수능시험 이후 버려지는 참고서와 문제집의 수는 실로 엄청나게 많다. 이를 추정해볼 수 있는 연구보고서가 있다. 한국 교육개발원의 〈한국 고교생의 대입준비 과정의 특징과 과제〉라는 보고서[64]에 따르면, 고3 학생들이 구입하는 참고서와 문제집으로는 "언어영역 문제집은 8.07권, 수리영역은 8.7권, 외국어영역은 8.5권을 가지고 있지만 실제로 50% 이상 풀어보는 문제집 수는 언어영역 6.32권, 수리영역 6.8권, 외국어영역 6.77권"이라고 한다. 특히 이 연구보고서에 드러난 또 하나의 놀라운 사실은 "자신이 수능에서 선택하지 않는 교과목이나 내신성적에 반영되지 않는 과목의 수업시간에 '수업을 듣는다'는 학생은 32.9%, '혼자 다른 과목을 공부한다'는 학생은 47.8%, 아예 '잠을 자거나 딴 짓을 한다'는 학생은 17.6%"라고 한다. '대학을 선택한 이유'(복수 응답)에 대해서도 '성적에 맞춰서 선택한다'와 '대학의 사회적 평판' 때문이라는 학생이 무려 79.1%이고, '진학 대학에 대한 본인의 선호' 때문이라는 학생은 46.0%에 불과했다.

오로지 고교 3년 동안 입시 대비 문제집의 문제풀이 수업으로 공부를 했으니, 창의력 계발은 물론 지적 능력을 다양하고 풍부하게 확장하고 심화하는 것은 사실상 불가능하다. 학교 교육은 "거인의 힘"이나 "잃어버린 꿈"을 되찾을 기회를 주지도 않고, "멋진 삶에 대한 비전"마저 포기하게 만드는 적자생존의 경직된 시스템이기 때문이다. 학교의 모든 수업시간과 교육과정이 천편일률적으로 내신과 수능시험 준비를 위한 문제풀이로 진행되는 까닭에 공부하는 거의 모든 책은 쳐다보기도 지겨운 것이고, 공부는 '이가 갈리는 고통'이 된다. 학교든, 학교 밖이든, 교사든, 부모든 눈만 뜨면 하루 종일 '공부해라,' '성적 올려라,' '시험 준비해라'며 대놓고 압박하는 환경에서 문제풀이 교육은 아이들에게 학교 교육과 배움으로부터 탈출을 겁박하는 행위나 마찬가지다. 이건 입시 학원이지 학교도 교육도 아무것도 아니다.

PISA에서 드러난 핀란드 교육의 성공 사례를 보면, 학교 공부에 대해 한국의 아이들과 핀란드의 아이들이 어떻게 인식하고 있는가를 극명하게 보여준다. 한국의 학생과 달리 핀란드 아이들은 경쟁이나 시험이 없어도 스스로 공부를 잘한다. 학원이나 과외를 받으며 열심히 하는 것도 아니다. 공부하는 수업시간도 세계에서 가장 적다. 한국처럼 학교와 집에서 억지로 공부하라고 압박하지도 않는다. 그런데도 핀란드 아이들은 왜 공부를 잘하는 걸까.

> "아이들은 항상 '이것만은 정말 배워야 할 지식인가'라고 스스로 질문을 던진다고 한다. '공부는 왜 하지?'하는 물음을. '시험에 나오니까,' '우선 외워둬,' '잠자코 공부나 해'라는 말은 적어도 핀란드에서는 통하지 않는

다. 핀란드 국가교육위원회는 PISA에서 높은 성적을 낸 요인으로 '사회구성주의적 학습개념'을 들고 있는데 …(중략)… 구성주의constructivism는 '지식'이 목적에 걸맞게 '사실'에서 분리되어 구성된다고 하는 것이다. 따라서 '사실'은 하나이지만 '지식'은 다양하게 만들어질 수 있다. 지식에 대해 진위를 물을 수는 있지만 누군가의 지식을 완전하다고 말할 수는 없다는 것이다. 구성주의를 교육학에 적용하면 학습은 지식 수용이 아니라, 지식을 탐구하고 구성하는 주체적인 활동이 된다. 학습의 의미가 아이들이나 청년 , 성인이 '자신의 인생에 필요한 지식을 스스로 구하고 지식을 구성해가는 활동'으로 인식해야 할 필요가 있다. 또한 지식이란 공부하는 이가 스스로 '사실'을 분석하고 탐구해가는 가운데 얻을 수 있는 것이다. 예를 들면, 환경 문제에 관해 공부한다고 했을 때, 무엇을 테마로 해서 얼마만큼 배울 것인지를 교사와 아이들이 구체적인 활동 작업으로 결정한다. 역사를 배울 때도 단순히 연표를 순서대로 외우는 것이 아니라 역사적 사실을 조사하고 중요한 사항을 판단해서 자신만의 연표를 완성해나갈 수 있게 한다. …(중략)… 하지만 교과서에 기재되어 있는 지식도 사실은 상당 부분 결점이 많다. 심하게 말하면 교과서 집필자들이 그렇다고 생각해서 나열해놓은 지식에 지나지 않는다. 여기서 강조하고 싶은 것은 '지식'은 중립적인 것도 아니고, 또 한 가지밖에 없는 것도 아니라는 것이다. '사실'은 하나일 수 있다. 하지만 '지식'은 개개인에 따라 구성되는 것이므로 다양하게 만들어진다. 따라서 개개인의 지식이 교과서보다 나을 수도 있고 그렇지 않을 수도 있다. 최악의 경우 세상 누구의 지식도 그것만으로는 불충분하다는 것을 인정해야 한다."[65]

이 얼마나 멋진 설법인가. 눈물이 날 정도로 아름다운 교육이지 않은가. 이런 교육 철학과 교육 목표로 학교가 운영되고 아이들이 그런 학교에서 공부한다면, 어느 아이들이 공부를 거부할 것인가. 어느 누가 학교 교육에서 일상적으로 교육 소외를 즐기며 배움으로부터 탈출을 시도하겠는가.

열 사람 중에 한 사람만을 위한 교육

하지만 한국의 교육 현실은 그렇지 않다는 데 문제가 있다. 성공 신화의 경쟁만을 앞세우는 학교, 소수의 10%만을 위한 학교 교육, 미래의 꿈과 희망을 이야기하지 않는 학교는 학원이지 학교가 아니다. '학교는 가고 싶지 않은 곳,' '공부는 고통과 짐으로 인식되는 것,' '학교에서 배우는 공부는 인생을 살아가는 데 쓸모가 없는 것'으로 인식된다면, 정말로 학교는 죽었고 교육은 실종되었다고 해도 과언이 아닐 것이다.

혹자는 그래도 일부 학교에서는 각종 형태의 연구시범학교라는 이름으로 '창의성 · 인성'교육이나 '학력향상시범학교,' '사교육 없는 학교,' '수업개선 연구학교,' '전원학교' 등을 실시하는 것을 보면 학교 현장의 변화 노력이 보인다고도 여길 수도 있다. 하지만 실제로 이것은 아이들을 위한 교육이나 교육개혁의 일환으로 추진되는 것이 아니다. 오로지 교장-교감 승진 목적에서 실시되는 일회용 생색내기와 보여주기 땜질 교육에 지나지 않는다. 한국 사회에서 학교 교육은 이미 교육의 진정한 의미를 상실했다. 사설 입시 학원과 조금도 다를 바가 없다. "인생은 공부다."라는 말이 있지만 학교에서의 공부는 '지긋지긋한 것'이고 '다시는 하고 싶지 않은 것'이라는 부정적 인식이 광범위하게 자리 잡고 있다.

공부가 즐겁고 기쁜 긍정적인 것이 아니라 '하고 싶지 않은' 부정적 인식이 크다는 것은 특히 대학에 진학한 이후에 더욱 도드라지게 나타난다. 중 · 고교 학창시절에 온 몸으로 쏟아버린 소진효과消盡效果 탓에 대학생들은 전공 공부와 학문 탐구에 대한 열정과 노력보다는 유흥 문화에 빠지고, 대학생으로서 기본적인 독서량마저 부족하고 기껏해야 소설읽기에 머물고, 대중매체와 대중가요를 앞세운 놀이 문화와 스포츠에 몰입하는 사례가 그것이다. 20여 년 동안 초 · 중 · 고교의 학교 교육이 학생들을 문제집의 노예로 길들여왔기에, 대학 진학 이후의 소진효과가 팽배한 이 현실은 당연한 결과다. 도정일 교수는 이러한 결과에 대해 우리나라의 대표적인 병리현상의 하나인 입시 교육이 '퍼붓기 교육'과 '받아먹기 교육'으로 특성화된 탓이라고 진단한다.

> "학원에서건 학교에서건 간에 입시위주 교육은 '퍼붓기'와 '받아먹기'의 두 과정으로 되어 있다. 교육 담당자는 '이건 중요한 문제야. 시험에 나올 수 있어'라는 말과 함께 학생들의 머리 뚜껑을 열고 그 중요하다는 문제를 일방적으로 퍼붓는다. 그것이 왜 중요한 문제인지 생각할 겨를도 없이 학생들은 완벽한 수동 자세의 물통처럼, 항복한 밥통처럼, 자신들을 향해 쏟아 부어지는 그 중요하다는 문제들을 받아먹는다. '시험에 나올 수 있다니 정말 중요한가보다'라는 것이 그들의 유일한 중요성의

인식 방식이다. 스스로 질문을 던지고 자기 힘으로 해답을 찾아냈을 때의 그 '발견의 기쁨'은 교육이 주는 최상의 창조적 희열에 속한다. 이런 기쁨이 있을 때에만 교육은 성공한다. 그러나 입시 준비 과정의 한국 고교생들에게 그런 기쁨을 말한다는 것은 썰렁한 농담 던지기와도 같다. 발견이라는 지적 모험 여행을 제 발로 나설 필요도 없다. 누군가 다른 사람이 다 해주기 때문이다. 이미 중요한 문제는 다 발견되어 있고, 해답도 준비되어 있다. 주는 대로 받아먹고 받는 대로 암기하면 된다."[66]

'퍼붓기' 교육과 '받아먹기' 교육 체제하에서는 아이들이 새로운 발견에 대한 기쁨도 낯선 것들에 대한 도전의 호기심도 가질 수 없다. 자발적인 탐구 욕구도 주체적인 성취 동기를 갖는 것도 기대하기 힘들다. 아인슈타인은 자기가 세계적인 과학자가 된 것은 천재여서가 아니라 "미지의 새로운 것들에 대한 남다른 굉장한 호기심을 가지고 있었기" 때문이라고 했다. 그렇지만 한국의 교육 현실에서 아이들이 창의성과 새로운 발견, 도전의 호기심, 주체적인 탐구력을 기를 수 있도록 제공하고 있는가? 그렇지 않다면 이 질문은 학부모를 포함한 어른들과 정부와 교육과학기술부, 정치권과 교육기관에 종사하고 있는 모든 사람들에게 물어야 한다.

지금의 학교 교육은 '입시 기계'를 만드는 교육이지 창의성을 기르는 교육이 아니다. 기나긴 세월을 교실과 학원에 가두어 놓고 '엉덩이와의 싸움'을 강요하고, 경쟁에 따른 불안 심리를 조장하며, 두려움과 공포로 겁박하고 있다. 이런 현실에서 우리 아이들에게 교육 경쟁력을 요구할 수는 없다. 창의성을 죽이고 상상력을 거세하고 시험대비 반복 학습을 시키고 죽은 지식을 암기하도록 주입하는 학교 교육에서 이 경쟁력의 결여를 개인의 능력 부족 탓으로 돌릴 수 없다. 입시 교육은 "기성세대가 청소년들의 발에 씌운 가장 값싼 전족"[67]이 아니던가.

시험점수가 교육의 경쟁력이 될 수 없다. 설령 시험점수를 올리는 것이 교육 경쟁력의 향상이라고 여긴다면 그것은 가짜이고 사기다. 알맹이가 빠진 텅 빈 '깡통 경쟁력'이다. 교실에 가두어 놓고 오래도록 붙잡아 놓는다고 해서 경쟁력이 올라가는 것도, 창의성과 상상력이 촉진되는 것도 아니다. 오히려 창의력과 상상력을 거세해 그 씨앗마저 메마르게 한다. 학교 공부가 아이들에게 고통과 억압의 짐이 되고 있다는 것은 곧 힘겨운 노동이라는 말이다. 아이들에게 공부는 의무적으로 해야만 하는 '노동'이 아니라 즐거운 '놀이'여야 한다. 이러한 놀이는 개인의 취미가 아니라 사회적인 활동이다.[68] '노동으로서 공부'는 강제적 · 습관적 성격을 띠고 있기에 고통이고 스트레스다. 하지만 '놀이로서 공부'는 뭔가 미치도록 만드는 힘과 긴장이 숨어 있어서 놀라운 집중력을 낳게 한다. 공부는 놀이처럼 즐거워야 한다.[69]

이제는 '학교의 불빛'이 어둠을 밝히지 않으면 학부모는 물론 지역사회까지 나서서 학교를 비난하는 비상식적이고 오도된 자녀교육관은 이제 바뀌어야 한다. 누구나 잘 알듯이 지금과 같은 교육 현실에서 경쟁력은 시험점수를 올리는 것, 그 이상도 이하도 아니다. 그럼 점에서 학교는 경쟁력을 기대할 수도 없고, 기대해서도 안 되는 창의력과 상상력의 불모지다.

그렇다고 대학입시 제도를 개선하는 것으로 모든 문제가 해결될 수 있는 것도 아니다. 대학입시 제도 개선은 교육개혁의 거시적 틀 속에서 하나의 중요한 가지일 뿐, 본령도 아니요 핵심도 아니다. 교육개혁 문제는 사회 영역의 다양한 부문과 복잡하게 서로 얽혀 있는 정치적 · 사회적 문제이기 때문이다. 수능시험을 최우선시 하는 암기와 문제풀이 위주의 학교의 교육과정을 완전히 학교 자율에 맡겨 창의적이고 다양하게 운영할 수 있도록 개혁해야 한다. 또한 중 · 고교의 학교 교육을 성적위주로 몰아세우는 대학의 교육 시스템도 동시적으로 혁파해야 한다. 아이들로 하여금 학교에서 배우는 공부가 고통이나 짐이 아니라 배움의 기쁨과 즐거움을 느끼며, 자기발견의 행복감과 자아실현의 멋진 꿈을 만들어가는 공부가 되도록 해야 한다.

2. 교육은 경쟁이 아니라 존중과 협력이다

교육 경쟁력이라고 할 때 경쟁력의 본질, 혹은 그 정체성은 도대체 무엇일까. 역대 정권마다 교육개혁을 추진할 때 단 한 번도 빠뜨리지 않은 구호가 있다. 그것은 '교육 경쟁력 향상'이었다. 교육 경쟁력 향상을 위해 교육개혁이 절실하다는 논리였다. 21세기를 대비하기 위해서는 과거 산업화 시대에 필요한 인재육성에서 벗어나 변화하는 새로운 시대에 능동적으로 적응하고 새롭게 개척해 나아갈 수 있는 인재양성이 필요하다는 이유 때문이었다. 그래서 20세기 산업화 시대의 교육 패러다임에서 벗어나 21세기에 맞는 새로운 교육 패러다임으로 전환해야 한다는 말을 유별나게 강조하고 또 강조했다. 적어도 1980년대 이후부터는 역대 정권이 교육개혁을 추진할 때 언제나 이런 논리와 배경을 강조했다.

무엇이 경쟁력이라고요

그런데 21세기는 이미 시작되지 않았는가. 그렇다면 지금의 학교 교육은 과거와 분명히 달라져도 한참 많이 달라졌어야 한다. 과연 달라졌는가? 아니다. 과거 산업화 시대의 교육 패러다임이 갈수록 심화되고만 있다. 한국의 교육 현실에서 경쟁력의 본질, 혹은 그 정체성은 시험점수를 올리는 것이고, 이를 통해 서열화한 명문대에 한 명이라도 더 합격시키는 것은 아닐까. 이는 학부모의 요구도 마찬가지일 것이고, 학부모와 지역사회가 학교를 평가하는 기준도 같을 것이다. 당연히 학교와 교사들도 시험점수를 올려 명문대에 한 명이라도 더 진학시키는 것을 두고 학교 경쟁력이 좋아졌다고, 높아졌다고, 우수 학교라고 자랑할 것이 분명하다. 아니 학교와 교사, 학부모와 지역사회, 그리고 언론까지 대서특필로 떠들어대며 모두들 지금 그렇게 하고 있다. 수능점수를 올리고 명문대에 합격시키면 경쟁력이 있는 학교이고, 경쟁력이 있는 우수한 학생들로 잘 교육시켜 배출했다고 말이다. 특히 일제고사와 수능성적 공개를 통해 어느 지역에는 어느 학교가 명문고로 떠올랐고, 어느 지역의 학교가 국 · 영 · 수 세 영역의 수능등급이 과거에 비해 이렇게 많이 올랐다며 시끌벅적하게 떠들어대고 있지 않은가. 이것이 21세기 변화하는 새로운 시대에 맞는 인재양성 교육의 결과라 할 수 있겠는가.

한 번 생각해보시라. 뭐 어렵고 복잡하게 생각할 것도 없다. 시험점수 올리는 것이 교육 경쟁력 향상의 척도라고 여기는 나라는 이

지구상에 어느 나라도 없다. 오직 대한민국이라는 국가 하나뿐이다. 수능시험의 점수를 올리는 것은 교육 경쟁력의 본질도 정체성도 아니다. 지금의 학교 교육은 점수 높이는 '입시 기계'를 만드는 교육이지 21세기에 능동적으로 적응할 수 있는 인재육성 교육과는 거리가 멀다. 학교 교육은 21세기형 인재상을 길러내겠다는 주장과는 달리 완전히 거꾸로 가고 있다.

21세기에 맞는 새로운 인간상, 혹은 인재상은 변화와 상상의 창의성이나, 풍부한 인성을 지닌 사람, 낯선 환경에서도 협력적이고 민주적인 리더십을 발휘할 줄 아는 사람, 풍부한 감성과 경험을 비탕으로 논리적 사고력을 갖춘 사람, 사물과 현상을 다양한 관점에서 분석하고 종합할 줄 아는 비판적인 사고력을 갖춘 사람이다. 이러한 인재는 수능점수를 올리고, 명문대 합격자를 누가 더 많이 배출하느냐의 문제를 21세기에 요구되는 교육 경쟁력 향상의 핵심으로 인식하고 있는 지금의 교육과는 전혀 어울리지 않는다. "미래학적 관점에서 본 인재상은 멀티플레이어이자 리더십이 강하고 경험이 많으며, 문제 해결 능력, 창의적 · 분석적 사고 능력, 팀워크, 의사소통 능력, 의사결정 능력이 뛰어난 아이이다."[70]

오징어 튀김을 보고 '오징어'라고 말한다면 어처구니가 없는 노릇이지만 오징어가 한 가닥이라도 들어 있으니까 그래도 이해할 만하다. 그런데 붕어빵을 보고 '붕어'라고 말한다면 이건 완벽한 사기다. 정부와 교육당국, 그리고 언론이 주장하는 이 사기 행위와 같은 억지 주장과 논리가 지금도 설득력 있게 먹혀들어가고 있는 현실이다. 아이들을 오래도록 교실에 가두어 놓고 붙잡아 놓는다고 해서, 기나

긴 세월을 '엉덩이와의 싸움'을 강요한다고 해서 교육의 경쟁력이 올라가는 것은 결코 아니다. 그런 경쟁력 향상은 진정한 경쟁력, 21세기형 인재들이 갖추어야 할 경쟁력이 될 수 없다.

혹시라도 백 번 양보해서 수능시험점수 올리는 것을 교육 경쟁력 향상이라고 치자. 그렇다면 한국의 수능시험은 아이들의 진정한 경쟁력 향상에 도움이 될까? 마틴 메이어는 한국의 교육에 대해 평가하고 있는 자신의 저서 『교육전쟁』에서 한국의 수능시험과 미국의 수능시험SAT를 비교하면서 이렇게 말한다. 미국의 SAT시험에서는 학생들이 대학 졸업 이후의 사회생활에도 필요한 요소인 미래지향적인 사고 능력을 측정하며, 학생들이 학교 밖이나 교과서 밖에서 경험하고 배운 것도 평가의 대상이 된다고.[71] 그렇지만 한국의 수능시험에서는 고교 교과서와 EBS 등 각종 문제집에서 반복적으로 풀어왔던 지식을 평가하는 과거지향적인 학습 결과만을 측정하고, 학교나 교과서 밖에서 배운 것은 평가의 대상이 될 수 없다.

핀란드 교육 성공의 비밀

그렇다면 일체의 경쟁을 허용하지도 않고 실시하지도 않는데 핀란드는 어떻게 세계적인 교육 강국으로 부상하게 되었을까. 또한 학교 교육으로부터 자발적으로 탈출하거나 혹은 타율적으로 소외되어 인생의 낙오자나 패배자로 낙인찍히는 학생도 발생하지 않는 것일까. 핀란드 교육의 비밀을 알아보기 위해 우선 다음의 시 한 편을 읽어보자.

…(전략)…

푹 빠져서 놀 줄 알아야 집중력이 생긴다고 믿어
몇 시간씩 놀아도 부모가 조용히 해주고
바람과 눈 속에서 실컷 놀고 들어와야
차분한 아이가 된다고 믿는 부모들을 보며
배우고 싶은 내용을 자기들이 자유롭게 정하는데도
교실 가득한 생각의 나무를 보며
그는 피요르드처럼 희고 환하게 웃었다.

아는 걸 다시 배우는 게 아니라
모르는 걸 배우는 게 공부이며
열의의 속도는 아이마다 다르므로
배워야 할 목표도 책상마다 다르고
아이들의 속도가 생각보다 빠르거나 늦으면
학습 목표를 개인별로 다시 정하는 나라
변성기가 오기 전까지는 시험도 없고
잘했어, 아주 잘했어, 아주 아주 잘했어
이 세 가지 평가밖에 없는 나라

친구는 내가 싸워 이겨야 할 사람이 아니라
서로 협력해서 과제를 함께 해결해야 할 멘토이고
경쟁은 내가 어제의 나하고 하는 거라고 믿는 나라
나라에서는 뒤처지는 아이가 생기지 않게 하는 게

교육이 해야 할 가장 큰 일이라 믿으며
공부하는 시간은 우리 절반도 안 되는데
세계에서 가장 공부 잘하는 학생들을 보며
그는 입 꼬리 한쪽이 위로 올라가곤 했다.

가르치는 일은 돈으로 사고파는 상품이 아니므로
언제든 나랏돈으로 교육을 시켜주는 나라
청소년에 관련된 제도는 차돌맹이 같은 청소년들에게
꼭 물어보고 고치는 나라
여자아이는 활달하고 사내 녀석들은 차분하며
인격적으로 만날 줄 아는 젊은이로
길러내는 어른들 보며 그는 눈물이 핑 돌았다.
…(후략)…[72]

핀란드 교육이 아무리 세계적으로 성공한 사례라 할지라도, 나는 모든 나라의 교육이 핀란드 교육을 반드시 닮아야 된다고는 생각하진 않는다.[73] 하지만 적어도 21세기형 인재로 길러내는 교육으로 패러다임을 바꿔야 한다면, 또는 한국과 같이 만인의 만인에 대한 생존투쟁을 부추기며 무한 경쟁의 성적 높이기로 반복적 암기와 문제풀이 교육을 바꿔야 한다면 적어도 위 시에 드러난 핀란드 교육은 매우 충격적이고 본받을 만한 사례이며 수용할만한 모범 사례라 확신한다.

시험도 없고, 등수를 매기지도 않고, 공부하는 시간도 우리나라보다 적고, 교실과 학원을 넘나들며 밤늦게까지 갇혀 공부하지 않아도 그 나라의 교육이 세계 1등의 성적을 유지한다면 충격적이지 않은가. "아는 걸 다시 배우는 게 아니라 모르는 걸 배우는 게 공부"라는 사실 또한 한국의 교육 현실과 비교하면 하늘과 땅의 차이라 할 수 있지 않은가. 교실에서 가장 중요한 것은 교사가 가르친 내용이 아니라 학생이 배운 내용, 곧 아이들이 받아들인 내용이 중요한 것이지 교사가 전달했다고 생각하는 내용이 아니라는 사실은 놀랄만한 교육 철학이다. 물론 이러한 교육관은 부모가 가정에서 자녀를 가르치는 교육관에도 동일하게 적용되는 원칙이다.

수능시험점수를 올려 명문대 입학생을 한 명이라도 많이 배출하는 것이 교육의 경쟁력이라고 믿고 있는 우리들을 부끄럽게 하지 않는가. 학교와 교사, 학부모와 언론까지 이구동성으로 아이들에게 "공부! 공부!, 성적! 성적!" 입술이 마르도록 채근하면서 불철주야 반복적인 문제풀이를 시키는 것이 '최상의 공부 비법'이고 '공부의 왕도'라며 '엉덩이와의 싸움'을 겁박하는 우리의 교육 현실이 죄스럽지 않은가. '공부의 신'이라는 TV 드라마가 높은 시청률을 기록했다고 자랑하는 대한민국이 안쓰럽기까지 하다.

행여나 교육의 과정에서 단 한 명이라도 뒤처지거나 낙오하는 아이들이 발생하지 않도록 학습 목표를 개인별로 정해서 책임을 지는 학교 교육이 진정한 교육이다. 나만의 점수를 높이기 위해 경쟁 상대인 친구들에게 노트 빌려주는 것마저 꺼려하는 한국과 비교할 때, "서로 협력해서 과제를 해결"하는 서로의 멘토가 되어주는 교육 풍토가 아름다운 교육이지 않은가. 그래서 교육에서의 진정한 경쟁이란 옆에 있는 친구들과 싸워 그들을 넘어뜨리고 짓밟고 한 발이라도 앞서가야 경쟁력 있는 우수한 학생이 아니라는 사실이다. 핀란드 교육의 비밀은 교육에서의 진정한 경쟁이 무엇이며, 교육 경쟁력 향상의 본질이 어떤 것인가를 명증하게 보여주고 있다.

교육에서의 진정한 경쟁, 그리고 21세기에 진실로 절실하게 필요한 학교 교육의 참된 경쟁이란 친구와의 싸움이 아니다. 내가 어제의 나하고 경쟁하는 거라고 믿고 가르치는 교육이야말로 우리 교육이 나아가야 할 방향이자 목적이라 할 수 있다. 더욱이 가르치는 일, 곧 교육은 "돈으로 사고파는 상품"이 아니라 "언제든지 나랏돈으로 교육"을 시켜준다는 사실 또한 고등학교나 대학 교육까지 무상교육을 보장하지는 않는다 하더라도 핀란드라는 그 사회가 적어도 한국 사회처럼 경제적 · 사회적으로 불평등하지 않은 사회라는 것, 자녀들의 교육 때문에 폭증하는 사교육비로 모든 가정이 고통을 받지도 고민하지도 않는다는 사실은 교육개혁이 얼마나 절실하고 소중한 것인가를 일깨워준다.

그러나 더욱 중요한 핀란드 교육의 메시지는 청소년과 관련된 제도를 고치고자 할 때 청소년들의 의견을 반드시 수렴해서 고친다는 것이다. 학교 교육은 그것이 어떤 내용이라 할지라도 처음부터 끝까지 철저하게 아이들을 위한 관점에서 추진되어야 하고, 이는 곧 아이들을 존중하는 교육이 가장 바람직하고 훌륭한 교육이라는 암시라 할 수 있다. 함께 신나게 놀기도 하면서도 공부를 할 때에는 '왜 나는 이런 공부를 해야 하는가'에 대한 질문을 끝없이 던지면서 집중력 있게 공부하고, 공부가 되었든 과제가 되었든 문제를 해결하고자

할 때에는 서로에 대한 존중과 함께 배워가려는 협력적 공부 방식이야말로 아이들 스스로 교육 경쟁력을 키워가는 교육일 것이다.

요컨대 핀란드 교육의 성공은 다른 요소도 있겠지만 아이들에 대한 무한한 신뢰와 믿음, 교사든 학생이든 학부모든 서로를 존중하는 풍토에 있다. 귀마개를 귓속 깊이 꽂거나 칸막이로 가리고 혼자 외톨이로 공부하는 것이 아니라 다 같이 함께 협력하는 공부 방식에 근거하여 낙오자를 만들지도 않고 도리어 모두의 경쟁력을 끌어올리는 '평등 교육'에 있다고 생각한다.

경쟁은 교육이 아니다

그런데 한국 사회에서는 여전히 '경쟁이 없는 교육을 상상할 수 있는가?,' '교육에도 최소한의 경쟁이 필요하지 않은가?'라고 생각하는 사람들이 매우 많은 것도 사실이다. 심지어 교육 경쟁력을 끌어올리기 위해서는 학교 교육에서부터 경쟁적인 환경에 적응하는 능력도 키우고, 그리하여 경쟁력을 기르는 연습과 훈련을 가르쳐야 한다고까지 주장하는 사람들도 상당수 존재한다. 극단적으로는 교육은 본래 경쟁인데, 그것도 가장 믿을 수 있는 공정한 경쟁인데 '경쟁이 없는 교육을 어찌 교육이라고 말할 수 있겠느냐'는 주장까지 있다. 때때로 진보적인 생각을 가진 사람들마저도 경쟁 자체에는 아무런 문제가 없는데 다만 경쟁하는 방식, 혹은 극단적인 경쟁심이 문제라고 말하기도 한다. 경쟁의 가장 일차적인 문제는 '경쟁 그 자체'에 있는데도 말이다.

"다른 이들을 패배시키는 데에만 에너지를 쏟고, 또한 그들이 우리를 패배시킬 거라는 공포에 사로잡혀 있으면서 어떻게 최선을 다할 수 있다는 말인가? 정말 이러한 투쟁이 즐거운 시간을 보내기 위한 최선의 방법일까? 우리의 자존심이란 그저 옆 사람과 비교하여 자신이 무엇을 얼마나 더 잘하는가에 의해 좌우되는 것인가? 무엇보다 중요한 것은 이러한 경쟁적인 제도가 인간관계에 주는 강력한 영향이다. 즉 서로를 이기기 위해 적대심이 생길 수밖에 없는 구조적 원인이 경쟁 그 자체에 있다."[74]

이명박 정권의 '고교 300 프로젝트'에 따른 고교 다양화 정책, 학생과 학부모에게 학교 선택권 부여, 특목고를 포함하여 우후죽순처럼 생겨난 자립형 사립고, 자율형 사립고와 공립고, 기숙형 공립고 등으로 고등학교마저 서열화가 굳어져버린 것들이 학교 교육에서부터 경쟁력 강화를 외치고 주장한 결과물들이다.

대학 서열화와 학벌 따기도 결국 개인의 경쟁력의 결과인데 왜 문제냐고 격렬하게 비난하거나 반문하는 집단들도 있을 것이다. 이들은 고등학교의 서열화 이후 돈 많은 부유층 자녀들만 혜택을 받는 귀족학교라는 사회적 비판에도 아랑곳하지 않는다. 일부 보수 언론들은 서열화한 고등학교가 우수 학교, 경쟁력을 갖춘 학교라며 홍위병 노릇을 하고 있다. 학부모들은 홍위병들의 선전 책략에 꼬여 안절부절하며 불안과 공포와 두려움 속에 내 자식의 교육 경쟁력을 위해 서열화한 이런 고등학교에 입학시키려고 여기저기서 있는 돈, 없는 돈 끌어 모아 허리띠를 졸라매며 사교육비 뒷감당하는 고통을 기꺼이 감수한다.

과연 교육의 본질은 경쟁에 있는 것일까? 그리고 경쟁이 없는 학교 교육은 교육이 아닐까? 교육에도 최소한의 경쟁이 있어야 마땅한 것일까? 결코 그렇지 않다. 그렇다면 왜 '경쟁'을 강조할까? 사람들은 왜, 경쟁을 교육의 기본적인 원리인 것처럼 이해하고 있는 걸까? 나는 '경쟁competition'이라는 개념에 대한 혼돈이나 착각, 혹은 이 개념을 무비판적으로 아무 데나 마구 적용하는 데서 비롯된 관행적·습관적 오류 때문이라고 생각한다.

예를 들어, 스포츠에서의 경쟁과 교육에서의 경쟁을 생각해보자. 올림픽이든 다른 경기 대회이든 어떤 마라톤 선수가 경주에 참여하는 목적은 금메달을 획득하는 데 있거나, 또는 대회 참가 그 자체에 있을 수도 있다. 하지만 그 선수의 최종적 결과가 금메달을 땄든지 꼴찌가 되었든지 그것은 선수 자체의 생존 자체를 위협하지는 않는다. 그 선수가 마라톤의 영원한 패배자나 낙오자로 낙인찍히는 것도 아니다. 언제든지 재도전할 수도 있다. 그러니까 스포츠에서의 경쟁은 낙오자와 승리자를 가려내는 경쟁이 아니라 새로운 도전에 대한 욕구를 자극하거나 자신의 단점과 문제점들을 찾아 해결하도록 하여, 또 다시 새로운 준비를 할 수 있도록 또 하나의 동기와 계기를 제공한다. 그래서 스포츠에서 경쟁의 본질은 일등을 하고 싶다는 개인의 욕망에서 발현된 의도적 경쟁이라 할 수 있다.

하지만 교육에서의 경쟁은 전혀 그렇지 않다. 스포츠에서의 경쟁이 개인의 욕망과 관련된 '의도적 경쟁intentional competition'이라면 교육에서의 경쟁은 당신이 실패해야만 내가 성공할 수 있다는 '상호 배타적인 목표 달성mutually exclusive goal attainment'을 특징으로 하는 '구조적 경쟁structural competition'이다.[75] 따라서 구조적 경쟁의 속성을 띠고 있는 학교 교육은 끊임없이 상대와의 비교를 강요할 수밖에 없는 구조 속에서 경쟁 그 자체를 교육의 목표로 설정하게 된다. 교육에서의 경쟁의 특징은 스포츠에서처럼 대회 참가에 목적이 있다는 것은 도저히 상상할 수도 없는 일이다. 꼴찌가 되었다면 마라톤 선수처럼 두 번 세 번 재도전의 기회를 갖는 것도 아니다. 더 이상 출전 기회를 갖기 어려운 완전한 패배자가 되는 것이다. 한국의 교육 현실에서는 이류대학이나 삼류대학이라 할 수 있는 은메달과 동메달을 획득했다고 하더라도 넓은 의미의 패배자로 낙인찍힌다. 속된 말로 '일등만 기억하는 더러운 세상'이 아니라 할지라도 교육에서의 경쟁은 승리자와 패배자를 가르는 경쟁이기 때문에 그 사람의 인생 전체를 뒤흔들고 생존 자체를 위협하는 막다른 경쟁의 속성을 지니고 있다.

스포츠나 기업체에서 경쟁은 도약과 발전의 계기를 제공하는 약이 될 수 있겠지만 교육에서의 경쟁은 아이들에게 치명적인 독이다. 패자에게만 독이 되는 것이 아니라 승자에게도 독이다. 스포츠에서는 일등이 꼴찌에게 격려를, 꼴찌가 일등에게 축하를 아낌없이 주고받는다. 하지만 교육에서의 경쟁은 그렇지 않다. 일등은 꼴찌가 있었기 때문에 존재하는 것이고, 꼴찌는 그냥 꼴찌라는 불명예를 받으며 '일등을 만들어준 억울한 밥'이 된 것에 지나지 않는다. 학교의 내신성적이든 수능점수이든 1등급의 존재는 8등급, 9등급이 존재해야만 가능하다. 다른 사람을 뒤쪽으로 밀어내거나 눌러야 내가 살아남을 수 있다는 생존경쟁이다.

그래서 1등급은 자신의 피나는 노력과 뛰어난 능력의 결과로 받아들이지, 8등급과 9등급의 존재에게 감사와 미안함을 갖지 않는다. 자신의 노력의 대가로 얻은 것이기에 굳이 이런 찝찝한 감정을 가질 필요도 없다는 생각을 하게 된다. 반면에 1등급을 받지 못한 대다수의 학생들은 자신이 잘할 수 있는 것에는 전혀 신경을 쓰지 못하고 구조적 경쟁 교육의 시스템이 요구하고 지시하는 지침에 따라 단지 스스로 최선을 다하는 것에만 집중한다. 그 결과 뒤처지거나 패배했을 경우 그것을 개인의 능력 부족이나 나태함 등 자신의 잘못과 무능 탓으로 돌리며 복종과 순응의 논리에 따라 결과를 당연한 것으로 수용한다. 전체 사회의 구조적인 문제가 아니라 개인의 문제로 치환하여 단순화한다. 서로가 서로를 격려하고 함께 이끌어주는 협력을 하지 않고, 모두가 오직 나만의 길을 향해 가기 때문이다. '일등만 기억하는 더러운 세상'에서 서로가 서로의 멘토가 되어 협력하고 함께 승자가 되고 함께 경쟁력을 높여줄 수 없는 이유다.

그래서 일등을 한 학생은 물론이고 학교와 교사, 학부모와 언론, 그리고 사회는 교육에서의 경쟁을 가장 공정한 경쟁이고, 필수적인 요소라고 믿게 된다. 어머니의 뱃속 태아 때부터 고교 졸업까지 20여 년 동안 끊임없이 노력하며 달려왔지만 단 한 번의 시험점수에 의해 어느 대학을 진학했느냐에 따라, 즉 어떤 학벌을 쟁취했느냐에 따라 인생의 패배자나 낙오자가 되는 것이 지금의 교육 현실이다.

재수나 삼수도 있겠고, 대학 진학을 포기하고 막바로 직업을 구하는 방법도 있겠으나 결국 대학 졸업장과 학벌이라는 신분증은 승자에게는 인생의 승리자나 능력자라는 든든한 후광 노릇을 하고, 패자에게는 평생 동안 따라다니는 '주홍글씨'나 발목을 잡는 '멍에'로 작동한다. 교육에서의 경쟁은 성장기의 아이들에게 독으로 기능한다. "옆 사람을 팔꿈치로 치며 앞만 보고 달려야 하는 치열한 경쟁 사회인 팔꿈치 사회"[76]에서는 한 번 일등을 했다고 영원히 일등을 하는 것도 아니다. 그 자리를 노리는 경쟁자들이 시간이 지날수록 증가하면서 목숨을 걸어야 하는 상황이 연속되기 때문이다.

경쟁이 아닌 협력이 필요하다

경쟁이 교육의 본질도 목적도 아니라면 교육은 도대체 무엇인가? 경쟁과 대립되는 말은 협동이나 협력이다. 교육은 경쟁이 아니라 협동 혹은 협력이라는 연구 결과는 세계적으로도 무수히 많다. 하지만 경쟁이 교육이라는 연구 결과를 찾아보기란 매우 어렵다.

미국의 교육심리학자 알피 콘Alfie Kohn에 따르면,[77] 경쟁이 인간의 '불가피하고 선천적인 본성'이라는 주장, 반드시 해야만 하는 '필연적'이라는 주장은 전혀 사실과 다르다. 나아가 우리 인간들은 '경쟁이라는 암호의 염색체를 갖고 있기 때문에 인생에서 경쟁은 피할 수 없는 현실'이라는 주장도 모두 "수사학적인 속임수, 혹은 인간성에 대한 근거 없는 비방"이며, 적어도 "거짓이거나 진실을 완전히 오도한 것"이라고 말한다.

그동안 우리는 경쟁을 강요하는 현실에서 경쟁의 역할과 경쟁의 힘을 그대로 믿고 수용해왔다. 즉, 경쟁만이 살 길이라는 신념 체계, 혹은 인간에게 경쟁 심리가 있었기 때문에 긴 세월 동안 인류의 역사가 발전해왔다는 주장을 신봉해왔다. 하지만 이러한 인식은 경쟁의 역할을 과대평가하면서, 다른 한편으로는 인간의 삶에 깊게 뿌리 박고 있는 협력의 역할을 매우 과소평가하고 있다. "우리는 경쟁한다. 그러므로 존재한다. 우리가 경쟁하지 않으면 우리 사회는 모두가 이불 속에 들어가 굳이 나와야 할 이유를 찾을 수도 없는 옛날 소련과 같은 사회로 갑자기 떨어질 수 있다. 경쟁도 없고, 성공도 없고, 실패도 없으면, 행복도 없다. 비록 경쟁이 치열하더라도 그런 사회일수록 사람들이 궁핍에서 벗어날 수 있는 기회가 더 많다"[78]는 가진 자들과 자본의 지배 논리가 여전히 한국 사회를 유령처럼 배회하며 힘을 발휘하는 까닭이다. 가진 자들과 자본이 주장하는 경쟁 논리가 마치 인류의 역사 발전의 원동력이었고, 궁핍함 삶에서 벗어날 수 있는 힘과 기회를 제공해준다는 허상을 진리처럼 오인해왔다. 인간사회에서 경쟁 논리는 필연적인 것도 아니고, 우리를 궁핍함에서 구출해 주지도 않는다.

설령 경쟁이 인간의 선천적인 본성이라 해도 인간의 내면적 · 본질적 · 유전적 속성 중 '협력의 역할'은 경쟁보다 더 본능적이다. 알피 콘은 "협력이든 경쟁이든 인간에게는 불가피한 본성이라고 불릴 만한 것은 아무것도 없다"고 했다. 교육심리학자 데이비드 존슨과 로저 존슨David and Roger Jojnson의 주장처럼, "모든 사회구성원의 주된 상호작용은 경쟁이 아니라 협력"이고, 이는 인류학자 애슐리 몬터규Ashley Montagu가 주장했듯이 "사회구성원들이 협력하지 않았다면 사회는 유지되지 못했을 것이다. 인간사회는 그 구성원들이 생존을 위해 협력했기 때문에 존속할 수 있었다"는 것이다. "사회를 유지하려는 행동은 경험에서 나오는, 즉 학습된 것"인데도 경쟁이 필연적이고 선천적인 인간의 본성이라는 주장들은 “전형적으로 현상을 유지하기 위해 사용되는 정치적 의도”로 본다. “자본주의가 본성이라는 믿음, 혹은 현실에서 벌어지는 모든 일들이 우리의 본질적인 어떤 인성 때문이라는 믿음이 과연 누구에게 이익이 되는가? 명백히 이것은 현실을 유지하려는 사람들에게 도움이 되는 믿음”으로써 왜곡된 현실 사회의 “변화를 더디게 하고, 온갖 미사여구들을 사용하여 포장”한 결과다. 요컨대 경쟁이 선천적인 본성이고 인생에서 피할 수 없는 현실이라는 주장은 학습되어 길들여지거나 사회적 · 정치적 의도에서 비롯된 것이고, 사회의 변화를 더디게 하면서 특정 집단의 이익에 도움이 되고 있다는 것이다. 그런데도 왜 사람들은 경쟁에 집착하는가?

사람들이 경쟁에 집착하고, 경쟁은 어디에도 적용되지 않는 곳이 없다고 여기는 것은 특정 집단에 의해 학습된 경쟁 논리가 내면화되어 나타난 결과일뿐, 경쟁은 결코 불변의 진리가 아니다. 경쟁은 인간의 본성이 아니라 사회화 과정에서 경험된 것이자 학습된 것이다. 또한 인류의 역사 발전과 문명의 전개 과정에서 경쟁과 협력 모두가 필요했다고 가정하더라도 경쟁보다는 협력의 역할이 더 본능적으로 작용했다.

알피 콘의 주장처럼 “자연선택은 경쟁을 필요로 하지 않는다. 오히려 경쟁을 꺼린다. 생존을 위해 일반적으로 각 개체들은 서로 대립하기보다 협력하기를 요구하며, 여기엔 같은 종뿐만 아니라 서로 다른 종들과의 협력도 포함”되는 것이다. 아무리 낮은 수준의 협력일지라도 그것은 경쟁보다 낫다. 경쟁이 주는 폐해는 무수하고 치명적이다.

교육에서의 경쟁이 왜 문제이고, 협력이 왜 중요한가? 경쟁은 이기려고 노력하는 사람을 현실 순응적이고 보수적으로 만들며 창조성을 억제한다. 왜냐하면 창조성의 핵심은 순응을 거부하는 태도에 있기 때문이다. 경쟁은 모험적인 새로운 시도를 억제하며 자발성과 독창성을 떨어뜨린다. 이겨야 한다는 압박은 새로운 도전을 시도하지 못하게 하기 때문이다.

또한 경쟁은 획일화와 표준화를 강화하기 때문에 사람들의 개성을 억압하는 역할을 한다. 극단적인 경쟁 사회가 더 극심한 부패를 불어올 수밖에 없듯이, 경쟁은 매우 낮은 수준의 도덕성에 기초하기 때문에 반칙과 부정부패를 불러온다. 경쟁은 경쟁 상대인 타인을 자신의 목적을 달성하기 위한 수단으로 여기기 때문에 타자와의 공감 능력을 떨어뜨리고 풍요로운 인간관계를 아주 잘못된 인간관계로 만든다. 경쟁의 가장 큰 문제는 경쟁을 하면 할수록 더욱 경쟁이 필요하게 되는 악순환 구조를 강화한다는 점이다.

잘 알려진 것처럼, "죄수의 딜레마 게임이나 수컷 공작의 꼬리 경쟁은 경쟁이 얼마나 무모한 것인가를 상징적으로 잘 보여준다. 경쟁은 승자와 패자 모두에게 피해를 준다. 자신의 이익을 위해 최선의 이성적 선택을 하는 개인에게 오히려 해가 되는 열등한 결과를 주고, 집단적 · 비이성적 · 비효율적 결과를 초래"[79]하기 때문이다.

참된 경쟁력은 협력에서 나온다

이제 학교 교육에서 경쟁이 왜 교육의 목표가 되어서는 안 되는가의 이유가 명확해졌다고 본다. 경쟁은 선천적인 본성이 아니라 학습된 것이다. 사람들은 누군가와 싸워서 그 상대를 이기려는 동기나 경쟁하려는 본성을 선천적으로 타고난 것이 아니다. 오히려 경쟁이 아닌 인간사회를 유지하고 발전시켜왔고, 사회의 공동체 유지를 위해서도 더 절실한 과제다. 그리고 경쟁이 주는 폐해는 실로 비교육적 · 비인간적이기에 적극적으로 거부해야 할 대상이다. 하물며 학교 교육이 '제로섬 게임'이나 '치킨 게임'처럼 '너 죽고, 나 살자'는 극단적인 경쟁 논리에 지배된다면 그것은 이미 교육이 아니다. 교육의 참된 원리와 방식은 경쟁이 아니라 협력이어야 한다. 협력은 경쟁의 폐해를 야기하지 않으며 오히려 해소해준다. 협력은 낙오자를 만들지 않고 오히려 포용한다.

지금 학교와 교실 상황에서는 '남에게 이기려고 노력하라'는 말보다 더 권장되고 강조되는 가치관은 없다. 고의적이지는 않더라도 이런 가치관 교육은 비단 학교만이 아니라 가정이나 학교 밖에서도 일상적으로 일어나고 있다. 아무런 교육적 배려나 사려 깊음, 혹은 비판적 판단도 없이 말이다. 타인의 실패 없이 성공할 수 없는 사회 구조 속에서 개인적인 차원에서만 경쟁심을 억제하라고 말한다면 이는 비현실적이라고 여길 수도 있을 것이다. 경쟁주의 사회에서는 본의가 아닌 경쟁마저 고의적인 경쟁으로 몰아가기 때문이다.

"본의 아닌 경쟁은 쉽게 고의적인 경쟁으로 변한다. 본의 아닌 경쟁은 우리의 성격적 특성 중 이기심을 쉽게 이끌어낸다. 이러한 특성(이기심)을 고의적으로 만들어 내지는 않겠지만, 사람들을 서로 대항(경쟁)하도록 만드는 지금의 경쟁 구조가 존속하는 한, 사람들이 이기적이 되어가는 것을 막을 수 없다. 윌리엄 새들러 역시 사람들이 세상을 바라보는 방식은 사회 구조에 의해 결정된다고 말했다. 즉, 매우 경쟁 지향적인 사회는 그 제도에 끊임없이 사람들을 참여시킴으로써 영속해가며, 그렇게 사회화된 개인들은 세상을 경쟁의 관점에서 바라보게 된다."[80]

경쟁은 다른 사람 모두 실패할 때 내가 성공하고 승자에게만 영광이 돌아가게 되어 있다. 그러므로 승리하는 사람만이 가치가 있고, 경쟁은 공정하고 정당한 것이라고 가르치는 경쟁 중심 교육관은 더 이상 학교 현장에서 그 존립의 가치를 허용해서는 안 될 일이다. 학교 현장에서 일상적으로 일어나고, 학교 경영의 핵심 원리로 작용하고 있는 경쟁 논리와 경쟁의 가치를 앞세운 교육은 하루라도 빨리 추방하는 것이 지금 우리가 직면한 교육개혁의 핵심이라 할 수 있다. 물론 경쟁을 줄이거나 추방하는 일은 교육 구조의 변화만이 아니라 결국 사회 구조를 바꾸는 일에 달려 있다.

경쟁하는 사람보다 협력하는 사람이 폭넓은 인간관계를 맺고 사회적으로 성공할 확률이 훨씬 높고, 창의력과 상상력 또한 경쟁 구조보다 협력 구조를 통해 더욱 촉진된다. 또한 협력은 경쟁과 전혀 다른 차원에서 타자에 대한 공감 능력을 높여주어 창의성과 자발성을 이끌어낸다. 효율성과 생산성 향상마저도 경쟁 구조가 아닌 협력 구조에서 월등히 높다는 것도 모두가 인정하는 일반적인 사실이다.

경쟁이 협력보다 더 좋지 않은 결과를 가져온다는 사실은 전 세계가 이미 인정하고 있다. 이것은 부인할 수 없는 수많은 연구의 결과물이다. 핀란드 교육이 성공한 것도 교육의 경쟁력은 아이들 간의 무한 경쟁을 촉발시켜 얻는 것이 아니라, 상호존중과 협력을 통해 일궈낼 수 있다는 사회적 믿음 때문에 가능했던 것이다. 따라서 교육개혁은 경쟁 중심 교육을 협력 중심 교육으로 학교 시스템 자체를 바꾸는 일에서 시작해야 한다. 그래야만 교육을 통한 진정한 경쟁력을 지속적으로 도모할 수 있다. 학교 교육이 경쟁에서 벗어나 협력으로 나가야될 본질적 이유도 바로 여기에 있다.

3. 불평등 사회 구조가 경쟁력을 갉아 먹는다

낙오하고 소외당하는 교육

앞에서 이미 밝혔듯이 제아무리 '공정한 경쟁'이라 해도 학교 교육에서 경쟁은 바람직하지 않다. 아이들을 경쟁의 회오리 속으로 내모는 것은 아이들을 승리자와 패배자, 또는 낙오자로 나누는 비교육적 행위이기 때문이다. 아이들끼리 상호존중과 협력의 정신으로 서로 돕고 이끌어주는 역량을 끌어올려주는 것이 교육적이고 인간적인 행위다. 실제로 교육 경쟁력은 경쟁보다는 존중과 협력에 의해 더욱 촉진되고 더 좋은 결과를 낳는다. 협동이나 협력이 경쟁보다 오히려 더 우월하고 효과적이기 때문이다.

승자와 패자의 이분법적으로 분류해내는 경쟁 교육은 아이들을 유능한 능력을 지닌 쓸모 있는 사람—명문대에 진학할 학생—과 쓸모가 없다고 미리 단정하여 무관심으로 방치하는 무능한 사람—비명문대, 혹은 '그저 그런' 대학에 진학할 학생—으로 편 가르기 교육을 심화한다. 사람을 일찌감치 유능과 무능, 혹은 쓸모 있음과 쓸모 없음의 잣대로 나누는 것은 교육 논리로도 용납될 수 없는 일종의 폭력이나 다름없다. "이 세상에 존재하는 것은 모두 그 존재 이유가 반드시 있다"는 말처럼, 아이들도 누구나 할 것 없이 각자 인간으로서 타고난 특성과 잠재력과 가능성을 갖고 있다. 그럼에도 아이들을 이분법의 잣대로 편을 가르는 교육이 얼마나 편협하고, 또 도저히 이해될 수 없는 무지와 편견의 소산인가를 장자의 이야기[81]를 통해 한 번 살펴보자.

> 혜자가 장자에게 물었다. "자네의 이야기는 실제에 있어서는 아무런 쓸모가 없네." 장자가 대답했다. "쓸모없는 것을 알아야지 비로소 쓸모 있는 것도 이야기할 수 있는 것이네. 가령 저 땅이 아무리 넓고 커도 사람이 쓰는 것은 걸을 때 발을 내딛는 좁은 공간일 뿐이네. 그렇다고 발 디딘 곳만 남겨두고 그 나머지 땅을 모두 파내어 황천黃泉까지 이르게 한다면, 사람들이 밟고 서 있는 그 땅이 쓸모 있을 수 있겠는가?"
>
> —『장자』, 「외물」

> 혜자는 위나라 왕에게서 얻은 큰 박의 씨앗을 심어서 크기가 다섯 석이나 되는 큰 박을 얻게 되었는데 그 크기는 엄청나지만 자기한테는 쓸모가 없어 부숴버렸다고 말했다. 그러자 장자가 말했다. "송나라에 손이 트지 않는 약을 잘 만드는 사람이 있었는데, 그는 조상대대로 솜 빠는

일을 해왔다. 그런데 어떤 나그네가 그 이야기를 듣고 그 약을 만드는 비법을 1백금에 팔라고 청했다. 그러자 그 사람은 가족들끼리 모여 논의하기를, 지금까지 조상대대로 솜 빠는 일을 해왔지만 불과 몇 금밖에 벌지 못했거늘 이제 하루아침에 그 기술을 팔아 1백금을 벌게 되었구나 하면서, (손이 트지 않은 약을 만드는) 비법을 팔기로 결정했다. 나그네는 자신이 얻은 비법을 오吳나라 왕에게 선전한 뒤, 월越나라가 침략해 오자, 오나라 왕은 그 나그네를 장수로 삼아 월나라와 수전水戰을 벌여 크게 물리치고, 나그네는 얼마간의 땅을 봉토로 받았다. 능히 손이 트지 않게 하는 것은 같았지만 한 사람은 봉토를 받았고, 다른 한 사람은 솜 빠는 일을 면하지 못했으니, 그 쓰는 바가 달랐기 때문이다."

—『장자』, 「소요유」

지금 두 편의 이야기를 통해 장자가 무슨 말을 하고 있는지 충분히 짐작했을 것이다. 사물이든 사람이든 존재하는 것들은 모두 유용하다는 것이다. 쓸모 있는 것과 쓸모없는 것이 본래부터 태생적으로 구분되어 있는 것이 아니라 그것들을 어떻게 바라보고 어떻게 활용하느냐에 따라 쓸모 있음과 쓸모없음으로 바뀌게 된다. 쓸모 있다고 해서 항상 쓸모 있는 것이 아니고, 지금 당장 쓸모가 없다고 해서 항상 쓸모가 없는 것이 아니라는 선언이다.

교육에서도 마찬가지라 생각한다. 성적이 낮고 공부를 못한다고 쓸모없는 아이들이 아니다. 그 반대도 같은 이치다. 그럼에도 학교 현장에서는 공부 못하는 아이들은 사실상 방치와 무관심의 대상으로 전락했다. 수업시간에 온갖 딴 짓을 마다하지 않고 자발적 교육 소외를 즐기는 모습들이 학교의 일상적 풍경이 된 것이 그렇고, 밤늦게까지 붙잡혀 창살 없는 감옥 생활 속에서 공부하는 학교가 싫어 스스로 자퇴를 하는 것이 그렇고, 결국 해마다 200여 명에 이르는 아이들이 자살까지 이르는 모든 사례들이 그렇다. 어쩌면 장자의 이야기처럼 '쓸모없는 존재란 본래부터 없는 것'인데도, 경쟁 교육 체제에서 대다수의 아이들이 학교 교육을 받는 과정에서 쓸모없는 존재로 예단되어 낙인찍혀 버린다. 아이들을 쓸모의 기준을 앞세워 이분법적 논리로 재단하는 것은 매우 위험하다. 아이들을 가르치는 교육이 아니라 아이들을 죽이는 교육이고, 아이들로 하여금 자발적 교육 소외를 선택하도록 강요하는 교육이다.

> "이분법은 모든 것을 성공 아니면 실패, 정답 아니면 오답, 승자 아니면 패자, 적군 아니면 아군, 잘난 사람 아니면 못난 사람, 나쁜 사람 아니면 좋은 사람, 삶 아니면 죽음 등과 같이 단순하게 이해한다. 이분법적 이해는 극단만을 강조하게 되고 그 중간에 존재하는 것들과 사물이나 인간이 갖는 다양한 면을 보지 못하게 한다. 이분법적 단순 논리는 다양성과 개성을 억압하고 복종과 순종을 요구한다. 그리고 경쟁에서 승리는 패배자를 전제로 하기 때문에, 내가 승리하기 위해서는 상대가 패자가 되어야 하는 적대적 관계가 자연스럽게 형성된다."[82]

"1명의 천재가 10만 명을 먹여 살린다"는 이건희 삼성그룹 회장의 폭언에서 보듯이 경쟁 교육에서는 명문대에 진학할 가능성이 높은 학생들을 포함하여 10% 아이들만 쓸모 있는 존재로 인정받는다. 또한 세계화를 주창한 김영삼 전 대통령이 "역사는 2등을 기억하지 않는다. 우수한 인재 한 사람을 길러내면 그 한 사람이 나라를 먹여 살린다. 세계에서 1등이 되어야 한다"와 같은 극단의 논리가 전체 사회 영역으로 확산되면서 정당화된다. 그리하여 10% 아이들이 성취한 입시 결과가 학교 교육이 추구하는 교육 경쟁력의 본질로 둔갑해 버린다. 대다수의 아이들은 고등학교를 졸업하기도 전에, 중학교를 졸업하고 고등학교에 입학하는 순간부터 이미 쓸모 있는 학생과 쓸모없는 학생으로 결정된 채로 학교생활을 한다. 교육이 아이들을 살리는 것이 아니라 도리어 아이들을 배움의 과정으로부터 소외시키며 학교 밖으로 내쫓으며 죽이고 있다.

이런 현실에서 교육 경쟁력이 높다고 한들 과연 이게 경쟁력이라고 자랑할 수 있겠는가. 교육이 교육 경쟁력을 스스로 갉아 먹고 있는 형국인데도 말이다.

장자의 이야기가 들려주는 가르침은 우리가 지금까지 잘 알고 있다고 믿고 있는 교육, 나도 교육전문가라고 자부하며 자랑하는 길들여진 교육관을 바꿔야 한다는 것이 아닐까. 교육관과 아이들을 바라보는 학생관에 대한 새로운 시선과 관점을 가져야 한다. 성적이 높고 낮음에 관계없이, 명문대에 진학할 가능성이 있고 없음에도 관계없이 모든 아이들은 한 명도 빠짐없이 매우 쓸모가 있는 소중한 존재라는 사실 말이다. 핀란드 교육의 목표가 아이들을 명문대에 진학시키는 섯이 아니라, 단 한 명이라도 낙오자를 발생시켜서는 안 된다는 방침은 한국의 교육 현실에서는 실로 놀라운 충격 그 자체다.

이 세상의 모든 아이들은 다 쓸모 있는 아름답고 소중한 존재다.

세상에 쓸모없는 것이란 하나도 없다. 그러므로 학교와 교사, 학부모와 언론과 사회가 일찍부터 조직적으로 거의 날마다 아이들을 쓸모 있음과 쓸모없음으로 갈라서 경쟁을 재촉하는 한국의 사회 풍토에서는 경쟁력이라고 이름 붙여진 것은 모두 가짜다. 이른바 짝퉁 경쟁력을 좇아 학생들을 경쟁의 회오리 속으로 몰아넣은 사회에서는 경쟁 만능주의를 조장하며 경쟁 신화를 선전하고 주입하는 사회에서는 그것이 어떤 경쟁력이든지 허구일 뿐이다.

학교와 부모, 언론과 사회가 마음대로 목표와 내용을 정하고 그 목표에 도달하지 못하면 경쟁력도 없고 쓸모없는 낙오자로, 목표에 도달하면 경쟁력도 있고 쓸모 있는 승리자로 추켜세우는 한국 사회의 욕망 구조와 경쟁 논리는 아이들의 경쟁력을 키우기는커녕 아이들을 철저히 경쟁의 대상으로 삼아 경쟁력의 싹을 자른다.

학교와 부모의 욕망을 앞세우기 전에 아이들 각자가 지닌 참된 쓸모의 씨앗을 찾아내어 길러주어야 한다. 이를 위해서는 욕망 추구와 경쟁 심리를 과감하게 버리고 아이들을 먼저 이해하려고 노력하고, 아이들의 목소리와 눈높이에 맞춰 학교와 부모, 우리 사회는 과연 무엇을 어떻게 지원해줄 것인가를 고민해야 하지 않을까.

아이들을 경쟁이라는 혼란의 도가니 속으로 몰아넣지 말고, 두려움과 공포와 불안을 어떻게 해소해줄 것인가 등을 학교와 가정, 언론과 사회 모두가 한 목소리의 지혜로 모아가는 고민부터 시작해야 한다는 말이다. 경쟁 일변도로 치닫고 있는 지독한 경쟁 사회에서 아이들이 어떻게 하면 미래에 행복한 삶을 살 수 있고, 무엇을 바꾸고 도와줘야 아이들이 학교 다니는 즐거움과 공부하는 기쁨을 얻을 수 있는가를 모색해야 한다.

"너희가 대체 쓸모라는 것이 무엇인지 알고 있느냐?"라는 장자의 반문은 그릇된 욕망과 맹목적 경쟁에 사로잡힌 학교와 학부모, 언론과 우리 사회 전체에 던지는 장자의 회초리다.

국가 경쟁력이란 허망한 것이다

교육 경쟁력 향상은 국가 경쟁력으로 모아진다. 국민 개개인의 경쟁력이 헤아릴 수 없을 정도로 많은 온갖 계곡에서 강으로 흘러가는 작은 물줄기라면, 교육 경쟁력은 크고 작은 수많은 강에서 바다로 흘러들어가는 물줄기이고, 수많은 강물을 받아내는 바다는 이른바 국가 경쟁력이라 비유하고 싶다. 경쟁력의 개념을 이렇게 비유하고 보면, 개인의 경쟁력과 교육의 경쟁력, 그리고 국가의 경쟁력은 긴밀하게 연관된 것이고 그중에서도 특히 개인과 교육의 경쟁력이 더없이 중요한 개념이라는 생각을 갖게 된다. 개인과 교육의 경쟁력이 곧 국가의 경쟁력을 좌우할 수도 있다는 믿음 때문이다.

내가, 그리고 우리 모두가 잘 살기 위해서는 국가의 경쟁력을 높여야 되는데 그것이 다름 아닌 개인인 내 자신과 교육의 경쟁력에서 시작되고 있으니 어찌 허투루 받아들일 수 있겠는가. 그렇다면 국가의 경쟁력은 중요한 것이고 또한 믿을만한 것일까? 노무현 정부 시절 청와대 정책실장을 역임했던 경북대 이정우 교수는 국가 경쟁력 순위가 발표되면 "웃을 필요도 울 필요도 없다"고 말한다. 국가 경쟁력의 순위는 믿을 수도 없는 것이고, 개념 자체가 성립할 수도 없기 때문이란다. 그러면서 노벨경제학상을 수상한 폴 크루그먼 미국 프린스턴대 교수의 말을 들려준다.

세계 각국의 국가 경쟁력 순위를 조사하는 기관은 스위스에 본부를 두고 있는 세계경제포럼WEF와 국제경영개발원IMD이다. "1990년대 국가 경쟁력 개념이 유행하기 시작할 무렵부터 개념 자체가 틀린 것이다. 기업 경쟁력 개념은 별로 문제될 게 없으나, 국가의 경쟁력 개념은 성립할 수 없다. 첫째, 이윤 추구가 목표인 기업과 달리 국가의 기능은 매우 복잡하므로 국가 경쟁력이란 개념을 정의하기 어렵고, 둘째, 정치적으로 이용될 소지가 있으며, 셋째, 국가 경쟁력에 대한 집착은 국내 공공정책을 왜곡하고 국제 경제 체제를 위태롭게 할 위험이 있다"[83]는 것이다.

한마디로 국가 경쟁력과 그 순위라는 것은 기본적으로 '허망한 것'이고, 공공정책을 왜곡하려는 다분히 '의도적인 것'일 수도 있다는 말이다. 그런데도 한국의 보수 언론들은 세계 각국의 국가 경쟁력 순위가 발표되면 그 결과를 대서특필한다. 마치 우리나라는 조만간 후진국으로 추락하거나 뒤쳐져서 곧 망할 것 같이 몇 날 며칠을 떠들어대는 꼴이다.

세계 각국의 국가 경쟁력 순위는 기업인을 대상으로 설문조사하여 평가하는 것이기 때문에 무시해도 좋겠다. 누구를 위한, 무엇을 위한 경쟁력인가를 신뢰할 수 없기 때문이다. 하지만 자국의 다양한 사회적 · 경제적 지표를 기초로 하여 자체 평가하는 국가 경쟁력 수준은 좀 다를 것이다. 자기 나라의 국민들의 삶을 실제로 규정하고 있는 구체적이고 현실적인 지표를 반영하고 있는 만큼 어느 정도 설득력도 있고 객관적이기 때문이다.

문제는 경쟁력을 가타부타하고자 할 때 그 기준이 국가 경쟁력의 높고 낮음이라는 수치가 아니라 그 사회의 불평등 수준이 실제로 어느 정도인가라는 잣대로 접근해야 한다. 그래야 교육의 경쟁력이 되었든 국가의 경쟁력이 되었든 그런 결과와 지표에 신뢰를 가질 수 있다는 점이다. 사회의 불평등 상황이 해소되지 않은 채 국가 경쟁력의 순위가 올라간다고 해서 그 나라가 잘 사는 나라, 경쟁력이 높은 나라라고 단정할 수는 없다.

불평등 구조가 교육의 양극화를 부추긴다

그렇다면 한국 사회의 불평등 상황은 어느 정도일까? 2012년 기획재정부가 밝힌 〈2011년 국가 경쟁력 보고서〉와 통계청의 〈2011년 사회조사〉를 살펴보면,[84] "소득분배와 양성평등, 사회적 계층 이동 등의 형평성 지표는 모두 OECD 34개국 중 하위권"이었고, 우리나라 국민들이 "일생 동안 노력해도 본인의 사회적 · 경제적 지위가 높아질 가능성이 있다는 비율이 28.8%로 2년 전의 35.7%에 비해 낮아진 반면, 그 가능성이 낮다는 비율은 58.7%로 2년 전의 48.1%에 비해 갈수록 높아졌다." 한국 사회의 불평등 정도가 갈수록 확대 · 심화되고 있다는 말이다.

경제성장으로 인한 사회적 · 경제적 과실이 커지고 1인당 국민소득이 2만 달러로 증가했음에도 불구하고 사회적 · 경제적 지위 상승이 더욱 어렵게 되고 있다는 역설은 무엇을 뜻하는가. 경제성장의 과실이 사회 전체적으로 골고루 분배되지 못하고 어느 한쪽으로 쏠리고 있다는 것이다. 이런 쏠림 현상은 결국 빈익빈부익부라는 사회의 양극화를 낳게 되고, 부유층을 제외한 중산층과 하위계층에게는 삶의 고통과 압박으로 작용할 수밖에 없다. 그렇다면 중산층과 하위계층은 경쟁 사회에서 사회적 · 경제적 지위 상승을 위해 자신들의 경쟁력을 높이려는 노력을 더욱 강도 높게 시도할 것인가. 오히려 이들은 경쟁력을 높이려는 노력 이전에 '삶의 고통 그 자체'에서 벗어나려는, 경쟁 사회에서 살아남으려는 '현실의 일상적 고통'과 싸우는 것이지 '우리도 이제부터는 게으르지 않고 경쟁력을 길러야 한다'고 여기지는 않을 것이다. 불평등 사회 구조가 갈수록 확대 · 심화되고 있는 현실이 명백한데도, 자신의 나태함과 게으름, 능력 부족 등의 탓으로 돌리면서 경쟁력 쟁취에 뛰어들지는 않는다.

그래서 『88만 원 세대』에서 우석훈은 한국의 20대에게 "토플 책을 덮고 바리케이드를 치고 짱돌을 들라"고 호소도 했지만, 《한겨레신문》이 심층 인터뷰한 20대들 중 51.5%가 자신이 처한 문제점의 원인을 사회의 불평등 구조의 모순에서 찾기보다는 자신의 부족한 노력에 있다고 응답했다[85]고도 한다.

하지만 적어도 깨어 있는 사람이라면, 극단적인 경쟁 논리가 팽배한 사회에서 개인에게 책임을 돌리는 무책임한 논리를 쉽게 받아들이지 않을 것이다. 자신의 노력 부족 탓으로 돌리며 스스로 위안과 위로와 격려를 하기도 하겠지만, 불평등 사회 구조의 모순 해결을 위해 분노와 저항의 몸짓도 거부하지 않을 것이라는 말이다. 문제의 핵심은 개인과 가정의 문제가 아니라 만인의 만인에 대한 끝없는 투쟁만을 요구하는 경쟁 사회의 불평등 구조에서 기인한다는 점이다. 제아무리 경제가 성장하고 발전하며 1인당 국민소득이 2만 달러로 증가한들, 그 사회가 기본적으로 갈수록 불평등한 상황이 심화되어가는 경쟁 사회라면 언론과 정부, 그리고 학교와 기업이 요구하는 경쟁력은 국민을 우롱하는 기만에 불과하다. 자나 깨나 외쳐대는 '경쟁력을 향상시켜야 한다'는 논리와 주장은 또 하나의 우민화 정책에 불과하다.

예를 들면, 사회의 양극화와 더불어 교육의 양극화 문제가 그렇다. 우리는 대체로 미국이라는 나라를 떠올리면 소득격차도 사회적 · 경제적 불평등 수준도 우리나라보다 심하다고 여길 것이다. 물론 미국도 심각한 수준이다. 하지만 교육의 양극화 문제와 관련해서는 미국보다 우리나라가 훨씬 심각하다. 고려대 김경근 교수가 분석한 〈부모의 사회적 · 경제적 배경과 학생의 학업성취도의 관계〉[86]의 내용은 이렇다.

"우리나라에서는 사회적 · 경제적 배경이 좋을수록 성적은 좋게 나타났다. 또 1999년에서 2007년 사이 유복한 집안 출신의 학생 성적은 자꾸 올라가는 반면, 가정환경이 불우한 학생들의 성적은 점점 내려가는 경향이 나타났다. 이른바 '교육 양극화' 경향이 날 것 그대로 나타났다. 예를 들어 사회적 · 경제적 조건이 가장 좋은 0.1%와 가장 불우한 0.1%의 평균점수 격차는 1999년에 155점이었지만, 2007년에는 192점까지 벌어졌다. 최고 부유층의 성적은 8년 사이 28점이 올랐지만, 극빈층 학생의 성적은 9점 떨어졌다. 교육의 양극화로 치면, 미국은 우리보다 평등한 국가였다. 미국도 부유층 출신

학생일수록 학업성적이 좋았지만, 부유층과 극빈층의 격차는 우리나라보다 적었다. 미국 쪽의 자료를 보면, 0.1% 부유층과 0.1% 극빈층 학생의 성적 차이는 우리나라의 거의 절반 수준이었다." 비단 교육의 양극화 문제만도 아니다. 우리나라 국민들의 '삶의 질적 수준'도 전혀 다르지 않다. 한국보건사회연구원이 국가행복지수NIW를 바탕으로 각국의 행복 수준을 측정한 결과를 보면, 우리나라는 높은 경제성장의 결과 세계 11위의 경제 강국으로 부상했음에도 OECD 회원국 30개국 가운데 25위에 머물렀다. 이는 기획재정부의 〈2010년 국가 경쟁력 보고서〉[87] 내용에서도 그대로 드러난다. 경제성장으로 선진국과 경제적 격차를 줄였다고는 하지만 국민의 삶의 질과 직결된 사회복지 등에서는 최하위 수준이다. 2007~2009년 한국의 평균 경제성장률(2.5%)은 OECD 회원국의 평균(0.4%)을 훨씬 웃돌았는데도 국내총생산 대비 사회복지 지출 비중은 8.3%(2008년 기준)로 OECD 평균(20.6%)의 1/3 수준에 불과했고, 연평균 근로시간도 2,255시간(2009년 기준)으로 OECD 회원국 중 가장 길었으며, 자살률도 인구 10만 명당 28.4명으로 가장 높았다.

특히 국민의 삶의 질에 매우 직접적이고 현실적인 고통으로 다가오는 '국민의료비 중 공공지출 비율과 가계부담률'을 비교해보면,[88] 우리나라는 국민의료비 중 공공지출이 차지하는 비율이 가장 낮은 멕시코(45.2%)와 미국(45.4%)에 이어 54.9%로 OECD 평균(72.8%)에도 미치지 못하고 있다. 이러한 결과는 당연히 가계부담률의 증가를 불러와 서민들에게는 현실적 삶의 고통으로 다가올 수밖에 없다. 국민의료비 중 가계부담률이 세계에서 가장 높은 나라는 멕시코(51.5%)

이고, 우리나라(35.7%)는 두 번째로 OECD 평균(18.3%)보다 훨씬 높다. 건강보험 보장 비율도 선진국의 90%에 비해 60% 수준에 머물고 있고, 실제 소득이 최저생계비 미만인 빈곤층이 400만여 명에 이른다는 지표는 한국 사회의 불평등 수준이 얼마나 심각한가를 보여준다. 선진국의 경우 "사회보험과 조세 등으로 재원이 마련되는 국민 의료 분야는 거의 무상에 가깝다. 영국은 1948년부터 무상 의료 시스템을 전면 시행했고, 스웨덴, 덴마크, 독일, 프랑스, 핀란드 등 유럽 선진국에서는 환자 부담이 거의 없다."[89] 선진국들은 선별적 복지가 아닌 보편적 복지정책으로 불평등과 빈곤에 따른 사회의 양극화 문제를 누그러뜨려왔다. 왜 그랬을까?

보편적 복지정책이 정답이다

선별적 복지정책 대신 보편적 복지정책을 추진하는 것이 오히려 경쟁력 향상에 더 도움이 되기 때문이다. 즉 빈곤 문제와 사회적 · 경제적 불평등 문제가 해소되지 않고 양극화로 심화 · 확대될 경우 국가 발전을 저해하는 장애물이 되고, 더욱 중요한 것은 경쟁력에 있어서도 개인의 경쟁력은 물론 국가 차원의 경쟁력도 떨어뜨리기 때문이다. 선별적 복지가 아니라 보편적 복지를 선택한 대표적인 사례 하나를 보자. '아동수당지급'이 그것이다.

"전통적 복지 선진국인 유럽 국가들은 물론 최근에는 아프리카 국가들까지 확산돼 현재 90개국이 도입했다. OECD 국가 가운데 아동수당 제도를 도입하지 않은 나라는 미국, 터키, 멕시코와 우리나라

뿐이다. 스웨덴은 16살 이하 모든 아동에게 월 950크로나(약 12만 원)의 기본 아동수당을 지급하고, 16살 이후에도 학생에게는 연장 아동수당을 준다. 일본도 1971년 아동수당이 도입됐으며, 올해 3월부터는 소득 제한 없이 15살 미만 자녀 보호자에게 매달 2만 6,000엔(약 36만 원)을 지급하고 있다."[90]

선별적 복지가 아닌 보편적 복지정책으로, 촘촘한 사회 안전망을 갖춘 나라들일수록 개인에게 책임을 떠넘기는 사회보다 개인 경쟁력과 국가 경쟁력이 높다. 이러한 사실은 이미 보편적인 현상으로 받아들이고 있다. 촘촘한 사회 안전망과 보편적 복지정책의 추진 등으로 상대적 빈곤 문제와 고착화되어 가고 있는 사회적 · 경제적 불평등 문제를 해결하면 오히려 경쟁력을 높여준다는 사실이 이미 밝혀졌다. 그런데도 우리나라는 아직도 부자 감세 정책이 지속되고 있고, 보편적 복지정책은 언감생심이고 선별적 복지정책을 추진하려는 것마저 강한 반대와 저항에 부딪치고 있는 현실이다.

상대적 소득 수준과 사회적 격차는 불평등의 주요 원인이 되며, 동시에 사회의 신뢰도 추락, 인간관계의 미형성, 자살과 범죄, 폭력의 증가 등의 사회 문제를 양산한다. 그 나라의 경제적 수준이 아니라 그 사회의 불평등 수준과 격차가 얼마나 크고 심각하느냐의 문제가 사회 전체에 큰 부담으로 작용한다. 영국 노팅엄대학의 리처드 윌킨슨 명예교수는 육체적 · 정신적 건강을 회복할 수 있는 최고의 치료제는 불평등 해소에 있고, 불평등 해소는 곧 복지에서 출발해야 한다고 말한다. 사회적 불평등 정도가 심한 사회일수록 국민의 삶의 질을 개선하기 위해 노력해야 하고, 이는 경제성장에 매달리는 것이 아니라 심리적 · 사회적 복지정책을 강화해야 한다는 것이다.

> "삶의 질을 실제로 개선하고자 한다면 관심의 초점을 물질적인 지표와 경제성장에서 사회 전체의 심리적 · 사회적 복지로 옮겨야 한다. 그러나 사회적이고 심리적인 이야기를 하는 사람들은 주로 개인적인 치료나 처방을 이야기하는 데 그치기 십상이다. 정작 중요한 사회적이고 정치적인 사고로 이어지지 못하는 것이다. …(중략)… 소득격차의 정도는 우리가 타인과 어떤 관계를 맺는가에 막대한 영향을 미친다. 부모, 종교, 가치, 교육, 형벌 제도가 아니라 사회적 불평등 정도가 우리 모두의 심리적 복지에 엄청난 영향을 미친다. …(중략)… 경제성장이 우리를 위해 무엇인가를 줄 수 있는 시기는 끝났다. 수천 년 동안 인류는 인간의 삶의 질을 향상시키기 위해 물질적 생활수준을 끌어올리는 것을 최우선으로 삼았다. 기아와 굶주림에 시달리던 시기에는 물질이 풍부한 때가 좋은 시절이었다. …(중략)… 진보의 동력이었던 경제성장은 많은 선진국에서 이미 그 임무를 마쳤다. 경제성장과 더불어 평안과 행복이 증대하던 시대도 끝났다. 뿐만 아니라 부유한 사회가 더 부유해질수록 스트레스와 우울증 및 각종 사회 문제가 장기적으로 늘어가고 있다."[91]

심리적 차원이든 정신적 차원이든 국민들의 삶의 질이 갈수록 떨어지고 삶 자체가 위험과 추락의 나락으로 떨어진다면 그들에게 경쟁을 요구할 수 없다. 아니 개인의 경쟁력을 기르기 위해 각종 자격증과 어학 실력, 인턴 경험 등 온갖 '스펙'을 쌓는다고 해서 해결될 문제가 아니다. 모든 문제를 개인의 책임과 무능력의 탓으로 돌리면서 경쟁 논리를 심리적으로 압박하는 사회 풍토, 갈수록 심화되어 가고 있는 한국 사회의 불평등 구조가 지닌 모순들을 혁파해야 한다. 비정규직을 포함한 노동시장의 양극화 해소, 재벌 개혁, 빈곤 문제 해결 등 보편적 복지 실현을 위한 뒷받침이 수반되어야 교육 경쟁력이든 국가 경쟁력이든 참된 의미의 경쟁력을 기대할 수 있다.

영국의 윌킨슨 교수는 "우리가 유토피아나 인간이 도달할 수 있는 완벽한 사회를 그리는 것은 아니지만, 평등 수준을 높이면 최고의 직업군, 최고 부유층, 가장 교육 수준이 높은 계층에게도 현저한 이득이 돌아간다"며 복지 효과야말로 인간이 이뤄낸 성취라고 강조하고 있다.

> "사회적 지위의 격차가 크게 벌어지면 우리가 아는 사회 문제들이 대부분 증가하는 경향이 있다. 오랫동안 사람들은 직관적으로 불평등이 사회의 분열을 낳고 기반을 잠식한다고 생각해왔다. 우리의 연구를 통해 이런 직관이 우리가 생각했던 것보다 더 진실에 가깝다는 점을 확인할 수 있다. 물론 평등의 수준을 높이면 빈자에게 가장 많은 혜택이 돌아가는 것이 사실이다. 그렇지만 부자들에게도 혜택이 돌아간다. 사람들은 종종 소득 상위 10%에게도 혜택이 돌아간다는 데 놀라기도 한다. 불평등한 사회에서 나타나는 건강 및 사회 문제는 빈곤층뿐 아니라 전체 계층에 영향을 미친다. 불평등이 심한 사회에서는 높은 지위에 이르기 위한 경쟁이 더욱 격해지고, 그 과정에서 불안은 사회 전체에 두루 퍼진다. 물론 그 파급은 상류층에도 미친다. (불평등을 해소하고 평등 수준을 높이기 위해서는) 단기적으로는 누진세를 도입하거나 사회복지 혜택을

늘리는 것이 좋다."[92]

윌킨슨 교수의 언급처럼, '존재하지도 않고 존재할 수도 없다'는 유토피아를 주장하는 것도 아님에도, "평등 수준을 높이면 최고의 직업군, 최고 부유층, 가장 교육 수준이 높은 계층에게도 현저한 이득"이 돌아가는데, 왜 불평등 사회 구조의 해소가 어려운가. 자본과 부유층들이 과세를 거부하면서 "감세를 환영하라," "기업이 정부에 세금을 낼 수 있는 유일한 방법은 그 짐을 누군가에게 떠넘기는 일이다"라고 거세게 저항하고 있기 때문이다.

"부자들은 감세로 가처분 소득이 늘어나도 소비를 늘리기보다는 증가한 소득을 저축하거나 장롱 속에 집어넣기 마련이다. 불평등 해소를 위한 과세는 흔히 '거위를 울지 않게 하면서 깃털을 뽑아내는 기술'이라고 하는데, 감세는 거위를 울리기는커녕 더 즐겁게 해줄 뿐이다. 물론 세금이라는 털을 뽑아낼 수 있는 거위는 많은 부자들뿐이다. 부담을 떠안게 될 사람은 거위 털을 느닷없이 요구받게 될 중하위계층 소득자들이다."[93] 그러므로 불평등 사회 구조가 갈수록 심화되거나 고착화되어 가는 사회에서의 경쟁력은 '자본의, 자본에 의한, 자본의 이익을 위한' 경쟁력이라 할 수 있다.

"경쟁이 없는 사회는 없었다. 하지만 근대 자본주의에 들어서자 경쟁은 인간을 정의하는 이념이 되어버렸다. 경쟁이 자연의 법칙이고 인간의 본성에 가깝다는 이론은 18세기부터 부르주아 사상가들이 펼친 주장이다. 인간은 원래 탐욕스럽고 이기적인 존재이고, 박애나 덕이나 사랑은 종교적 사상으로 본질을 숨기려는 위선이라는 것이다. …(중략)… 또 한 가지 명백한 것은 경쟁은 독점을 낳고, 독점은 더 큰 시장과 경쟁을 추구하게 되어 결국 끝없는 독점을 향한 의지로 남는다는 것이다. 큰 기업들을 중심으로 모든 경쟁 구조가 잡혀 있는 현대의 상황에서 경쟁은 인간을 경쟁의 주체도 아닌 도구와 수단으로 만든다. 경쟁이 이 시대의 삶의 양식으로 자리매김하게 된 이유는 과학적 근거나 깊은 인간 이해보다는 이데올로기의 작용 때문이다. …(중략)… 마르크스의 지적대로 지배 세력의 이데올로기는 그 시대의 정신으로 전파되어 통용된다. 나아가 시대의 정신을 넘어서 인간의 본래적인 모습으로 둔갑하기도 한다. 글로벌 자본주의 시대에 '경쟁'이 바로 그런 역할을 한다. 이에 대한 비판은 현실을 무시한 이상주의로 취급받는다. 빈부의 격차가 확연한 상태에서 강요된 경쟁은 당연히 계층 간의 차이를 더 벌려놓고, 불안과 불신의 갈등을 조장한다. 그 갈등은 민주주의적 절차로도 해결하기 힘들다. 자본주의의 경쟁 법칙이 민주주의의 정신을 대체하기 때문이다. 경쟁의 정신을 체득하게 되면 경쟁에서 밀린 사람들은 그 결과를 체념으로 받아들이게 되고, 주체적인 정신을 잃고 대상과 도구로 전락한 피지배계층이 될 위험이 있다."[94]

참된 교육 경쟁력은 불평등 해소에 달려 있다

지금 우리의 현실이 바로 그렇다. 한국 사회뿐 아니라 지구적 차원에서 자본의 경쟁 논리가 불변의 진리인 양 전 세계를 구석구석 배회하며 인간을 자본과 자본가의 이윤 추구를 위한 도구적 존재로 내몰고 있다. 정부와 기업, 대학, 언론 등 거대한 시장 네트워크의 지원 아래 자본에 의한 시장의 경쟁 논리가 더욱 정교해지고 노골화되고 있다. 이런 경쟁 사회에서 불평등 구조의 해소는 요원한 일일 수도 있다. 가난한 사람이든 부유한 사람이든, 공공부문이든 민간부문이든 가릴 것 없이 국가와 지역, 그리고 개인들 모두가 시장이 요구하고 압박하는 경쟁적 성공 신화의 메커니즘에 따라 움직이고 있기 때문이다.

지금 신자유주의 자본시장은 경쟁이 유일한 삶의 철학이고, 경쟁 사회에서의 성공 신화 창조를 찬양하며, 불평등 사회의 영원함을 노래 부르며 폭주하고 있는 꼴이다. 왜 사회의 불평등 구조와 모순이 경쟁력을 떨어뜨리고, 또한 역설적으로 그러한 불평등 구조와 모순을 해결하는 것이 도리어 사회 전체적인 경쟁력을 높일 수 있다. 불평등이 심한 사회일수록 낮은 기대 수명과 건강, 정신 질환, 살인과 폭력, 영아 사망, 사회구성원 간의 신뢰도 등 각종 사회 문제를 야기할 가능성이 매우 높다. 요컨대 불평등 구조가 심한 사회에서는 사회의 구조적 모순에서 경쟁력의 차이가 발생하는데도 그 문제를 개인의 책임으로 돌린다. 이는 경제성장주의에 기대어 해결될 수도 없는 것이기 때문에 보편적 복지정책을 확대하고 강화해야 한다. 특히 우리나라는 1997년 외환위기 이후 "산업화 시대 초기의 빈부격차와 전혀 다른 성격의 불평등 구조가 고착화하기 시작했고, 중산층의 하향 빈곤화 추세도 높아지면서 불평등과 양극화의 골이 훨씬 넓고 깊어졌다." "빈곤화의 핵심이라 할 수 있는 고용 불안이 빠른 속도로 악화되어 가고 있고, 상하위계층 10%의 임금격차는 5.1배로 OECD

국가 중 가장 심하다. 비정규직 임금(남성 53.2%, 여성 36.7%)과 정규직 여성 임금(66.3%)이 정규직 남성 임금(100%)의 절반에 불과할 정도로 고용 불안과 차별도 심하다."[95] 어느 사회에서든지 불평등 구조를 안고 있는 사회는 불평등을 해소한 사회, 또는 불평등을 해소해 가는 사회보다 높은 경쟁력을 낳을 수 없다. 또한 불평등은 어떤 수사학적 논리로 치장한다 하더라도 평등의 가치와 효과를 넘어설 수 없다.

그런데 한국 사회에서는 평등과 불평등 개념을 흑백 논리나 레드콤플렉스의 이념 논쟁으로 몰아가는 경우도 있다. 참으로 안타깝고 한심한 병리적 현상이다. 결국 불평등 사회에서 요구되는 경쟁력은 불순한 요소를 감추고 있는 왜곡된 경쟁력이며, 과정을 무시한 채 결과에 대해 개인에게 무한 책임을 돌리는 '느닷없는 깃털 뽑힘 경쟁력'이다. 그러므로 참된 경쟁력, 우리 모두가 추구해야 하고 추구하고 싶은 경쟁력이나, 참된 의미의 교육 경쟁력을 높이려면 한국 사회의 불평등 사회 구조와 모순을 해결하는 일에서부터 출발하지 않으면 안 된다.

"근본적으로 교육의 사회적 · 경제적 계층화 효과가 존재하는 한 교육에 대한 과잉 수요는 막기 어렵고, 한국처럼 과잉 수요가 극심한 경우에는 교육개혁이 결코 쉽지 않다. 이럴 경우 교육개혁은 교육 그 자체를 아무리 수술하더라도 성공하기 어렵고, 교육 바깥쪽의 개혁, 즉 사회적 · 경제적 불평등에 대한 개혁이 있고서야 비로소 가능할 것이다. 정부가 지금까지 한 해가 멀다 하고 새로운 교육개혁안을 내놓고 있는데도 불구하고 우리의 교육이 개선되기는커녕 오히려 후퇴 일로를 걸어온 게 아닌가 하는 의구심이 드는 것도 바로 여기에서 그 연유를 찾을 수 있을 것이다."[96] 아이들의 교육 성취도와 경쟁력의 수준을 높이려면 국가는 사회적 기울기, 즉 불평등 수준을 대폭 낮추려는 노력을 해야 한다. "복지국가의 역사가 오래된 나라에서 교육 성취도가 더 높았고, 복지정책이 강한 국가일수록 아이들의 평균점수도 높고 읽기 능력의 사회적 불평등도 낮았다."[97] 그러므로 사회적 불평등과 모순을 해소하는 일이 실질적인 교육 경쟁력과 교육 성취도를 높이는 매우 절실하고 주요한 요인이다.

4. 교육과 국가의 경쟁력은 대학의 경쟁력이다

대학이란 무엇인가? 이 질문에 대한 해답은 인류의 역사에서 대학이 출현하게 된 배경과 이유에서 찾아야 하지만 그 설립 이유와 지금 우리의 대학 현실을 비교해서 생각하면 참으로 답답하다. 최초 대학이 출현한 배경과 이유를 따지자면 오늘날 한국의 대학에 대한 회의와 한숨부터 앞서기 때문이다. 동양에도 대학 역사가 있겠지만 현대 사회의 실질적인 대학 체제와 모습을 갖추게 된 것은 서구의 대학 역사에서 비롯되었다고 해도 과언이 아니다. 곧 서구 대학의 역사가 오늘날 현대 사회의 대학의 목적과 사명, 본질, 그리고 대학 체제의 기본적인 뼈대를 만들고 규정한 경향이 보다 더 크다는 의미이다.

특히 한국 대학의 목적과 사명, 본질, 그리고 체제 등은 12세기에 시작된 서구 대학의 역사와 맥락을 같이 한다. 물론 중국과 우리나라의 역사에서도 대학의 역할과 기능을 수행했던 모습이 전혀 없었던 것은 아니다. 삼국 시대 때 고구려 소수림왕 2년(372년)에 설립된 귀족 자녀 대상의 국립교육기관인 대학太學이나 민간 사립교육기관인 경당扃堂, 신라 시대의 화랑도花郎道와 국학國學, 고려 시대의 국자감國子監, 발해의 주자감冑子監, 조선 시대의 성균관成均館 등이 있었다. 하지만 이들은 오늘날 한국 대학의 성립에 비춰봤을 때 정신적 · 물질적 토대나 사상적 · 민족적 기원 등과 역사적 맥락을 같이 한다고 할 수 없다. 한국의 대학은 해방 전후를 배경으로 일본과 미국이라는 외부 세력이 이식한 대학의 역사가 시작되기 때문이다.

'방랑하는 지식인들'과 대학의 탄생

이석우는 『대학의 역사』에서, 유럽의 서구 사회에서 대학의 출현 배경과 원인, 그리고 중세대학의 특징을 이렇게 말한다. "대학은 서양 중세의 산물이다. 그리고 대학은 세워진 것이 아니라 형성된 것이다. 대학은 고정된 제도가 아니라 살아서 꿈틀거리는 생명체라 할 수 있다. 토론과 발표, 세미나를 중심으로 한 논쟁 중심의 학문도 그 뿌리를 찾아 올라가면 스콜라 철학의 찬반논쟁에서 그 전통을 찾을 수 있다. 서구 중세 문화의 유산 중에서 가장 대표적인 것이 대학이다. 고대에는 아테네에 아카데미아가 있었고, 더 가까이는 9세기에 샤를마뉴가 세운 카롤링거 궁중학교가 있었다. 그런데 왜 대학은 구태여 12세기 중세의 산물이라고 하는가?"[98] 대학이 출현할 당시 유럽 사회에는 정치적 힘을 가진 '왕권'과 유럽 사회를 지배했던 교황을 중심으로 하는 '기독교 지배권,' 그리고 '대학'이 있었는데, 중세 대학의 출현은 그 당시 유럽 중세 사회의 변화 움직임, 사상 의식의 변화, 도시의 성장과 인구의 증가, 라틴어만이 아닌 지역의 언어 사용 등과 같은 문제와 무관하지 않았다는 것이다.

특히 십자군 운동과 그에 따른 이슬람 세계의 문물을 접하는 계기로 인해 외국의 책과 사상, 과학에 깊은 관심을 갖게 되자 "사람들은 또 다른 세계가 있다는 것을 실감하게 되었고, 외부 세계에 대한 관심은 곧 자기에게 눈을 돌리게 하였으며, 지구의 다른 부분에 대한 관심 못지않게 자연과 우주에 대해 새로운 의문을 제기하였다."[99] 한마디로 유럽이라고 하는 자기만의 좁은 세계에 갇힌 중세 사회에 지각 변동을 일으키기에 충분한 새롭고도 신선한 자극제로 작용하였다. 중세 사회의 외적인 제도 변화와 더불어 개인의식에도 큰 변화가 일어나기 시작하면서, 세계에 대한 인식을 신神의 권위에서 시작하려는 것이 아니라 자기로부터 시작하려는 개인들이 늘어나기 시작했다. 또한 자신의 운명과 인류의 운명에 대해서조차도 신의 가르침이나 계시에 무조건 의존하려는 수동적인 태도에서 벗어나 자신의 판단 기준과 사상을 가지려는 움직임이 매우 두드러졌다. 이러한 움직임은 개인들의 집단인 소위 '방랑하는 지식인들'이 폭발적으로 증가하면서 더욱 현실화되기 시작했다.

'방랑하는 지식인들'은 "권위와 맹목적인 믿음에 순종하며 교회와 정치의 성벽에 갇혀 있던 세계에서 스스로 벗어남으로써 무한한 자유를 누리고, 삶의 진실에 가까워지고자 했다. 그들은 기존 질서와 사회가 제시했던 특혜를 거부하고, 자신들을 해방시키며 목적 없이 이 지역 저 지역으로 떠돌아다니면서 뜻에 맞는 지식인과 문화를 찾아가고, 사랑과 세속의 성을 즐기는 일도 서슴지 않았다. 그들에게 중요한 것은 삶의 진실을 찾는 것이지, 삶의 규격에 맞추어 자신을 왜소화하는 일이 아니었다. 버리기 전에는 두려운 것이지만 한번 버린 다음에는 오히려 자유롭고 홀가분하다. 그곳에서 이상한 힘까지 배출되고 있었다."[100]

요컨대 '방랑하는 지식인들'이 새로운 지식과 문화를 갈구했던 "궁극적인 목적은 종교나 도덕의 정립된 가르침에 경사되거나 구애됨이 없이 인간과 사회에 대한 완벽하고 객관적인 이해에 도달"하려는 데 있었다. 그래서 당시에는 "모든 것을 배워라. 그런 다음 뒷날 되돌아보면 배워서 헛된 것은 아무것도 없다. 제한된 지식에는 즐거움이 없다"거나 "배움 없이 사는 것은 죽음이나 산 채로 매장된 것과 다름없다"는 억제할 수 없는 지적 탐구욕이 불길처럼 타오르는 사회를 반영했다.

'방랑하는 지식인들'은 끓어오르는 지적 탐구욕과 비판적 문제의식을 바탕으로 새로운 변화의 흐름을 주도한 집단적인 세력으로서 유럽의 중세 사회를 반영하고 있었고, 바로 이런 분위기가 대학의 형태로까지 이어지게 되었다. 이런 배경에서 등장한 유럽 중세 사회에서의 대학은 지배계층의 유지에 기여한 부분도 있지만 동시에 역사, 정치사상, 신학, 자연과학 등에 비판적이고 학문적 추구와 접근을 줄기차게 시도하면서 지배계층을 붕괴시키기도 하였고 비판적 지식인 양성에도 크게 기여했다.

이와 같은 유럽 중세 사회의 대학의 역사가 보여주는 시사점은 무엇일까? 가장 중요한 것은 대학의 정신이 진정 무엇인가를 알려주는 것이라고 생각한다. 진리 탐구를 향한 지칠 줄 모르는 지적 욕구와 열정, 기존 체제가 부여하는 특혜나 편안함에 안주하지 않고 끊임없는 의문과 비판의식으로 새로운 세상을 향한 배움에의 의지와 노력, 지배적인 정치권력과 지배 이데올로기의 조종에 굴하지 않으려는 학문 탐구를 위한 자유의지 등이 대학의 진정한 정신이라고 생각한다. 물론 지금 우리의 현실 사회로 눈을 돌려보면, 진리 탐구가 대학의 모든 것일 수는 없다.

그렇다고 대학이 진리 탐구와 새로운 세상을 향한 도전과 노력을 포기해서도 안 된다. 12세기 유럽 중세 사회에서 대학이 출현할 당시에도 대학이 직업 훈련 기관이냐, 진리 탐구 기관이냐에 관한 논쟁이 있었다고 한다. 대학은 취업이라는 직업 훈련 기관의 역할을 포기해서도 안 되겠지만, 학문의 자유를 이끌어가면서 지적 탐구와 진리 추구를 소홀히해서는 결코 안 된다. 어느 시대, 어느 사회를 막론하고 대학은 진리 탐구와 학문의 자유 정신을 바탕으로 창의적 정신과 비판의식을 무기로 새로운 가치를 제시하며 시대 변화를 이끌어가는 그 사회의 중심체여야 한다. 그렇지 않은 경우 대학은 한낱 사설 직업훈련소나 다름없다. 18세기 이후 서구 대학의 역사는 진리와 현실 사이에서 펼쳐진 논쟁의 역사였고, 그러한 역사 속에서 드러나는 대학의 형태는 크게 세 가지 형태[101]로 분류된다. 이들은 국가주의나 민족주의와 결탁한 대학과 과학 정신의 구현을 목적으로 하는 대학, 산업 발전을 통해 국가를 섬기는 대학이다. 그리고 마지막으로는 최근에 볼 수 있는 형태로서 기업주의를 모델로 하는 대학이 있다.

거꾸로 가는 한국의 대학

지금까지 수백 년에 걸친 대학의 역사를 매우 간략하게 살펴보았다. 그렇다면, 오늘날 우리나라 대학의 현실은 어떠한가? 나는 이렇게 생각한다. 다소 주관적인 느낌이 있는 내용이지만 장문의 연결체로 이렇게 말하고 싶다.

"한국 사회의 왜곡된 교육열과 출세주의, 그리고 학벌주의에 기대어 대학 서열을 유지하기에 급급하고, 고등학교 3학년 학생들의 대입성적이 만들어준 대학 서열화의 구조 속에서 온갖 특혜와 단물을 빨아먹는 무임승차의 안일함에 젖어있고, 대학에 입학한 학생들을 잘 가르쳐 대학 교육의 질을 높이려는 노력보다는 성적이 좋은 학생들을 신입생으로 입도선매하려는 선발 경쟁에만 눈독이 멀어 있고, 명문이라 칭하는 대학들은 경쟁적 입시를 더욱 심화시키는 '약탈 체제의 집행기구'라는 혹독한 비판까지 듣기에 이르렀고, 대졸자의 취업률을 높이기 위해 뻥튀기와 온갖 거짓 수법으로 부풀리는 일은 이제 일상이 되었고, 학문 탐구의 정신은 실종된 채로 각종 고시와 기업체에의 취업준비생을 만들어내는 직업 기관으로 전락해버렸고, 학생들을 가르치려는 노력보다는 어떻게 하면 돈을 더 많이 벌어들일 수 있을까에 골몰하며 부동산 투기를 일삼고 그리하여 등록금이 미국에 이어 세계 2위 국가라는 오명을 낳게 하였고, 연구와 대학의 질적 수준을 높이려는 열정과 노력보다는 외부기관에서 실시하는 대학평가순위 발표에 놀랄 정도의 예민한 촉각을 드러내는 것이 오랜 버릇이 되어버렸고, 세계 속의 대학이 되기 위한 경쟁력 향상을 위한 노력을 보여주기는커녕 고등학교의 교육 경쟁력이 낮다고 아우성치며 적반하장을 밥 먹듯 일삼고 있고, 고등학교가 대학의 내국적 식민지로 전락해가고 있다는 사실을 뻔히 알면서도 모르쇠로 일관하며 고등학교의 교육에 대해 자나 깨나 질타하기 일쑤고, 대학으로서 고등교육에 대한 공공성 제고와 사회적 책임성에 대한 성찰은 뒷전으로 내팽개쳐버린 지 이미 오래되었고, 대학의 사회적 책임성과 대국민적 신뢰도부터 먼저 높이려는 노력도 없이 막무가내로 외국처럼 우리에게도 대학의 자율성을 보장해달라고 아우성이고, 수많은 대학생들이 그토록 하고 싶은 공부를 하고자 해도 학교를 그만두거나 휴학 등으로 저임금 노동시장에서 밤낮으로 젊음을 소진해도 어느 누구 하나 반값 등록금 실현을 위한 권력 비판을 하는 사람 찾아보기 힘들고, 그렇지만 권력과 자본의 눈치를 살피며 그들의 비위를 건드리지 않으려는 몸짓은 꽤나 많은 것 같고, 이제는 더 이상 이대로 둘 수 없다며 개혁이 대학을 살리는 길이라는 주장에는 귀를 틀어막으며 애써 외면하는 한국의 대학들, 학문의 자유를 외치고 경쟁력을 주장하면서도 걸핏하면 외국대학으로 달려가서 연구교수니 교환교수니 그럴싸한 이름은 잘도 붙여가며 재충전하러 나가는 달리기 경주에 급급한 일부 교수들 ……. 희망이 없는 강의실은 이제 벼랑 끝으로 내몰리는 형국으로 치닫고 있는데도 오랜 세월 누렇게 찌든 강의 노트를 신주단지 모시듯 하면서 (대학생을 제외한) 대학 구성원 자신들의 밥통에만 관심을 갖는 한국의 대학에서, 무슨 경쟁력을 이야기할 수 있으며, 어느 누가 이제는 희망의 꽃을 피울 수 있다는 믿음을 확신할 수 있으며, 그래도 믿을 것은 대학밖에 없다고 자신 있게 말할 수 있겠는가"라고 말이다.

지금까지 길게 열거한 대학의 모습은 내가 생각하는 주관적인 인상과 느낌, 그리고 풍경에 대한 단상이다. 도대체 한국 사회에서 대학이란 무엇인가라는 고민에 다다르면, 이러한 인상과 느낌이 지워지지 않는 이유가 뭘까. 그래서 다시 질문을 던져본다. '한국의 대학, 이대로 좋은가?'

파행과 부실 수업, 시간 때우기와 형식적 학점 따기 수업으로 겉돌고 있는 대학의 강의실 풍경을 보면 한국의 대학 교육의 실상을 적나라하게 확인할 수 있다. "대리 출석을 한다. 출석 점검이 끝나면 썰물과 같이 강의실을 빠져나간다. 수업 중간이나 마지막에 출석 점검을 하면 거기에 맞춰 강의실에 들어온다. 불시에 출석 점검을 하면 급히 수업에 들어오지 않은 학생들에게 문자 메시지를 보낸다. 옆 사람과 끊임없이 떠든다. 수시로 강의실을 들락거린다. 휴대전화로 통화를 하거나 문자 메시지를 주고받는다. 인터넷이 가능한 강의실에서는 강의 중에 인터넷 서핑을 하거나 홈쇼핑을 한다. 수업과 관계없는, 취직 시험이나 자격증 취득 또는 다른 대학에 편입하기 위한 공부를 한다. 멍청하게 강의실 밖을 바라본다. 그냥 엎드려 잔다. 시험에서 부정행위를 한다. 리포트를 베껴낸다. 그밖에도 여러 가지 풍경을 더 추가할 수 있다. 아마 외국인들이 한국 대학의 강의실을 한 번 본다면 한편의 코미디나 부조리 극 또는 초현실주의 연극을 보는 느낌이 들 것이다."[102]

이에 대해 미국 시카고대학의 서보명 교수는 『대학의 몰락』에서, 대학을 자본주의 체제하에서 생산과 판매의 기업주의 모델로 이해할 경우, 이는 대학의 정신과 매우 동떨어진 것이라고 비판하면서 대학의 존재에 대한 강력한 문제 제기를 한다. "현대 자본주의 체제는 생산과 소비, 그리고 경쟁이라는 이념에 따라 대학이 움직이기를 요구한다. 학문의 이상은 인간에게 초월적인 숭고함이나 이타적인 삶을 추구하도록 하지만, 자본주의 이념은 철저하게 물신주의의 이윤과 소비 행위만 앞세운다. 이와 같은 시대상에 함몰된 대학은 몰락의 길을 걸을 수밖에 없다. 대학의 학문과 제도를 기업 자본주의의 생산과 판매의 모델로 이해하는 것은 오래된 대학의 자의식과 너무나 동떨어진 것이다." 그러면서 그는 대학의 존재에 대해 이렇게 말한다.

"대학이 현실, 그것도 체제를 섬기는 하부조직으로 전락했을 때, 대학이란 이름으로 불릴 수 있을까 하는 문제다. 대학이 '체제와의 비판적 거리'를 유지하지 못하면서 주장하는 자율을 '밥그릇 싸움' 그 이상이라 할 수 있을까? 정신과 이상의 가치를 이념으로 생각하지 않는 대학을 대학이라 할 수 있을까? 정신과 이상의 가치를 무엇보다 앞세우는 대학이 현재 가능할 것인가? 그런 가능성이 없을 때, 대학은 어디에서 존재해야 하는가"[103]라고.

돈에 함몰된 한국의 대학

그러나 지금의 대학은 국제기구와 언론기관에서 발표하는 순위 높이기 경쟁이나 효율성과 생산성 높이기 경쟁으로 치닫고 있는 것도 사실이다. 대학이 기업 자본주의 논리에 편승해서 기업화되어가고 있다는 지적이나 세계 100대 대학에 진입하기 위해 몸부림을 치는 것 등이 그렇다. 언론사들의 국내 대학평가순위가 기업자본과 결탁하여 대학 교육의 획일화를 조장하며 사적인 광고 수익 창출에서 비롯되고 있음에도, 대학들은 특성에 맞는 발전 계획이나 경쟁력을 높이려는 움직임에는 손을 놓고 있는 실정이다. "경쟁과 효율성과 순위는 교육과는 아무런 관계가 없는 공허한 기표"[104]에 지나지 않는데도 말이다.

서보명 교수는 미국의 예를 들면서 이렇게 말한다. 대학의 순위 정하기 경쟁은 1980년대 중반 레이건 대통령의 보수주의 혁명이 절정에 달할 때, 사회적 비판의 공간이었던 대학을 죽이려고 의도적으로 만든 것이란다. 당시 미국에서 1960년대 좌파 운동의 본산지였고, 좌파 지식인들의 피난처였던 대학에 대한 보복에서 출발했다고 한다. 순위 경쟁의 결과 대학들은 자본주의를 섬기는 대학으로 변해가기 시작했고, 교육을 상품으로, 교육 행위를 무역으로, 대학은 판매 가치가 있는 상품을 만들어내는 기업으로 그 정체성이 약화되었다. 즉, 대학을 자본주의의 도구나 하부조직으로 만들겠다는 보수적인 정치 세력과 결탁한 기업 자본주의 이데올로기의 욕망에서 비롯되었다는 것이다.

물론 대학 교육은 지식기반사회에서 요구하는 직업기술교육을 소홀히 취급할 수도 없고, 그 사회에서 필요로 하는 기술과 지식을 창출하기 위해서도 대학 교육의 프로그램 개발 등에 노력해야 한다. 그럼에도 불구하고 대학이 기업화되어서는 안 되는 이유는 "기업이 곧 국가라 할 수 있을 정도로 절대적인 권력으로 등장한 자본주의 사회에서, 그 영향력에서 어느 정도 자유로울 수 있는 비판적 배움의 공간이 있어야 하기 때문이다." 노무현 전 대통령이 "권력은 이미 시장으로 넘어갔다"는 말과 동일한 맥락이겠지만 대학의 본래적 사명과 목적이라 할 수 있는 학문 탐구의 열정과 사회에 대한 비판 정신은 반드시 살아있어야 한다.

"대학의 공공적 특성과 학문 탐구의 자율성이 지켜져야 하는 더 본질적인 이유는 대학과 대학 교육이 시장만을 위한 것이 아니라, '사회 전체'를 위한 제도이고 기구이며 영역이라는 사실에 있다. 대학이 기업 자본주의의 수요에 맞춘 인력을 배출할 수 있지만, 기업이 요구하는 직업적 기술 능력의 함양만을 목적으로 교육 목표를 전면 수정하고 재조정해야 하는 것은 아니다. 시장 전체주의적 사고는 사회 전체를 시장으로 보고자 하지만, 사회는 전면적 시장이 아니고 대학도 전면적 시장은 아니다. 사회는 시장을 포함하는, 그러나 시장보다 훨씬 큰 실체이다. 시장은 사회의 일부이고 이 '일부'는 전체 사회를 대체"[105]할 수 없다.

기업 자본주의 시대에 편승해서 대학 순위 경쟁에 몰두한다거나 자본주의가 요구하는 자본의 도구나 하부조직으로 전락되는 일은 대학의 위기이자 몰락을 예고하는 일이다. 대학의 진정한 경쟁력은 자본의 요구에 충실하며 순위 경쟁에 몰입하는 데서 나오지 않는다. 오히려 시대가 요구하는 기술인과 전문인 양성에 노력하고, 또 다른 한편으로는 대학 본연의 탐구와 비판정신을 살려나갈 때 대학의 경쟁력은 용트림할 것이다.

> "기업 정신이 마치 인류의 숭고한 정신 유산인 것처럼 이해되고, 또 그렇게 믿기를 강요하는 시대에, 대학은 그 정신의 역사와 한계를 말할 수 있어야 한다. 기업의 정신을 멀리하는 대학은 어떤 대학인가? 건물 건축을 성장이라고 생각하지 않는 대학, 투자를 통한 자산 증식을 대학의 일이 아니라고 생각하는 대학, 학생들의 지적인 성장과 인격을 제일 중요하게 생각하는 대학, 수치와 소문을 통계 내어 대학을 평가하는 행태를 거부하는 대학, 사실과 가치만을 말하지 않고 진리도 생각해보려는 의지가 있는 대학을 생각할 수 있다. 즉 (대학의 자산이) 가난함을 두려워하지 않고, 이 시대의 이단이 될 의지가 있는 대학이다."[106]

과연 한국에서 이런 대학이 있을까? 나는 이런 대학이야말로 경쟁력을 말할 자격이 있다고 생각한다. 하지만 우리나라 대학의 현주소는 결코 그렇지 않다. 어쩌면 우리나라 대학도 기업 자본주의의 시장 논리에 종속된 미국 대학의 모습을 닮아가고 있는 것은 아닐까? 미국 하버드대학의 해리 루이스 교수는 자신의 저서 『혼을 잃은 최고』에서 대학이 기업화되면서 교육의 본질을 상실했고, 그리하여 최고만을 추구하던 하버드대학이 결국 교육을 망각하는 결과를 가져왔다고 비판하는 대목은 오늘날 한국의 대학들을 향한 따끔한 충고로 들린다.

"대학이 기업과 같이 운영되는 상태에서 학생은 소비자가 된다. 소비자는 브랜드 가치를 찾아 대학을 지원하고, 하버드 같은 대학은 그 이름이 지닌 브랜드 가치를 지키려고 노력한다. 소비자를 만족시키려고 고객이 원하는 교육에 치중하면서 교양 필수 과목이 줄어들게 된다. 브랜드 가치를 지키려고 돈 모으기 경쟁을 치열하게 벌인다. 기업화되면서 국가나 사회에 대한 헌신과 봉사란 이념이 퇴색되었고, 자유로운 인간을 추구하는 교육적 이념도 말밖에 남지 않게 되었다. 왜냐하면 기업주의는 국가나 사회를 초월하여 이윤을 추구하는 것을 목적으로 하기 때문이고, 자유로운 인간을 만드는 것은 전문인 양성이라는 제도권의 지향과 맞지 않기 때문이다."[107]

한국 대학의 부끄러운 자화상

2010년 3월 자발적으로 대학을 거부하고 '대학 교육 받기를' 포기한다고 선언을 했던 고려대 경영학과의 김예슬의 외침도 같은 맥락으로 이해된다. 기업이 되어버린 한국 대학의 부끄러운 자화상은 대학의 존재 이유가 무엇인가를 되새겨준다. 자본의 논리에 포섭된 채 대학의 사명을 포기해버린 성찰 없는 우리나라 대학들에게 과연 미래는 있는가 하는 무서운 경고로 들린다.

"…(전략)… 대학은 글로벌 자본과 대기업에 가장 효율적으로 '부품'을 공급하는 하청업체가 되어 내 이마에 바코드를 새긴다. 국가는 다시 대학의 하청업체가 되어, 의무교육이라는 이름으로 12년간 규격화된 인간 제품을 만들어 올려 보낸다. 기업은 더 비싼 가격표를 가진 자만이 피라미드 위쪽에 접근할 수 있도록 온갖 새로운 자격증을 요구한다. 이 변화 빠른 시대에 10년을 채 써먹을 수 없어 낡아 버려지는 우리들은 또 대학원에, 유학에, 전문 과정에 돌입한다. 고비용 저수익의 악순환은 영영 끝나지 않는다. '세계를 무대로 너의 능력만큼 자유하리라'는 세계화, 민주화, 개인화의 넘치는 자유의 시대는 곧 자격증의 시대가 되어버렸다. 졸업장도 없는 인생이 무엇을 할 수 있는가? 자격증도 없는 인생이 무엇을 할 수 있는가? 학습된 두려움과 불안은 다시 우리를 그 앞에 무릎을 꿇린다. 생각할 틈도, 돌아볼 틈도 주지 않겠다는 듯이 또 다른 거짓 희망이 날아든다. '교육이 문제다', '대학이 문제다'라고 말하는 생각 있는 이들조차 우리에게 이렇게 말한다. '성공해서 세상을 바꾸는 룰러가 되어라,' '네가 하고 싶은 것을 해, 나는 너를 응원한다,' '너희의 권리를 주장해, 짱돌이라도 들고 나서!' 그리고 칼날처럼 덧붙여지는 한 줄, '그래도 대학은 나와야지' 그 결과가 무엇인지는 모두가 알고 있으면서도 큰 배움도 큰 물음도 없는 '대학大學' 없는 대학에서, 나는 누구인지, 왜 사는지, 무엇이 진리인지 물을 수 없었다. …(하략)…"[108]

학생을 가르치려는 경쟁보다는 높은 교육열과 대학 서열화의 덕택에 기대어 성적이 우수한 학생만을 뽑아가려는 선발 경쟁에 몰입해 있는 한국의 대학에서, 그리고 학생을 중심에 둔 대학 교육의 질적 수준 향상에 노력하는 모습을 보여주기보다는 해마다 등록금을 인상하여 대학 건물짓기와 부동산에 투자하여 결국 대학 등록금이 미국에 이어 세계 2위라는 오명을 만들어낸 한국의 대학에서, 대학의 사명과 대학 교육의 혁신을 말하기에는 매우 불편하고 계면쩍다.

대학들이 연간 천만 원이 넘는 거액의 등록금을 받았으면 이에 상응하는 양질의 교육을 학생들에게 제공하고 있는지 되묻고 싶다. 그래서 하는 말인데, 거창하게 세계 속에서의 우리나라 대학의 경쟁력을 이야기할 것까지는 없다. 다만 고등학교와의 상대적 비교를 통해 우리나라 대학의 경쟁력을 말하고 싶을 뿐이다. 교육 경쟁력이든 국가 경쟁력이든 공교육 정상화를 향한 가장 빠르고 시급한 과제가 대학부터 개혁해야 하는 일이기 때문이다.

잘 알려져 있듯이 우리나라는 핀란드와 더불어 매회 최상위권의 결과를 보여줬다. 2009년의 결과도 마찬가지였다. 그런데 PISA 결과가 유일무이한 표준적 잣대는 아닐 것이고, 또한 PISA 결과의 이면에 숨겨진 한국 교육의 부끄러운 자화상도 분명하게 드러나 있다. 어찌 되었든 이렇게 우수한 학생들이 대학에 진학했는데도 한국의 대학들은, 왜 세계 대학 경쟁력 평가에서는 수년간 하위권을 맴돌고 있는가? 대학이 고등학교의 교육 경쟁력을 탓할 수 없는 가장 원초적인 이유다.

속된 말로 입시 경쟁 교육이라 할지라도 고등학교에서는 죽어라고 잘 가르쳐서 대학에 올려 보냈는데, 대학은 그 우수한 아이들을 방치한 것이나 다름없지 않은가. 대학 교육에 대한 진지한 성찰도 없고, 대학 개혁에 대한 노력이나 대학의 사회적 책임성을 구현하려는 몸부림마저 없는 대학에 어떤 경쟁력을 기대할 것인가. 한국 사회에서 교육의 "경쟁은 이미 대학입시에서 모두 끝난다. 제대로 된 사회라면, 그리고 제대로 된 교육이라면 (교육의) 경쟁은 초 · 중 · 고등학교가 아니라 대학에서 이루어져야 한다. 그런데 한국에서는 어떻게 된 것이 경쟁을 하지 말아야 할 (초 · 중 · 고교의) 시기에 경쟁을, 그것도 무자비하고 비인간적인 무한 경쟁을 강요하고, 진정으로 경쟁이 시작되어야 하는 (대학의) 시기에는 경쟁이 끝난다. 자연히 대학의 교육은 대충대충 이루어진다. 모든 과목이 개론 수준을 벗어나기 힘들며 수업 진행도 산만하고 엉성하다. 전문성의 함양을 기대하는 것은 우물에서 숭늉 찾기와 진배없다.[109] 이것이 바로 교육의 경쟁력을 고등학교가 아니라 대학의 경쟁력에서 찾아야 하는 유력한 근거다.

취업 장터에 나선 우리의 대학

대학 진학률을 보더라도 그렇다.

해마다 다소간의 변동은 있겠으나 대체적으로 선진국의 대학 진학률은 미국, 영국, 일본, 프랑스, 덴마크 등은 40~60%대이고, 스위스나 독일 등은 30%대, 후진국인 인도와 중국은 각각 10%와 20%대 수준이다. 반면에 우리나라는 〈표 3〉에서 알 수 있는 것처럼 2008년 84%의 정점을 찍은 후 낮아지고 있는 추세지만 그래도 세계 최고의 진학률을 보이고 있다. 대학 진학률이 세계 1위라는 것은 교육열에 따른 결과이기도 하겠고, 인구 수 대비 대학생 수가 폭증한

〈표 3〉 대학 진학률 추이

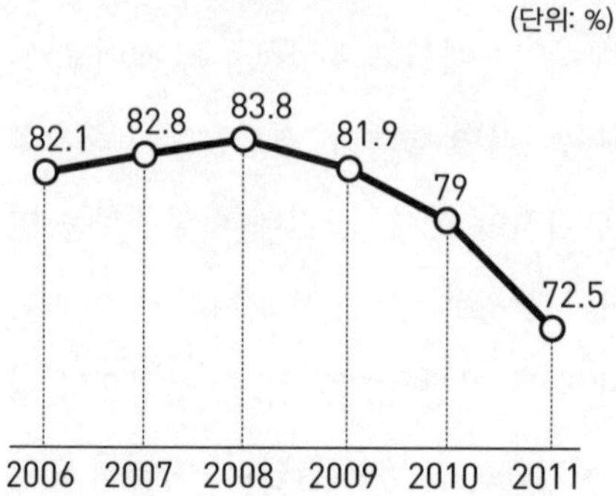

자료: 한국교육개발원

결과일 수도 있다. 더욱 중요한 사실은 대학 졸업장을 취득하지 못하면 소득이 높고 안정된, 이른바 좋은 일자리를 얻기 어렵다는 반증이기도 할 것이다. 졸업생의 낮은 취업률과 고학력 청년 실업자의 증가를 두고 높은 교육열과 대학 진학률을 탓할 수는 없다. 대학 서열이 더 높은 위치에 있는 좋은 학벌을 따지 않으면, 전문대학이든 4년제 대학이든 대학에 진학하지 않으면 밥줄이 끊어지고 인생이 험하게 될 것인데, 어느 누군들 대학에 가고 싶지 않겠는가.

대학생들이 비싼 등록금을 마련하느라 저임금 임시직 노동시장에서 삶의 일상을 소비하고 있는데 대학의 경쟁력을 말한다는 것은 어불성설이다. 근본적인 원인은 높은 대학 진학률에 있는 것이 아니라 고학력 인력들을 수용하기 어려운 한국의 불안한 고용시장, 곧 왜곡된 노동시장의 불평등한 구조에 기인한다는 사실이다.

그런데 이러한 노동시장의 불평등 문제를 해결하기는커녕 오히려 조장하는 자본과 국가가 더 큰 문제다. 산업화 시대에는 고급 노동 인력이 필요했고 그래서 대학 졸업장 그 자체만으로도 좋은 직장을 얻을 수 있는 선별, 혹은 분류의 신호 기능을 발휘했지만, 지금 "대학 졸업장은 단지 노동시장에서 자신의 노동력을 비싸게 거래하기 위해 몸에 부착하는 표식의 의미만을 지니게 되었고, 비싸게 얻은 대학 졸업장이 모두에게 기대했던 대가를 약속하는 것도 아닌"[110] 상황이 돼버렸다. 즉 세계의 주요 선진국들이 한국보다 훨씬 낮은 30~60%대의 대학 진학률에도 높은 경제적 성과를 내고 있다는 사실에 비춰볼 때 대학 진학률과 경제성장은 관계가 없어 보인다.

> "높은 교육 수준이 국가 번영으로 이어진다는 증거는 사실 놀라울 정도로 빈약하다. 교육을 통해 얻은 지식은 사람들이 더 만족스럽고 독립적인 생활을 하는 데에는 도움이 되지만 대부분의 경우 생산성 향상과는 직접 관련이 없다. 또 지식 경제 시대에 접어들면서 교육이 경제 발전에 필수 요소가 되었다는 주장도 옳지 않다. 우선 지식 경제라는 개념 자체에 문제가 있다. 역사적으로 지식은 언제나 부의 원천이었기 때문이다. 게다가 탈산업화와 기계화가 진행되면서 선진국의 대다수 일자리에서 꼭 필요로 하는 지식 요건은 오히려 낮아지고 있다. 지식 경제에 더 중요하다는 고등교육도 그것이 경제성장과 직접적인 연관이 있다는 증거는 찾아보기 힘들다. 한 나라의 번영을 결정하는 것은 개인의 교육 수준이 아니라 생산성 높은 산업 활동에 개인들을 조직적으로 참여시킬 수 있는 사회 전체의 능력이다."[111]

무엇을 뜻하는가? 기업 자본주의의 시장 논리에 포섭된 대학들이 자본의 논리를 따라 열심히 달려왔건만, 취업기관의 역할은 물론 대학으로서 기본적으로 수행해야 할 역할마저 방치하거나 소홀히해왔다는 증거가 아닌가. 대학은 진학률과 학부모의 교육열을 탓하기 이

전에 경쟁력을 끌어올리고 대학으로서 제대로 된 연구 기능과 역할을 수행할 수 있는 다양하고 질 높은 교육 프로그램을 개발해야 한다.

요즘 대학생들의 독서 능력이 현저하게 떨어지고 학문은 뒷전으로 내팽개친 채 고시 공부나 기업체 취직 공부에만 매달린다고 비난할 일이 아니다. 국가의 재정지원과 수천억 원의 등록금을 부동산 투기를 하거나 건물을 짓는 데 쏟아 붓지 말고, 그 돈으로 토론과 독서를 통한 세미나 강의, 대학생들의 연구 능력과 창의성 계발을 위한 집단 프로젝트 수행 등 대학의 실질적 정체성 회복에 노력해야 한다. 돈만 많으면 대학의 경쟁력이 올라가는 것은 아니다. 그리고 고용 불안의 근본적 원인이 왜곡된 노동시장에 있는 만큼 이런 문제 해결을 위해 자본과 국가와 정치권에 따가운 비판정신을 쏟아내야 한다. 그럼에도 여전히 우리나라의 대학들은 '대학의 경쟁력이 무엇인가'에 대한 진지한 반성과 성찰 노력을 보여주지 못하고 있다. "대학은 기업이 되어야 한다"거나 "대학 총장은 CEO다"라는 몰염치가 더 이상 나오지 말아야 경쟁력의 참된 싹이 돋아날 것이다. 우물 안 개구리의 특혜 속에서 '자신들만의 자율성'을 외치는 것은 대학의 공공성과 책임성을 회피하겠다는 말과 같은 말이다.

> "교육은 소중하다. 그러나 교육의 진정한 가치는 생산성을 높이는 데에 있는 것이 아니라, 우리가 잠재력을 발휘하고 더 만족스럽고 독립적인 생활을 할 수 있도록 하는 데에 있다. 경제를 발전시킬 것이라는 기대를 안고 교육을 확장하면 크게 실망할지도 모른다. 교육과 국민 생산성 사이의 연관성이 약하고 복잡하기 때문이다."[112]

해마다 바뀌는 대학입시 제도 또한 예외는 아니다. 대학입시의 전형 방식이 해마다 바뀌고, 그것도 수능시험을 몇 개월 남겨두고 바뀌는 이유는 오직 단 하나다. 성적이 우수한 학생들을 경쟁적인 다른 대학에 빼앗기지 않기 위해 다른 대학의 입시요강에 눈치를 보기 때문이다. 마치 외국어고와 자사고가 학생을 잘 가르쳐서 명문대 합격자를 많이 배출한 것이 아니라 성적이 우수한 중3 학생을 신입생으로 유치한 '선발 효과'였던 것처럼, 대학들도 똑같은 논리와 방식으로 성적 우수 학생 유치에만 매달리고 있기 때문이다. 2013학년도 대입전형이 3,200개를 넘는다는 것도 학생 선발의 다양화라는 측면보다도 어떻게 하면 성적이 우수한 고3 학생을 한 명이라도 더 뽑을까라는 고육지책의 결과라 할 수 있다. 이 문제가 심각한 이유는 성적이 우수한 학생을 유치해서 잘 가르치겠다는 의도가 아니라 기존의 대학 서열 순위가 무너지는 것을 예방하거나 서열 순위를 끌어올리려는 소아병적 조급함과 대학의 이기주의 때문이라는 점이다.

입시 지옥 없이 강한 네덜란드 대학

성적 우수 학생을 모집하여 서열 유지에 안간힘을 쏟고 있는 한국의 대학들과 전혀 다른, 네덜란드 대학의 사례를 들여다보자. 네덜란드는 우리와 다르게 중·고교를 통합 운영하는데, 학생들은 점수가 아니라 졸업장만 있으면 자신의 능력과 적성에 따라 세 가지 유형의 학교, 즉 직업 준비 중등학교(VMBO, 4년 과정), 일반 중등학교(HAVO, 5년 과정), 대학 준비학교(VWO, 6년 과정)에 진학한다.

직업 준비 중등학교를 졸업한 학생들은 직업 교육을 받고 '취업'을 하고, 일반 중등학교 졸업자는 고급 직업 전문 인력을 양성하는 '응용과학 대학University of Applied Science'에 진학할 자격을 받아 진학하고, 대학 준비학교 졸업자는 '연구 중심 대학Research University'에 진학한다.

그런데 초등학교를 마치고 세 가지 유형의 중 · 고교에 들어갈 때는 교과 성적이 아니라 초등학교 마지막 학년 때 국가에서 시행하는 학업 적성검사 결과에 따라 진학한다는 점이다. 학업 적성검사를 잘 받기 위한 사교육도 입시 경쟁도 없다. 또한 대학에 진학할 때는 전국의 모든 학생들이 졸업시험을 치러야 하지만 상대평가가 아니라 절대평가이기 때문에 굳이 높은 점수를 받으려고 과외를 한다거나 한국처럼 치열한 경쟁을 거치지도 않는다. 다른 학생과 경쟁할 필요 없이 졸업장만 있으면 원하는 대학에 들어갈 수 있기 때문이다. 이게 한국에서는 가능한 일인가. 시험도 경쟁도 없이 대학에 진학한다는 것에 대한 저항과 반발이 거세게 일어날 일이 아니겠는가.

그런데 더욱 놀랍고 시사적인 사실은 모든 대학에 학생 선발권이 전혀 없다는 점이다. 아무리 최고의 명문대학이라 할지라도 한국의 고교평준화 제도처럼 대학입시를 담당하는 '학생정보관리위원회'라는 국가기관에서 학생들을 배정하기 때문에 대학 자체적인 학생 선발권은 허용되지 않는다. 한국처럼 법대나 의대 등 인기학과라 하더라도 국가기관에서 학생을 선발하여 배정해주면, 대학들은 그들을 신입생으로 받아들여 오직 가르치는 일에만 전념할 뿐이다. 아마 이 정도까지만 되어도 한국에서는 거대한 사회적 폭동이 일어날지도 모를 일이다. 학생 선발권이 대학에 없다니, 이것이 한국 사회에서라면 가능한 일이겠는가. 한국 사회라면 아마도 거의 모든 대학들에서는 폐쇄 조치를 취하겠다는 협박이나 으름장을 내놓을 법한 일이다. 역설적으로 네덜란드는 바로 이런 까닭에 학생들은 시험점수의 높고 낮음이 아니라 졸업장을 가지고 자기 적성과 능력을 고려하여 전공 적합성을 면밀하게 따져서 진학한다.

한국처럼 소수점 둘째자리까지 점수를 계산하여 석차와 등급을 매겨 진학하는 국가는 오직 유일하게 한국밖에 없다. 아름다운 추억을 간직해야 할 학창시절을 '점수 인생'이라는 오명으로 채워야 하는 한국의 교육 현실이 안타까울 뿐이다. 도대체 학생들을 언제까지 '점수의 노예'로 만드는 교육을 지속할 것인지 이제는 결단을 해야 한다. 학생들을 '죽음의 트라이 앵글'의 굴레 속에 밀어넣고 꼼짝도 못하게 가둬놓은 교육을, 과연 21세기에 상응하는 교육이라 할 수 있겠는가? 한국과 같은 대학입시를 부끄러워해야 할 것인지 아니면 자부심을 드러내야 할 것인지 가치관의 혼돈이 일어나는 사례라 아니할 수 없다.

그렇다면, 네덜란드 대학의 경쟁력은 어느 정도인가. 거의 세계적인 수준이다. 그것도 우리나라의 SKY대학들이 따라잡지 못할 정도로 뛰어난 수준이다. 대학별 평가 순위가 중요한 것은 아니겠지만 단적인 예를 들면,[113] 중국 상하이 교통대학에서 실시한 2008년도 세계 대학 순위를 보자. 세계 대학 200위권 안에 든 네덜란드 대학은 11개나 된다. 우리나라의 서울대는 100위권 훨씬 밖인 151~200위권에 올랐고, 서울의 명문 사립대들은 한 곳도 들지 못했다. 2006

년 미국 《뉴스위크》 지가 발표한 세계 100대 대학 순위에 있어서도 네덜란드 대학의 경우 '연구 중심 대학'은 14곳, '응용과학 대학'은 41곳이었지만, 우리나라 대학은 단 한 곳도 없었다. 이러한 사실이 한국 사회와 대학 당국자들에게는 불편한 진실이겠지만 세계가 인정하고 있는 진실이다. 대학별 평가 순위 자체가 지니는 의미는 있겠지만 중요한 것은 아니다. 하지만 대학입시라는 지옥 같은 시험도 없고, 경쟁도 없고, 심지어 대학에는 학생 선발권도 없이 국가에서 배정해준 학생들을 가르치지만 세계적인 경쟁력을 갖추었다는 사실은 우리를 슬프게 만든다.

물론 대학별 평가 순위 그 자체만을 가지고 언급할 때, 한국도 최근 영국의 대학평가기관인 QS(Quacquarelli Symonds)가 발표한 '2012 세계 대학 평가'에서 서울대가 처음으로 37위에 올라 100위권 대학에 포함되었다[114]는 것은 좋은 일이지만, 순위 그 자체가 서울대의 경쟁력을 보장하는 것은 아니다.

한국의 대학은 더 이상 우물 안 개구리의 만족감에만 머물러서는 안 된다. 대학의 경쟁력은 순위 그 자체보다도 대학 교육의 공공성과 사회적 책임성, 그리고 학문 수준과 학생에 대한 투자 등 실질적인 영역에서 경쟁력을 갖추어야 하기 때문이다.

자본의 논리에 포섭된 채 돈벌이에 급급하고, 기존의 대학 서열화에 매달려 우물 안 개구리 노릇을 하고 있는 한국의 대학 체제를 개혁하지 않고 언제까지 탁상공론만 할 수는 없지 않은가. 지금 당장은 아니라도 좋다. 아니 지금부터 대학 체제 개편을 통해 지옥 같은 대입경쟁과 연간 33조 원에 육박하는 사교육비 지출에 종지부를 찍어야 한다. 비록 그것이 '대학 평준화'가 되었든, '국립대학 연합 체제 구축 방안'이 되었든 서울대를 위시한 대학 체제 개편에 국민적 역량을 모아야 한다. 물론 그 핵심은 대학만이 아니라 전체 공교육과 아이들에게 맞춰져야 한다.

왜냐하면 "현대 사회에서 대학은 정치적 세력이나 경제적 세력으로부터 독립적이고 자율적인 제도이며 조직이자 공간이다. 이와 마찬가지로 초 · 중 · 고등학교도 대학으로부터 독립적이고 자율적인 제도이며 조직이자 공간이다. 초 · 중 · 고등학교와 대학은 공교육에 속하고, 학원은 사교육에 속한다. 그런데 한국 사회에서는 이미 오래 전부터 초 · 중 · 고등학교는 대학의 식민지로 전락했고, 공교육은 사교육의 시녀로 전락했다. 초 · 중 · 고등학교는 오로지 대학입시만을 위해 존립하고 대학입시에서 중추적인 역할을 하는 교육기관은 학교의 공교육이 아니라 학원의 사교육이"[115] 되어 버렸기 때문이다.

대학 체제의 개혁과 관련하여, 김상곤 경기도 교육감이 밝힌 "초 · 중등 교육을 대학 교육이 입시라는 것을 통해 옥죄고 있고, 대학 교육이 고비용 저효율의 대표적인 부문이라는 점에서 입시방식 자체를 바꾸는 것이 필요하고, (이를 위해) 시장에 통째로 맡겨져 있는 대학 교육을 공공성을 기반으로 해서 재편하는 것이 필요하다. (이런 까닭에) 최고의 교육 복지는 대학 체제 개편을 통한 초 · 중등 교육의 정상화"[116]이다.

교육개혁은 대학입시 제도의 개선책만으로 달성될 수 없다. 대학 체제 개편과 연동되는 교육개혁일 때 공교육 정상화의 문이 열릴 것이다. 또한 앞에서 언급했듯이 교육개혁 문제는 교육 부문의 개혁만으로 끝나는 것이 아니라 왜곡된 노동시장이 안고 있는 여러 가지 구조적인 문제를 국가와 정치권에서 개혁해야 하는 복합적 성격을 띤 문제다. 정치권이 해결하지 못한다면 열린 민중의 광장에서 수백만의 촛불을 켜야 할지도 모른다.

3 장

교육개혁 ① 차별을 넘어, 불평등을 넘어

> "부르디외가 보기에 교육은 민주주의 사회에서 기회와 평등의 이념을 실현하는 것이 아니라 오히려 사회 불평등을 유지하는 기제이다. 가정과 학교에서 이루어지는 이른바 사회화 과정이란 각 사회 계급에 일치하는 사고와 행동 및 성향의 체계, 즉 아비튀스를 재생산하여 계층간의 불평등한 관계를 영속화하는 과정이다. 특히 등급화된 교육 시스템은 사회질서의 위계화를 내재화하며, 지배계급의 지배와 기득권을 정당화해 준다. 교육 체계는 합격과 낙제, 시험과 성적등급, 학위와 자격증 등으로 학생의 사회문화적 차이에 따른 위계화를 인정하게 한다.
>
> 요컨대 교육 제도란 상류층의 자녀가 노동자 계급의 자녀보다 더 쉽게 진학하는, 그리고 졸업과 동시에 좋은 직장을 얻는 현실을 사회적으로 인정토록 하는 제도이다. 학교 제도와 교육 시스템은 이러한 불평등한 문화사회적 구조를 고착화하고 은폐함으로써 지배계급에 의해 정의된 문화를 주입시키는, 그러한 상징적 폭력을 행사하는 기제인 것이다."
>
> — 현택수 외, 『문화와 권력: 부르디외 사회학의 이해』 중에서

1. 교육과학기술부를 해체하고 국가교육위원회를 구성하자

한국 교육과 관련하여 세계 최고를 자랑하는 통계자료에는 청소년 자살률 1위, 자살 충동률 1위, 청소년 우울증 1위, 일일 학습 노동시간 1위, 사교육비 지출 1위, 수학 사교육 시간 1위, 여성 저출산율 1위, 대학생 연간 자살자 1위 등이다. 게다가 학생들이 밤늦게까지 학교의 불빛을 밝히며 학원 수업까지 마치고 자정이나 새벽에 귀가하는 사례는 세계에서 유일하게 한 나라밖에 없다. 그 나라가 바로 대한민국이다.

또한 꼴찌이거나 최하위권에 속하는 통계자료도 있다. 학생들의 학업흥미도, 어린이 · 청소년 국제행복지수, 대학 교육의 국가재정 지원부담률 등이 그렇다. 하지만 그렇지 않은 또 다른 세계 1위이거나 최상위권에 속하는 자료도 있다. 만 15세(중3, 고1) 대상 OECD 국제학생학업성취 비교연구(PISA), 고교 졸업생의 대학 진학률, 공교육비의 민간 부담률 12년째 세계 1위, 대학 등록금 세계 2위, 대졸과 고졸의 임금격차 OECD 세계 2위, 학급당 학생 수, 교원 1인당 학생 수, 만 3~5세 유아 공교육 비율은 세계 최상위권에 속한다.

이러한 통계자료가 보여주는 것은 무엇을 말하는가? 세계 1위 혹은 최상위권이든 아니면 세계 꼴찌 혹은 최하위권이든 모두가 좋은 것이 아니라는 사실이다. 앞쪽에서의 1위나 최상위권도 서글프고, 뒤쪽에서의 꼴찌나 최하위권도 가슴 아프기는 마찬가지다. 대한민국 국민이라면 이런 통계자료를 보고 좋아할 사람들이 과연 몇 명이나 될까? 거의 없을 것이라고 생각한다. 그렇다면 누가 왜 이런 통계를 낳게 만들었으며, 한국 교육이 이런 지경까지 오도록 왜 방치하거나 부추겼단 말인가?

이것뿐일까? 아니다. 열거하자면 슬프도록 매우 많다. 한 가지만 더 보태보자. 정부의 교육 방침에 고분고분히 순종하지 않는다고, 공무원(교원)으로서 정치적 중립성을 위반했다고 막무가내로 교사들을 교단에서 쫓아내는 해직과 중징계를 밥 먹듯 하는 나라는 후진국의 독재 정권이 아닌 한 대한민국이 유일한 나라다. 오죽했으면 유엔 인권위원회나 세계교원연맹과 국제엔지오 등 국제기구에서 "한국의 정치적 의사표현의 자유와 인권 상황을 개정하라"고 권고까지 했겠는가.

사학재단과 한 몸이 된 교과부의 두 얼굴

이러한 모든 교육 통계자료와 후진적 교육정책의 중심에는 교육과학기술부가 자리를 잡고 있다. 특히 사립학교 비리 부정과 관련해서는 혀를 내두를 지경까지 와 버렸다. 사학재단과 교육부 관료들 간의 영원한 상생의 먹이사슬 구조, 혹은 비밀 아닌 비밀의 흑막 구조가 수년간 뿌리 깊게 구축되어왔기 때문이다. 예를 들어, 2012년 2월 3일에 발표된 감사원 감사자료부터 살펴보자. 과연 교육과학기술부가 교육을 책임지고 있는 국가기구인지 사적 욕망을 채우며 교육을 망가뜨리는 집단인지 확인해보자.

> "(사학재단) 이사장의 횡령과 직원의 금품 수수 등 대학 재정 운영에 각종 탈법과 비리가 만연한 것은 교육과학기술부의 허술한 관리 감독 때문이었다. 충북의 한 학교법인 이사장은 지난 2002년 교비 70억 원을 횡령한 전력이 있었으나 교육과학기술부가 당시 임원 취소를 하지 않아 150억 원을 추가 횡령해 적발됐다. 나아가 교육과학기술부는 이사장이 횡령액을 갚지도 않았으나 다시 이사장에 취임하는 것을 승인했고, 결국 수년간 교비를 여러 차례 횡령할 수 있었다. 교육과학기술부 직원들은 직접 뇌물을 받는 등 도덕적 해이도 심각했다.
>
> 교육과학기술부와 더불어 사학분쟁조정위원회(이하 사분위)는 사학 비리를 옹호하고 있다. 사분위는 퇴출된 사학 비리자들에게 종전의 이사라는 이유로 학교를 다시 돌려주었다. 사분위의 결정에 따라 사학 비리자들이 복귀한 학교는 중고등학교 16곳, 전문대 8곳, 대학 10곳 등 34

개 학교에 이르고 있다. 사분위는 무소불위의 권한을 남용하며 사학 비리자들을 예외 없이 복귀시키고 있다."[117]

교육과학기술부의 태도를 보면 학교가 진실로 공부하는 곳인지, 학교가 사학재단의 돈벌이로 전락되는 것을 알면서도 모르쇠로 일관하는 것인지, 그것도 아니면 쌍방 간의 모종의 밀실 합의를 거쳐 '눈 가리고 아웅'하듯 묵인하는 것인지 도무지 알 수 없는 조처다. 교육과학기술부의 이러한 태도는 어제오늘의 일이 아니다. 위의 사례는 빙산의 일각일 뿐이다. 1948년 정부 수립 이후 지금까지 수십 년에 걸쳐 거의 일상적인, 교육과학기술부 내부에서조차 잘 알려진 불편한 진실이다.

해마다 사학재단의 부정 비리가 터지는 근본적인 이유는 사학 자체의 학교 경영 관련 문제점도 분명히 있겠지만, 학교 설립 자격이 안 되는 함량 미달이거나 불법으로 설립된 사립대학을 교육과학기술부가 마구잡이식 인허가를 해준 데 있다.[118] 지금까지 이런 사례는 셀 수 없이 많다. "사학 부정 · 비리의 몸통은 교육부다"라는 말이 결코 공허한 말이 아닌 이유다.

교육과학기술부 내에서 사립대학의 업무를 담당하는 사학지원과는 교육과학기술부 내에서도 가장 '노른자위'에 속하는 부서란다. "사학지원과의 사무관은 전문대학 부학장을 상대할 정도로 막강한 권한이 있기 때문에 젊은 사무관들이 가장 선호"하는 부서가 된 것도 바로 이런 이유 때문이다.

교육과학기술부와 사학재단이 뿌리 깊은 유착 관계를 유지해왔기에 사학의 각종 불법 비리와 횡령 등을 알면서도 인허가를 해주거나 부실 감사로 일관하며 마치 건학 정신의 이념을 잘 살려가는 건전한 사학인 것처럼 눈감아버리는 것이다. 더욱 점입가경인 것은 교육부 장관은 일부 교육 관료들이 불법과 부정 비리 행위를 확인하고도 버젓이 최종 결재권자인 교육부장관에게 결재서류를 작성해서 올리면 교육부장관은 부하 직원들이 올린 각종 엉터리 인허가 서류에 도장을 찍어준다[119]는 사실이다.

교육계 내에서는 아주 오래전부터 '교육 마피아'라는 말이 존재해왔다. 아니 그냥 존재하는 것만이 아니라 엄청난 위력을 발휘해왔다. 교육 마피아에 속하지 않으면 소위 '쩐도 없는' 한직으로 밀려나기 일쑤고, 마피아에 속한 사람들은 퇴직 이후에 '전관예우'라는 극진한 대우를 받는 매우 몸값 높은 사람으로 화려하게 변신하기도 한다. "교육 마피아는 지연과 학연을 연고로 형성된 파벌을 지칭하는데, 조직 이기주의로 뭉친 일부 교육 관료 중심의 인맥 그룹에 사학재단의 '사업가'들이 가세한 형국"을 상징하는 말이란다.

따라서 교육개혁에 있어서 "시급한 개혁은 교육 행정을 주물러온 교육부 역대 관료들의 실상을 철저히 조사하여 응분의 책임을 묻는 일이며, '교육 마피아'로 불리는 교육 관료들만이 아니라 또 다른 축인 악질적인 사학재단들이다."[120]

교육 마피아를 앞세운 교육과학기술부의 교육 관료들은 사학재단과 끈끈한 유착 관계를 유지하면서 교육계의 대표적인 부정비리의 용광로 구실을 하고 있다. 사학의 인허가 이후 교육 관료들은 불법 비리의 사학재단에 국가보조금을 지원해주고, 사학재단은 교육 관료들이 퇴직을 하면 자신들이 관리하는 사립대학에 교수로 채용하거나 재단의 이사나 학장 영입 등 고위직 자리를 상납하는 먹이사슬 구조를 견고하게 만들어왔다. 그래서 교육과학기술부 내에서 "사학 업무를 담당하는 부서에는 정년이 없다"는 말도 심심찮게 나돌고 있는 이유이기도 하다.[121]

건국대 주경복 교수에 따르면, "일반 교수 채용 때는 10년 가까이 대학강사 생활을 한 박사학위 소지자도 탈락하는 경우가 많은데 교육부에서 근무했다는 이유만으로 공개적인 경쟁 없이 하루아침에 대학교수로 자리를 옮기는 게 상식적으로 납득이 되지 않는다"고 한다[122] 교육부 안팎에서 "차관급은 대학 총장, 실 · 국장급은 전문대학 학장"이라는 말이 일반화되어 있을 정도라니 도대체 교육과학기술부의 존재 이유가 무엇인지 회의를 갖지 않을 수 없다.

2004년 최순영 의원의 국정감사 자료에 따르면, "조사 대상 288개 사학법인 중 21%에 해당하는 62개 법인이 교육부와 시 · 도 교육청 출신 인사 89명을 교수나 재단 직원으로 채용했고, 이들 89명은 대부분 교육부에서 5급 이상의 주요 직책을 맡은 교육 관료들이다. 특히 이들 중 14명은 사립대학 관련 부서에서 근무한 것으로 드러났다."[123]

교육과학기술부와 사학재단과의 끈끈한 유착관계는 인허가 부정비리의 묵인과 대가, 그리고 퇴직 교육 관료들에 대한 전관예우 특채 문제에만 그치지 않는다. 소위 '힘센 대학'의 눈치를 보며 사학재단에 대한 교육과학기술부의 직무유기를 스스로 방기하는 일마저 서슴지 않는다. 연세대, 고려대, 서강대 등은 설립 이래 교육부의 종합감사를 단 한 차례도 받지 않았다고 한다.

교육부의 〈4년제 대학 종합감사 실시 현황〉자료[124]에 의하면, "교육부가 자체 대학 감사를 시작한 1979년 이후 2005년까지 전국 사립대학 147곳 가운데 종합감사를 한 차례도 받지 않은 대학이 82곳이었다. 한양대, 인제대 등 7곳은 지난해와 올해 처음 종합감사를 받았다. 연세대, 고려대, 경희대, 광운대, 홍익대, 명지대, 아주대 등 1990년 이전 설립된 사립대 9곳과 서강대, 카톨릭대 등 종교 재단이 세운 사립대 12곳은 종합감사를 전혀 받지 않았다. 나머지 대학들은 90년 이후 설립된 곳이다. 이 때문에 교육부는 수도권 일부 사립대와 종교 사학에 대한 감사를 의도적으로 회피해왔다. 반면에 국공립대는 26곳 가운데 서울시립대를 뺀 25곳이 1~5차례 종합감사를 받았다."

2005년에 서강대 입학처장의 문제 유출 부정이 일어났고, 80~90년대에도 연세대와 고려대 등에서 교수 · 부유층 자녀 부정 입학 사건 등이 발생해도 교육과학기술부는 감사 인력이 부족하다는 이유 등으로 벙어리가 되고 말았다.

사학재단에 관한 한 교육과학기술부는 허수아비이거나 존재 이유 자체가 전혀 없는 무의미한 존재였다. 교육과학기술부 스스로 자신의 정체성과 존재 이유를 포기해버린 허상적 존재로 만들었다는 것이다. 교육 관료들에게는 '영원한 퇴직도 없고 전관예우만 있다'는 전설은 과거의 일이 아니다. 2012년 현재에도 계속되고 있다.

2012년 정진후 의원이 파악한 자료에 의하면, 교육과학기술부 산하 이사장과 임직원 중 교육 관료 출신이 80%나 되는 것으로 파악

되었다. 연간 20조 원을 주무르는 한국교직원공제회, 사립학교교직원연금공단, 한국사학진흥재단 등 교육 관련 세 단체의 역대 이사장 가운데 열에 여덟은 교육과학기술부의 고위 관료 출신이라는 것이다. "세 단체 출범 이후 현재까지의 전 · 현직 이사장 42명 가운데 33명(78.6%)이 교과부(옛 문교부 · 교육부)의 장차관 및 고위 관료 출신이었다. 한국교직원공제회의 경우, 현직인 김정기 이사장이 교과부 차관보 출신이고 직전 이종서 이사장은 교과부 차관을 지낸 바 있다. 공제회 역대 이사장 18명 가운데 15명이 교과부 출신이다. 나머지 3명 가운데 2명은 한국교직원단체총연합회(교총) 임원 출신이고 1명은 원래 직업이 교수였다. 사학연금공단도 전 · 현직 이사장 16명 가운데 12명이 교과부 출신이다. 변창률 현 이사장도 지난해 9월 교과부 대학지원실장을 그만두자마자 곧장 공단으로 자리를 옮겼다. 사학진흥재단의 역대 이사장 8명 가운데 6명도 교과부 출신인 것으로 조사됐다. 이원희 현 이사장은 교총 회장을 지낸 바 있다."[125] 한마디로 한국의 교육계는 교육 관료들의 지상낙원이자 교육 관료들에 의한 부패와 부정 비리의 진열장이나 다름없다.

교과부가 불평등 조장에 앞장서다

한국 교육에서 비롯되는 고질적인 사회적 문제에는 여러 가지가 있겠지만 그 가운데 '교육 불평등 문제'는 교육의 양극화에 따른 사회적 양극화를 고착화하는 심각한 문제다. 그런데 교육과학기술부는 공교육을 이야기하면서도 오히려 교육의 양극화와 불평등을 조장하는 교육정책을 추진해 온 주범이기도 하다. 예를 들어, 교육과학기술부가 학생 1인당 지원하는 평균 교부금을 보면, 외국어고에 지원한 교부금 액수가 일반계고 학생들에 비해 학생 1인당 평균 350배나 많았고, 지방자치단체가 외국어고에 지원한 보조금도 일반계고에 비해 2배나 많았다. 이는 교육과학기술부가 앞장서서 노골적으로 교육 불평등을 조장하여 더욱 키웠다는 사실이다.

교육 불평등과 교육 격차를 해소하고 공교육의 질적 수준 향상을 위해 노력해야 할 교육과학기술부가 국민의 세금으로 조성된 공교육비를 상대적으로 학습여건이 좋은 외국어고 학생들에게 편중 지원함으로써 되레 수년간 교육 불평등을 조장해왔다.

국회 교육과학기술위원회 소속 권영길(민주노동당) 의원의 〈2006~2008년 교과부 특별교부금 및 지자체 교육경비보조금 지원 현황〉 자료를 보면, 이 기간에 "교과부가 전국 31개 외국어고에 지원한 '학생 1인당 평균 특별교부금'은 86만 8,857원으로 일반계고 30,941원의 28.1배에 이르렀다." 이는 일반계고 학생이 10만 원을 지원받을 때, 외국어고 학생은 281만 원을 지원받았다는 뜻이다. 이를 연도별로 살펴보면, "2006년에는 외국어고의 학생 1인당 특별교부금이 일반계고의 353.9배에 이르렀으며, 2007년에는 9.9배, 2008년에는 8.7배로 격차가 줄었다. 2007년부터 격차가 급속히 준 이유에 대해, 이름 밝히기를 꺼린 교과부의 한 고위 관계자는 2006년까지는 '공교육 예산이 외국어고에 편중 지원되는 것은 문제'라는 인식 자체가 없었다"[126]고 한다.

사정이 이 정도라면 어찌 전체 국민을 대신하는 대한민국의 교육부라고 하겠는가. 이성을 잃은 교육부라고 규정할 수밖에 없지 않은가. 국민들의 세금으로 조성된 공교육비는 오히려 교육여건이 열악한 일반계고를 지원하는 것이 정상이 아니겠는가. 가정환경이 좋고 기부금 등 재원도 풍부한 외국어고에 정부가 직접 나서서 수년 동안 예산을 편중 지원했다는 사실은 교육과학기술부가 교육 격차와 교육 불평등을 의도적으로 조장한 주범 중의 주범이라고 어찌 아니할 수 있겠는가.

교육 불평등의 불편한 진실은 여기서 그치지 않는다. 국회와 언론으로부터 이런 비판을 받았으면 해명이 아닌 시정 조치를 취해야 할 것이 아닌가. 이듬해에도 마찬가지였다. 2007~2009년 공교육비에 대한 분석 결과를 담은 권영길 의원의 보고서[127]에 의하면, 과거보다는 줄었지만 여전히 일반계고에 비해 외국어고에 3배나 많은 교부금을 지원했다.

"2007~2009년 학생 1인당 연평균 공교육비는 일반계고가 666만 8,600원으로 특목고(1,778만 9,500원)의 37.4%에 불과했다. 전문계고는 특목고의 40.3%인 718만 2,800원이었다. 이런 격차는 특목고에 대한 정부와 지자체의 편중 지원에서 비롯됐다. 3년 동안 정부와 지자체, 시 · 도 교육청이 특목고 학생 1명에게 투자한 교육예산은 연평균 1,217만 4,700원으로, 일반계고 학생 1명당 지원액(403만 6,000원)의 3배나 됐다. 같은 기간 학부모들이 학교에 낸 돈은 특목고가 학생 1명당 475만 5,600원으로 일반계고(247만 900원)의 1.9배였다."

교육과학기술부는 상대적으로 교육여건도 좋고 부모의 학력과 사회적 직업군도 좋은 집안의 자녀들이 많이 다니는 특목고에서 일반계고보다 2배나 많은 학부모 부담금을 거둬들였다. 교육여건의 차이를 국가 예산을 통해 해소해야 할 교육과학기술부와 지자체가 오히려 특목고를 편중 지원해 교육 격차를 더 키웠던 셈이다. 더욱이 "일반계고와 특목고의 1인당 공교육비 격차는 2007년 1,001만 6,500원에서 2008년 1,108만 6,800원, 지난해 1,211만 8,000원으로 해마다 커지고 있다. 공사립 구분 없이 전체 고교를 대상으로 공교육비를 비교해도 결과는 크게 다르지 않았다. 공립과 사립을 합친 전체 특목고의 학생 1인당 연평균 공교육비는 1,189만 6,100원으로, 일반계고(653만 1,100원)의 1.8배였다."

교육과학기술부가 국회에 제출한 〈2011년 전국 고등학교 결산 자료〉[128]에 따르면, "전국 광역 · 기초 지자체가 자사고에 지원한 금액은 전체 고교에 지원한 금액보다 학교당 평균 1억 8,601만 원이 더 많았다. 자사고는 국가로부터 교직원 인건비와 학교 운영비를 전혀 지원받지 않고 오로지 학교법인의 전입금과 학생들의 수업료 등으로 운영하는 학교인데도, 지자체들은 일반계고보다 더 많은 교육비를 지원했다. 학생들을 밤늦게까지 공부시켜 '기숙학원화'하고 있다는 비판을 받고 있는 기숙형 사립고에도 지자체의 예산 지원 쏠림 현상은 마찬가지였다. 기숙형 사립고에 지원한 금액은 전체 고교에 지원한 금액과 견주어 학교당 평균 1억 2,646만 원, 마이스터고는 1억 9만 원, 기숙형 공립고는 6,032만 원, 자율형 공립고는 3,102만 원을 더 지원해줬다." 이러한 차별적인 예산 지원 쏠림 현상은 학교별 교육여건의 격차를 심화시켜 고등학교를 대학처럼 서열화하고,

학교 사이의 성적 격차를 벌어지게 한다. 한마디로 교육과학기술부와 지자체는 수년간에 걸쳐 예산 차별 지원을 통해 학교별 교육 격차와 교육 불평등을 지속적으로 조장해 옴으로써 고교 서열화가 고착화되는 원인을 제공해왔다.

전국 고등학교(2011년)에서 일반계고는 2,162개교로 94.7%임에 비해 외국어고는 31개교로 0.014%에 지나지 않고, 학생 수를 보더라도 전국 고교생(1,943,804명) 중 외국어고 학생은 0.013%(23,870명)에 불과하다. 그런데도 2006~2008년에는 9배, 2007~2009년에는 3배나 많은 특별교부금과 공교육비를 지원했다는 것은 할 말을 잃게 만든다. 이게 대한민국의 교육과학기술부의 현주소다. 교육 불평등과 교육 격차를 조장하는 교육과학기술부의 이런 정책은 빙산의 일각일 뿐이다.

정치권력에 머리를 조아리는 교과부

교육과학기술부가 그동안 교육개혁을 반대하며 학교 자율화 조치를 강도 높게 추진해 온 과정도 마찬가지였다. "교육부 사람들은 보수적이다. 예전에 하는 대로만 하고 도대체 새로운 걸 안 하려고 한다."[129] 교육과학기술부는 교육개혁을 주도할 수 있는 기관이 아니다.

학교 자율화 조치와 관련해서도 "수월성 교육을 표방하는 이명박 정부의 교육정책은 근본적으로 학력 경쟁을 통해 자연도태를 강화하는 체제다. 이건 미국의 경우와도 다르다. 교육의 다양성을 이야기하기 전에 적어도 출발선은 저소득층이나 다른 계층이 동일해야 한다. 그 여건을 마련하는 것이 국가의 일이다. 그런데 이명박 정부는 노골적인 양육강식의 논리를 교육에 도입하고 있다"[130]는 비판에도 모르쇠로 일관하며 교육 불평등을 넘어 사회 불평등까지 심화하는 교육정책 추진에 몰입해왔다. 교육의 논리는 찾아볼 수 없고 오히려 정치 논리에 종속되어 정치권력이 요구하는 대로, 정치권력의 눈치를 보며 각종 교육정책을 좌지우지해왔다. 정치권력 앞에서는 순종적 태도로 머리를 조아리며 교육의 정체성 상실과 공공성의 실종을 자발적으로 이끈 주범이 교육과학기술부라고 해도 과언이 아니다.

해방 이후 지금까지 우리나라의 각종 교육정책은 사실상 교육 관료에 의해 입안하여 추진되어 왔다. 하지만 실패한 교육정책에 대한 반성과 성찰, 책임을 지는 교육 관료는 안타깝게도 단 한 명도 없었다. 정책 실명제가 있어도 그들만의 안전판에 의지하면 그만이다. 한국 교육계에서 없어져야 하고, 개혁되어야 할 최우선 대상이 교육과학기술부와 그곳에 있는 교육 관료 집단이다.

그러나 교육과학기술부는 교육의 세 주체의 하나인 교사 집단을 교육개혁의 동반자가 아니라 개혁의 대상으로 삼아 윽박지르며 쫓아내려고만 했으며, 학생들을 더 깊은 경쟁의 늪으로 몰아갔다. 교육 주체인 학부모들도 교육과학기술부의 도구로 만들어왔다. 개혁의 대상이 되어야 할 교육과학기술부가 교육개혁을 주도적으로 추진해왔지만 이제는 더 이상 교육개혁을 말할 자격을 상실했다.

그럼에도 그들은 여전히 교육개혁을 외치며 경쟁으로 몰아가는 학교 자율화를 강조하고 있으니 한국 교육의 슬픈 비극은 계속될 수 밖에 없다. 정권이 바뀔 때마다 또 다시 그들은 수십조 원의 막대한 교육예산을 집행하면서 교육정책을 추진하고 있다. 교육부의 권한을 대폭 줄여야 한다는 주장에 대해 교육부 관계자들은 "교육부 권한을 대폭 줄일 경우 교육의 시장화를 더 부추기고 사립대학 등 부정비리와 부패에 적절히 대응할 수 없다"[131]며 반대까지 하고 있는 형국이다. 더 이상 교육 관료 집단이 교육정책을 입안하여 추진하는 일은 반드시 막아야 한다. 그들은 도대체 왜, 누구를 위한 교육정책인지도 모른다. 정치권력의 충실한 시녀 노릇에 오랫동안 길들여져 온 탓에 정치권력의 정치 이념에 충성하는 정책들을 추진해왔기 때문이다.

정치권력의 충복이자 하수인 노릇에 길들어진 교육과학기술부의 이와 같은 오욕과 굴종의 역사는 1948년 정부 수립 이후부터 지금까지 지속된 일이다. 1948년 정부 수립부터 한국의 교육부(과거 문교부)는 지배적인 정치권력의 이념을 충실하게 반영하는 반공 교육 이념을 토대로 출발하였던 역사적 배경과 맞닿아 있다. 정치적 지배 이념에 종속된 한국의 교육은 정권의 정당성을 홍보하거나 정치이념을 교육정책으로 입안하여 전개해왔던 굴욕과 왜곡의 역사에서 시작한 까닭이기도 했다.

"미 군정 3년은 좌우 이데올로기의 갈등 속에서 미 군정에 의한 분단 교육의 틀을 형성하는 시기인 반면, 1948년 이후 즉 단독 정부 수립 이후는 교육을 통해 반공 이데올로기가 하나의 교육 실체로 절대화되는 시기였다. 즉 반공 이데올로기가 한국 교육의 준거 틀로 구체화되는 시기였다. …(중략)… 한마디로 문교부장관의 교체는 이승만을 둘러싼 정치권력의 필요에 의한 것이었다. 이런 과정을 통해 만들어지고 다듬어진 반공 이데올로기가 오늘날까지 사회적으로 한국민의 행동 범주를 규정하고, 동시에 정치적으로는 진보적 이데올로기의 출현을 억압하는 한국 교육의 이념 틀로 되어버렸다. 이러한 과정은 또한 한국 교육이 내용상으로나 형식상으로 미국식 교육에 편입되는 과정이기도 했다. 결국 1950년대 초반의 교육정책은 한국 교육이 미국의 세계 재편 전략에 부응하는 것이라는 낙인을 벗어나기 어렵게 될 수밖에 없었다."[132]

교육은 정치나 경제 논리에 편승하거나 종속된 도구적 방편으로 추진해서는 안 된다. 모든 교육정책은 오직 공교육 정상화와 아이들을 중심에 둔 교육의 논리에 근거하여 입안하고 추진해야 한다. 그러나 한국 교육사에서 교육과학기술부는 정치권력의 도구로서 스스로 교육의 논리를 포기해왔다.

"지난 50년간의 한국 교육의 특징은 도구화이다. 도구주의적 교육관이 지배해온 것이다. 교육을 정치, 경제, 때로는 종교의 도구로 보고 각 부문의 가치 실현을 위하여 교육을 활용하였다. 때로는 상반되는 가치를 신봉하는 집단 간에 교육의 지배권을 둘러싸고 경쟁을 벌이기도 하였으나 양편이 모두 교육을 '활용'하려 했다는 점에 있어서는 일치하였다. 교육의 도구화는 곧 인간의 도구화를 의미한다. 교육의 대상이 인간이기 때문에 교육을 경제 또는 정치의 수단으로 활용하는 것은 교육의 대상인 인간을 수단으로 사용하는 것이다. 인간이 목적이 아니고 수단인 사회, 따라서 인간이 주체가 아니고 객체인 사회를, 도구화된 교육은 유지하고 강화해가는 셈이다. 도구주의적 교육은 60년대부터 본격적인 모습을 나타내었지만, 그 이전부터 한국 교육을 지배한 한 이념이었으며, 이것은 일본 제국주의가 남긴 교육 독소를 철저히 비판 극복하지 못한 결과이기도 하다."[133]

교육이 정치권력의 이념과 정당성을 선전하고 홍보하며 미화하거나 정치권력에 종속된 정책을 마치 교육개혁 정책인 양 추진할 경우, 그것은 이미 교육정책이 아니다. 국민을 우롱하는 기만정책에 불과할 뿐이다. 교육이 경제 논리나 정치권력의 이념 실현 및 정당화의 도구로 전락된다면 어떤 교육개혁이라도 그것은 개혁일 수 없다. 해방 이후 역대 교육부장관들의 평균 재임 기간이 1년 밖에 되지 않은 것도 같은 맥락에서 이해될 수 있다(〈표 4〉 참고).

교육과학기술부가 정치권력의 압박으로부터 교육의 논리를 지키며 정책을 추진해왔다면, 교육은 백년대계라는 말을 할 자격이 있을 것이다. 역대 교육부는 어느 한 번도 그런 적이 없었다. 1년마다 장관이 바뀌고, 교육정책이 바뀌는 형국인데 어느 나라인들 교육이 온전하게 돌아가겠는가. 교육과학기술부가 '콩으로 메주를 쑨다' 하더라도 그것을 믿을 자가 도대체 몇 명이나 되겠는가. 교육과학기술부는 생명을 다했다. 특히 21세기 지식기반사회에 상응하는 새로운 교육을 기대하고자 한다면 교육과학기술부를 존치할 이유는 그 어디에도 없다.

20세기 산업화 시대의 교육이 지고지순의 교육인 양 오늘도 '학교의 불빛'을 강요하며 진행하는 한 한국 교육의 미래는 없다. 죽은 교육의 연속일 것이다. 이제 교육과학기술부를 해체하고 새로운 교육 패러다임으로 교육의 백년대계를 구상할 시기가 왔다. 교육과학기술부에 조금이라도 미련을 갖는 한 그것은 죽은 교육의 생명 연장일 뿐, 21세기 교육을 대비하는 '희망의 한국 교육'을 결코 만들어갈 수 없다.

이제 교육과학기술부를 해체하고 정치권력으로부터 독립적인 전혀 새로운 형태의 '국가교육위원회'를 구성하자. 이것이 교육을 정치권력으로부터 보호하고 정치와 경제의 논리가 아닌 교육의 논리에

〈표 4〉 정부 수립 후 역대 교육부장관 수 및 평균 재임기간

구분	재임 기간	역대 교육부장관	
		장관의 수	평균 재임 기간
제1공화국	1948. 8~1960. 4	6명	1년 9.3월
제2공화국	1960. 4~1963. 12	7명	3.8월
제3~4공화국	1963. 12~1980. 5	11명	1년 5.8월
제5공화국	1980. 5~1988. 2	4명	1년 9.2월
제6공화국	1988. 2~1993. 2	4명	1년 2.5월
김영삼정부	1993. 2~1998. 3	5명	1년 0.2월
김대중정부	1998. 3~2003. 3	7명	7.1월
노무현 정부	2003. 3~2008. 2	8명	6.1월
이명박 정부	2008. 2~2012. 9 현재	3명	1년 5.6월
합계(평균)	64년 1개월	55명	1년 1.6월

의해 백년대계를 견고하게 지켜나가는, 그리고 공교육 정상화와 아이들을 중심에 둔 교육의 목적과 방향으로 새롭게 나갈 수 있는 유일한 방안이다.

국가교육위원회는 어떻게 만들어야 할까

'국가교육위원회를 구성하자'는 제안은 단순하다. 지금까지 교육정책의 구상과 입안, 추진 그리고 교육과정 편성과 학제 개편, 학교 단위 교육 활동에 대한 지원과 감독, 교육 자치, 각종 예산 편성 및 집행, 감독에 이르는 초·중등 교육과 대학 교육에 관한 한 거의 모든 일은 교육과학기술부에서 독점적으로 운영해왔다. 이것을 바꾸자는 것이다. 교육과학기술부를 실무 집행 기구로 그대로 두자는 주장도 있겠으나 국가교육위원회를 구성하면 옥상옥의 불필요한 국가기관이 하나 더 늘어나는 꼴이 된다.

앞에서 밝힌 것처럼 교육과학기술부는 더 이상 교육정책을 입안하고 추진할 자격을 상실했고, 그 생명력마저 끝났다. 교육과학기술부를 발전적으로 해체하고 국가교육위원회로 새롭게 출범해야 한다. 현행 교육과학기술부에서 독점적으로 운영하고 있는 교육 전반에 관한 일체의 업무를 국가교육위원회로 이관하고, 현재의 교육과학기술부를 해체하는 것이 시대의 흐름에 부응하는 역사적 과제라 할 수 있다.

국가교육위원회에서는 국가 교육과정의 편성, 학제 개편, 각종 교육개혁 정책 입안, 학교 단위 교육 활동에 대한 지원 방안, 교사 양성 및 재교육 정책, 대학입시 제도의 혁신, 대학 체제 개편 및 대학교육 시스템 혁신 등에 관한 업무를 다루고, 그 산하에 각종 교육정책을 집행하고 점검하며 지원하고 감독하는 실무 체제를 다양한 업무별로 구축하자는 것이다. 해체되는 교육과학기술부는 국가교육위원회 산하의 여러 실무 집행 체제로 분산해 새롭게 편성된 업무를 집행하는 하위 기구로 운영되도록 한다.

또한 해체된 교육과학기술부는 16개 지역별 광역 단위 시·도 교육청과 유기적 협력 관계 속에서 지역과 학교 단위 교육 활동을 지원하는 역할을 수행한다. 핀란드의 교육 성공 사례를 토대로 착안한다면, 국가교육위원회는 교육정책의 입안과 추진에 있어서 법과 제도의 개선을 통해 일방적으로 밀어붙이려는 방식이 아닌, 국민적 합의 도출을 위한 끈질긴 토론과 설득, 노력으로 각종 정책을 만들어 가는 실질적인 교육개혁 추진의 구심체가 되도록 운영한다.

국가교육위원회의 구성은 '대학 체제 개편'과 더불어 대학의 서열화 해소에도 기여할 수 있는 현실적으로 가장 유력한 방안이다. 또한 사학 비리를 방조하고 교육정책의 실패를 되풀이해 온 교육과학기술부의 해체 대안으로서도 가장 바람직한 대안이다. 국가교육위원회를 구성하자는 제안은 김상곤 경기도 교육감도 이미 제기했던 사안[134]이기도 하지만 교육과학기술부의 해체가 아닌 존속에 무게를 두고 있다는 점에서 한계를 갖는다. 핀란드의 교육개혁 추진 과정에서 확인했던 것처럼 교육의 논리에 의한 교육개혁의 성공을 이루어내고, 나아가 교육 문제는 교육 분야만이 아닌 한국 사회의 전반적인 개혁과 더불어 추진해야 한다는 점에서 교육과학기술부의 존속은 국가교육위원회와의 갈등과 대립을 필연적으로 불러올 수밖에 없다.

정치권력으로부터 독립적인 새로운 형태의 국가교육위원회는 그 산하에 업무별 특성에 따라 "유초중등위원회, 대학교육위원회, 직업교육위원회, 학문정책위원회, 평생교육위원회 등의 조직"[135]을 편성하여 운영할 수도 있다.

> "국가교육위원회(가칭)는 부총리급을 위원장으로 하고, 여러 교육 주체들이 참여하도록 구성하고, 고등교육 정책을 비롯한 국가의 핵심 정책을 수립하는 일을 합니다. 교육은 백년대계이고, 국가의 장래를 위하여 매우 중요한 일이므로, 소수의 교육 관료들이 교육정책을 결정하지 말고, 여러 교육 주체들이 참여하는 기구에서 결정하자는 것입니다. 초·중등 교육은 교육 자치에 맡기고, 교육부는 정책 집행과 예산 배분, 학교를 지원하는 일을 하도록 위상을 재정립할 필요가 있습니다."[136]

하지만 이런 구체적인 내용도 중요하겠지만 그 이전에 왜 교육과학기술부를 해체하고 국가교육위원회를 구성해야만 하는가에 대한 국민적 합의와 설득 과정이 필요하다. 교육과학기술부의 해체 그 자체가 곧바로 국가교육위원회의 위상을 만들어내고, 국가교육위원회에 대한 국민적 신뢰와 합의를 조속히 이끌어내는 과정이 되기 때문이다.

각 나라마다 문화와 역사와 교육적 토양이 다르기 때문에 외국의 성공 사례를 무비판적으로 우리나라에 그대로 이식 적용하는 것은 잘못이지만, 핀란드의 교육 성공 사례를 타산지석의 관점에서 살펴보자. 정권 교체도 대략 2년 정도이고, 좌파와 우파의 대립과 갈등도 깊었고, 부존자원도 부족했고, 인구도 적고 심각한 경제적 위기를 겪은 가난한 나라임에도 국가교육위원회(핀란드는 국가교육청)가 좌·우파 간의 숱한 정권교체에도 불구하고 견실하고 변함없는 교육개혁 정책을 추진해왔다는 사실이다. 핀란드는 급속도로 변화하는 국제 정세에 대처하고, 심각한 경제 위기를 겪고 있는 가난한 나라가 살 수 있는 길을 교육개혁에서 그 실마리를 찾았다. 사회 전반의 복지제도 확충 및 사회개혁과 더불어 종합학교의 교육개혁을 통해 국가 경쟁력을 높이는 데 국민적 지혜를 모아 성공을 이루어냈다. 이를 위해 핀란드는 1960년 초반부터 교육개혁 논의를 시작해서 1968년에 법으로 확립했고, 법이 통과된 이후, 1972년까지 시범 운영을 거쳐 교육개혁에 성공한 대표적인 나라가 되었다. 국민적 합의 도출이 있었기에 정권이 바뀌어도 교육개혁을 견실하고 일관되게 추진할 수 있었던 것이다.

조선 시대 세종대왕도 훈민정음 창제 이후 3년간의 시범 운영을 거친 뒤에 공표한 것도 국민적 설득과 믿음이 그만큼 중요한 요소였기 때문이다. 우리나라처럼 교육부장관의 평균 재임 기간이 1년 남짓 되고(이기준 부총리 겸 교육인적자원부 장관은 57시간 만에 물러나기도 했다) 장관에 취임해서 "업무만 파악하고 물러난다"[137]는 자조적인 말이 일상회된 처지에서 일관성 있는 교육개혁의 추진이나 교육개혁 정책에 대한 국민적 신뢰는 결코 기대할 수 없다.

핀란드의 교육개혁 정책을 주도한 국가교육청장(국가교육위원회)

에르키 아호의 재임 기간이 거의 20여 년(1972~1991년)이었다는 것은 매우 시사적이지 않은가. 교육개혁은 국민적 합의와 신뢰를 바탕으로 하지 않으면 매우 어렵다. 교육 문제는 그 자체에만 그치는 것이 아니라 사회 전반의 개혁과 동시적 연계망 속에서 해결해야 하기 때문이다. 국가교육위원회를 구성하면, 교육과학기술부는 자동으로 해체되고, 전국 16개 광역 단위 시 · 도 교육청은 국가교육위원회와 지방자치단체와 유기적 협력 속에서 학교 교육의 지원 방안들을 추진해나간다.

그렇지만 국가교육위원회를 구성한다고 모든 문제가 해결되는 것은 아니다. 학교의 교육 시스템을 혁신적으로 바꿔야 한다. 국가교육위원회 구성의 대전제가 대학 체제 개편과 대학 서열화 해소에 따라 학벌 숭배라는 사회 풍토와 입시 중심의 획일적인 경쟁 교육을 완화하고, 궁극적으로 아이들의 다양한 개성과 잠재력을 증진하여 실질적인 교육 경쟁력을 높이려는 데 있다면, 학교 시스템의 혁신은 필수불가결한 요소다. 학교 단위에서의 교육개혁 정책들이 안정적으로 정착될 때 진정한 개혁의 성공이 이루어졌다고 말할 수 있기 때문이다. 국가교육위원회는 광역 단위 16개 시 · 도 교육청과 함께 학교 단위의 교육 활동이 역동적이고 성과 있게 추진될 수 있는 다각적인 방안을 지원할 필요가 있다.

> "핀란드는 학교 측에서 국가의 방침과 감독 시스템에 기초해 독자적인 개발 계획과 실천 전략을 기획하도록 장려했습니다. 그 결과 분권화와 지방자치의 증대로 학교는 더 많은 자율성을 누리며 최적의 교수법과

학습 환경을 확립할 수 있었을 뿐만 아니라, 교육 개발과 학교 개선에서 진정한 리더십과 책임을 갖게 되었습니다. …(중략)… 1970년대 종합학교 개혁은 지방자치단체와 학교들의 주도 아래 그들이 실행한 광범위한 실험적 프로젝트와 자발성에 의해 기획되고 뒷받침되었습니다. 지난 30년 동안 교육 시스템에는 혁신의 문제가 깊이 뿌리내렸습니다. 혁신은 1990년대에 더욱 강화되고 다양해졌습니다. 이 시기에 중앙 통제가 폐지되고, 지방자치단체와 학교는 거의 완전한 자율성을 누리며 일상적인 교육 서비스들을 개발할 수 있었습니다."[138]

백년대계는 아닐지라도 최소한 '30년대계'의 교육개혁 정책을 입안할 수 있는 국가교육위원회의 구성을 통해 실질적인 교육 자치의 구현과 공교육 정상화를 도모하고, 학교 단위 교육 시스템을 새롭게 개편하고, 학교가 교육을 책임지는 믿음의 교육으로, 교육정책들이 신뢰를 받는 정책으로 자리 잡도록 국민적 합의 도출을 위해 노력해야 한다. 국가교육위원회의 구성은 교육개혁의 성공을 가늠하고 이끌어내야 한다는 시대적 요청이자 역사적 과제다.

2. 외국어고 · 자사고 폐지하고, 평준화 체제로 전환하자

고교평준화 정책은 1974년 당시 중학교 학생들을 입시 지옥으로부터 해방시켜야 한다는 명분을 가지고 서울과 부산을 시작으로 해서 1975년 인천, 대구, 광주로 확대 · 추진되었고, 1979년과 1980년에는 대전, 전주, 수원, 성남, 원주 등 전국 15개 도시로 그 범위를 넓혔다. 이후 고교평준화 제도는 대학입시에서 고교 내신 성적의 비중이 높아지고, 각 지역마다 비평준화 지역의 문제점을 두루 경험하면서 더욱 확대되었다. 2000년에는 전라북도의 군산과 익산 지역에서, 2002년에는 경기도의 분당, 고양, 부천, 안양, 과천, 의왕, 군포 지역에서, 2005년에는 전라남도의 목포, 순천, 여수 지역에서 , 2006년에는 경남 김해 지역, 2008년에는 경북 포항 지역이 고교평준화 지역으로 전환되면서 전국으로 고교평준화가 대세를 이루게 되었다.[139]

고교평준화가 하향평준화라는 주장은 허구다

그러나 '고교평준화는 하향평준화다'라는 매서운 비판이 봇물처럼 쏟아지기 시작했다. 특히 이명박 정권은 수준별 수업에 이은 수월성 교육의 확대 실시, 학생 · 학부모의 교육권 존중과 학교 선택권 부여, 교육과정 편성 및 학생 선발권과 관련된 학교 자율화 조치를 통해 고교평준화 제도의 보완을 주장했다. '고교 다양화 300 프로젝트' 정책이 바로 그것이다. 고교평준화 제도의 보완책은 보수 언론과 일부 학부모 집단의 지원을 받아 매우 강도 높게 적극적으로 추진되었다. 특목고 추가 설립, 자립형 사립고(자사고) 확대, 자율형 사립고와 공립고가 전국 곳곳에 설립되면서 이제는 '고교평준화 정책이 완전히 해체되었다'는 우려도 커지기 시작했다.

하지만 특목고나 자사고 등이 사교육 폭증을 유발하는 주범이 되어 사실상 학교를 입시 학원으로 전락시키며 대학 서열화에 이어 고등학교마저 서열화를 조장한 표본이라는 따가운 비판을 받기 시작했다. 또한 연간 1천만 원이 넘는 학비를 부담해야 하기 때문에 돈 많은 집안의 자녀들이 다니는 귀족학교, 교육 기회의 불평등을 낳고 교육의 양극화를 확대시키는 학교라는 비판과 사회적 압력으로부터 자유로울 수 없었다. 지금도 여전히 고교평준화 제도를 살려야 한다는 주장과 함께 고교 선택권을 존중해야 한다는 주장이 맞서면서 학교 제도에 대한 논란은 계속되고 있다.

고교평준화 제도에 관한 논란의 핵심은 학력의 하향평준화 주장과 이의 극복을 위한 고교 선택권과 수월성 교육의 허용에 있다. 고교평준화가 교육의 평등성에 강조점을 두고 있다면, 고교 다양화는 교육의 자율성에 방점을 두고 있다. 전자는 교육 기회의 평등성이 보장되지 않은 상태에서 학력 저하는 시작점이 잘못되었다는 주장인 반면, 후자는 학생 · 학부모의 교육받을 권리를 앞세워 다양한 교육을 받기 위해서는 교육의 평등성도 중요하지만 교육의 자율성이 더 중요하다는 입장이다. 즉 전자에서 생각하는 교육관은 교육의 공공성과 사회적 성격을, 후자에서는 교육의 수월성과 개인적 성격을 중시하는 입장이라고 할 수 있다.

교육을 바라보는 관점은 철학적 논쟁의 대상이고 개인마다 집단마다 철학이 다를 수도 있기 때문에 그렇다고 치자. 그러면 과연 고교평준화로 학력이 하향평준화되었느냐의 문제, 교육의 평등성과 자율성의 문제는 실증적으로 검증이 가능하다는 측면에서 반드시 따져봐야 한다.

우선, 고교평준화가 학생들의 학력을 하향평준화했다는 주장이다. 정말 그럴까? 결론부터 이야기하자면 하향평준화 주장은 전혀 근거가 없는 무책임하고 헛된 주장에 불과하다. 오히려 고교평준화 지역 학생들의 성적이 비평준화 지역의 학생들보다 좋았을 뿐만 아니라, 일반계고 학생들이 특목고나 자사고 학생들보다 학업성취도가 높았기 때문이다. 교육과학기술부가 국회에 제출한, 〈2012학년도 수능 전체 수험생 성적〉[140] 원 자료를 분석한 결과부터 살펴보자(〈표 5〉 참고).

언어영역에서 수능 1~2등급을 받은 학생의 비율이 고교평준화 지역에서는 9.50%인데 비해 비평준화 지역에서는 7.86%에 그쳤고,

〈표 5〉 평준화 · 비평준화 지역의 수능 1 · 2 등급 비율

* 특목고와 자사고 등은 제외(단위 : %)

구분	언어	수리 가	수리 나	외국어
평준화	9.50	9.24	8.51	8.84
비평준화	7.86	6.41	6.94	6.42

* 자료 : 교육과학기술부(2011)

수능성적 하위권이라 할 수 있는 8~9등급을 받은 학생의 비율도 평준화 지역은 8.7%로 비평준화 지역의 13.5%보다 훨씬 낮았다. 표준점수에서도 평준화 지역 학생은 100.2점인데 반해 비평준화 지역은 96.4점이었다. 이는 수리 '가형'과 외국어영역에서도 고교평준화 지역의 수능 상위 1~2등급을 얻은 비율이 수학 9.24% 대 6.41%, 영어 8.84% 대 6.42%로 높았다. 마찬가지로 하위 8~9등급을 얻은 비율도 평준화 지역이 비평준화 지역보다 낮았다. 고교평준화가 하향평준화를 낳았다는 근거는 찾아볼 수 없다. 오히려 그 반대다.

교육과학기술부가 주최한 〈국가 수준 학업성취도 평가와 대학수학능력시험 자료 분석 심포지움〉에서 발표한 연세대 강상진 교수팀의 연구 결과[141]에서도 동일한 결과를 확인할 수 있다. 1995년부터 16년간 수능시험의 평균을 비교 · 분석한 결과에서도 평준화 지역 학교의 수능 평균점수가 비평준화 지역 학교들보다 예외 없이 높았고, 2003년부터는 그 격차가 확대되었다는 사실이다. 그 이유는 평준화 지역에서는 학생을 중학교 내신성적과 추첨에 의해 모든 학교에 골고루 배정하는데 비해, 비평준화 지역에서는 우수 학생들이 진학을 희망하는 우수 고교로 몰리고, 성적이 낮은 학생들은 진학을 기피하는 학교로 몰리는 불균등한 진학에서 비롯된다.

2004년 평준화 정책의 효과를 검증하기 위해 연세대 강상진 교수와 서울대 김기석 교수팀은 한국 교육과정평가원의 자료를 바탕으로 각각 전국 평준화 지역과 비평준화 지역 125곳의 고등학교를 비교하는 횡단 분석과 2001년 1학년인 학생의 2~3학년 성적을 추적하는 종단 분석을 실시했다. 그 결과를 보자. "부모의 경제력, 학생의 개인적 특성을 배제한 채 동등한 상태라면 평준화 지역 학생들이 비평준화 지역의 학생들보다 성적이 더 많이 향상되었고, 사교육비도 경제적 배경을 제외한 결과 평준화 지역이 비평준화 지역보다 더 적었다."[142]

고교평준화가 하향평준화를 가져오지 않았다는 실증적 근거는 이것만이 아니다. 고교평준화 지역 학생들과 비평준화 지역 학생들의 성적은 거의 차이가 없었고, 고교평준화 정책이 수월성 교육에 부적합하다거나 평준화 정책 때문에 학생들의 학력이 하향평준화되고 있다는 정부와 보수 언론의 주장은 전혀 근거가 없는 무책임한 주장이다.

교육과학기술부와 한국 교육과정평가원이 분석한 〈최근 5년간 수능시험과 학업성취도 평가〉 결과(2005~2009학년도)[143]를 보더라도, 평준화 지역에서 수능 1~2등급을 받을 확률은 비평준화 지역의 1.34배이고, 3~4등급을 받을 확률은 1.43배이며, 5등급을 받을 확률은 1.25배, 6~7등급을 받을 확률은 1.40배였다. 이화여대 성태제 교수가 분석한 〈2006년에서 2008년 국가수준 학업성취도 평가〉 결과에서도 평준화 지역이 비평준화 지역보다 높았다. 이러한 연구 결과들은 한국 교육개발원이 경기도 교육청의 의뢰를 받아 실시한 경기 지역 평준화 지역 학교 11곳과 비평준화 지역 학교 17곳 학생들의 고교 3년간 치른 모의 수능 평균점수에서도 그대로 드러났다.[144]

또한 성기선 · 강태중 교수의 〈평준화 정책과 지적 수월성 교육의 관계에 관한 실증적 검토〉[145] 연구에서도 동일한 결과가 나왔다. 평준화 지역 고교생의 모의고사 평균 성적이 비평준화 지역 고교생보다 높았다. 한마디로 고교평준화가 하향평준화를 불러왔다는 주장은 지금까지 연구 결과를 보면 어디에서도 그 근거를 찾을 수 없다. 오히려 평준화 지역 학생들의 학력이 더 높았음을 확인할 수 있다.

그동안 학부모와 교육 당국자들을 포함하여 거의 모든 국민들은 고교평준화는 이제 그 생명을 다했다고 여기면서 교육의 자율성 확대를 통해 새로운 학교 유형을 다양화해야 한다고 믿어왔다. 이명박 정권이 '고교 다양화 300 프로젝트' 정책을 강력하게 밀어붙인 이유이기도 했다. 특히 지방자치단체에서는 특목고와 자사고 유치 경쟁을 선거에 이용하기도 했고, 일부 지역에서는 큰 호응을 얻어 전국 곳곳에 특목고와 자사고, 자율고(공립과 사립) 등이 우후죽순처럼 설립되거나 학교명을 변경하기도 했다. 이것들은 학력의 하향평준화를 초래한 고교평준화 제도의 문제점을 보완할 수 있는 유력한 대안으로 수용하여 추진한 정책이었다. 이 정책의 핵심적 근거는 평준화처럼 추첨 선발에 의한 학교 배정이 아닌 학생 · 학부모의 교육권 존중과 고교 선택제 부여에 따른 요구에 있었다.

과연 고교평준화로 학력이 하향평준화 되었는가? 반면 고교 선택제와 고교 다양화 정책은 성공적인 정책이었는가? 고교평준화 제도는 성공적인 정책이었음이 드러났고, 고교 선택제와 고교 다양화 정

책은 명명백백하게 실패한 정책임이 밝혀졌다.[146]

부유층 학생과 성적 우수 학생만을 위한 귀족학교, 사교육을 유발하는 학교, 고등학교마저 서열화를 조장하는 학교, 학교 운영의 자율성을 빙자하여 학교를 입시 학원으로 만들어버리는 학교, 교육의 양극화를 심화하는 학교가 이명박 정권이 추진한 '고교 다양화 300 프로젝트'의 결과였다. 그래도 여전히 고교평준화 정책에 돌을 던질 수 있는 자는 과연 누구이겠는가. 이는 하향평준화를 유일한 공격 무기로 삼아 고교평준화 제도를 흔들고 궁극적으로는 평준화 폐지를 주장하는 불순한 세력 집단이 우리 사회에 존재하고 있다는 것이다.

특목고 · 자사고의 약진은 사교육과 선발 효과다

고교평준화 제도를 반대하는 사람들 중에는 그래도 특목고, 자사고 등이 명문대 합격자를 많이 배출하고, 우수 학생들이 많은 좋은 학교가 아닌가라고 반문할 수도 있을 것이다. 맞는 말이다. 하지만 좋은 학교란 무엇인가? '또는 과연 이런 학교들이 왜 명문대 합격자를 많이 배출한 학교인가' 하는 질문을 던져보면 우수 학교니 좋은 학교니 하는 말이 얼마나 허구인가를 금세 알아차릴 수 있다.

한번 생각해 보자. 도대체 '좋은 학교'란 어떤 학교인가? 성적이 우수한 학생들이 많이 모여 있는 학교일까? 훌륭한 교사들이 많고 학교 시설이나 교육여건이 잘 갖추어진 학교일까? 학부모들의 직업군이 좋고 고소득층의 자녀들이 많이 다니는 학교일까? 물론 그럴

수도 있을 것이다. 하지만 나는 이런 학교가 좋은 학교는 아니라고 생각한다. 내가 생각하는 좋은 학교란 학생들이 조금 부족할지라도 잘 가르치는 학교다.

특목고와 자사고가 일반계 고교에 비해 대입에서 성적이 좋고 명문대 합격자를 많이 배출하는 것은 부정할 수 없는 사실이다. '2012학년도 서울대 고교별 합격자 수'를 보더라도 특목고와 자사고, 그리고 일반계 고교에서 자율고로 전환한 고교에서 좋은 결과를 보여주고 있기 때문이다.

그런데 이런 학교들이 왜 명문대 합격자를 많이 배출했는가? 학교 시설과 좋은 교육여건, 훌륭한 교사 집단, 교육과정의 다양성과 자율성을 실천한 학교장의 운영 철학에서 비롯된 결과가 결코 아니다. 이는 한국 교육의 또 하나의 불편한 진실이다. 수준별 수업과 수월성 교육의 실시, 그리고 교육과정의 다양성에서 얻어낸 결과가 아니라 신입생 선발 과정에서 성적이 우수한 중3 학생들을 많이 끌어왔기 때문이다. 신입생 '선발 효과,' 혹은 '특목고 · 자사고 효과'에서 비롯된 것이지 학교에서 잘 가르쳤기 때문에 이런 결과를 낳은 것이 아니라는 말이다.

어느 학교든지 우수 학생이 많으면 대입성적도 좋은 결과를 얻기 마련이다. 꼭 특목고이고 자사고이어서 이런 결과를 낳은 것이 아니라는 불편한 진실이다.

한국교육개발원이 2009~2010년 두 차례에 걸쳐 서울 지역 일반계 고교 60곳과 자사고 8곳, 자율형 공립고(자공고) 5곳, 특목고 10곳을 대상으로 수학과 영어에 대한 재학생들의 학업성취도를 조사 연구한 〈학교 다양화에 따른 고교 유형별 학교 및 학생 특성 분석〉[147] 보고서에 따르면, '학업향상도'와 '학업성취도'가 매우 달랐다.

일반계고 학생들의 입학 직후 신입생들의 평균점수를 기준으로 볼 때, 일반계고와 자공고 학생들은 별로 차이가 없었으나 특목고와 자사고 학생들의 평균점수는 일반계고 평균점수보다 훨씬 높았다. 이는 특목고와 자사고가 성적 우수생을 신입생으로 유치한 데서 오는 당연한 이치다. 그런데 이들 학생이 2학년이 된 이후에 얻은 변화된 평균점수를 보면, 특목고 · 자사고 · 자율고 모두 일반계고 학생들보다 낮았다. 영어와 수학 모두 마찬가지였다.

특목고나 자사고 등이 일반계고에 비해 학업성취도가 높은 것은 교육의 질적 수준이 높고 다양성을 추구한 결과라기보다는 학생들의 가정 배경, 곧 학부모의 경제력에 따른 사교육 효과에서 비롯된 것이다. 이것이 소위 '특목고 · 자사고 효과'를 불러와 좋은 결과를 낳았다. 특목고 · 자사고 효과는 입학 당시 성적이 우수한 공부 잘하는 학생들을 신입생으로 유치한 '선발 효과'의 덕택이었다. 이들 학교가 다른 학교에 비해 특별한 교육 철학이 있었다거나 특출하게 잘 가르쳐서가 아니라 애시당초 입학 당시부터 성적이 우수한 신입생들을 많이 모집한 결과 명문대 합격자 등 대입성적이 좋았다는 것이다.[148] 이에 반해 학업향상도에서 일반계고가 가장 높은 결과를 가져왔다는 연구 결과는 오히려 일반계고가 더 열심히 잘 가르쳤다는 것으로밖에 설명할 도리가 없다.

우수 학생들을 많이 모아 놓고 가르치는 학교보다 고교 입학 당시 성적은 낮지만 열심히 노력한 결과 학업향상도를 높인 학교가 좋은 학교가 아닐까. 특목고 · 자사고가 우수 학교라는 말은 공부 잘하는 중3 학생들을 독점한 덕분일 뿐, 이들 학교가 좋은 학교이고, 훌륭한 학교이기 때문이 아니다. 외국어고가 수능시험에서 우수한 성적을 거두는 것은 뛰어난 교육 효과가 아니라 중학교 때 성적이 우수한 학생을 독점적으로 선발해서 얻은 결과다. 이는 자사고도 마찬가지다.

민병철 한국교육개발원 연구원과 박소영 숙명여대 교육학부 교수가 수행하고 한국교육개발원이 펴낸 《한국 교육》의 〈외국어고등학교 효과 분석〉이란 연구 논문[149]에서 밝힌 내용을 보면, 부모의 학력, 성별, 가구 수입, 사교육비 등을 완전히 배제한 상태에서 외국어고와 일반계고 학생들의 수능점수 격차는 언어영역의 차이는 통계적으로 무의미했고, 수학과 영어의 차이는 절반 정도 줄어들었다고 한다. 이는 자녀들이 외국어고나 자사고 등에 입학하면 일반계고에 다니는 것보다 수능성적이 올라가고, 따라서 명문대에 합격할 가능성도 높다는 믿음이 사실과 다르고 오히려 근거 없이 부풀려진 허구적 믿음에 지나지 않는다는 것을 뜻한다.

고교평준화 지역 학생들의 학력이 비평준화 지역 학생들에 비해 높은 학력을 얻었듯이, 일반계고 학생들의 학업향상도 역시 특목고나 자사고 학생들보다 훨씬 높았다. 또한 특목고나 자사고 학생들의 명문대 합격과 높은 대입성적은 학교가 좋은 학교이고, 잘 가르친 교육적 효과에서 비롯되는 것이 아니라, 선발 효과, 특목고 · 자사고 효과를 등에 업고 중3 우수 학생들을 독점한 결과라는 것이다.

외국어고 · 자사고는 '한 방 신화'다

그렇다면, 고교 서열화 조장, 교육의 양극화 심화, 학교의 입시 학원화, 사교육 폭증의 진원지 및 귀족 학교로 비판받고 있는 외국어고와 자사고, 자율고를 어떻게 할 것인가?

동국대 박부권 교수의 〈2010년 서울 중학교 졸업생들의 학급 석차별 진학 고교 유형〉을 보면, 일반계 고교의 경우 고교 입학 당시 전체 입학생 수 대비, 1~2등급 입학생의 비율(4.4%)이 외국어고(83.7%)와 자율고(35.7%)에 비해 월등히 낮은데도 불구하고 학업향상도가 훨씬 높았다(〈표 6〉 참고).

학업향상도가 높아진 것은 외국어고와 자사고 등에 비해 일반계고가 더 열심히 잘 가르쳤다는 것이고, 좋은 학교라는 말이다. 고교

〈표 6〉 2010년 서울 중학교 졸업생들의 학급 석차별 진학 고교 유형

학교	전체 입학생 수	학급 1~2등 입학생	1~2등 입학생 비율
일반계고	1684	75	4.4%
과학고	9	5	55.5%
외국어고	37	31	83.7%
자립형 사립고	73	14	19.1%
자율형 공립고	12	2	16.6%
예체능고	21	1	4.7%
전문계고	267	1	0.3%
기타	150	3	2%
계	2253	132	

표본: 66학급 졸업생 2,253명. 자료: 박부권 동국대 교육학과 교수

입학 당시 성적은 낮았지만 꾸준한 향상을 이끌어냈기 때문이다.

그러므로 특목고 가운데 예체능고와 과학고를 제외한 외국어고와 자사고, 자율고는 모두 해체하고 전국의 모든 고등학교를 평준화 체제로 전환해야 한다. 고교평준화 제도는 정부와 일부 보수 언론의 주장과 비판적 보도와는 달리 하향평준화를 불러오지도 않았다. 고교평준화는 오히려 더 높은 학업향상도를 보여주었다. 고교평준화의 정신은 "전 세계적으로 공교육의 근간으로서 가장 보편적인 교육 정책"이다.

> "고등학교는 인간의 가치를 존중하는 고등 보통 교육기관이다. 가난뱅이나 부자나, 지체가 높은 집의 자녀나 낮은 집의 자녀나, 머리가 좋은 학생이나 나쁜 학생이 다 한데 어울려 일반 소양을 쌓는 곳이다. 학력 저하를 우려하는 분이 있는데, 그 학력의 기준이 뭔가? 시험이라는 절박한 상황 속에서 오직 시험을 위해 단편적인 지식을 암기한 뒤 시험 치고 나면 까맣게 잊어버리는 그 하루살이 공부를 말하는 것인가? 공부하고 싶을 때 자기주도적으로 공부하고, 책을 읽고 글을 쓰며 독창적인 사고를 하는 것이 진짜 학력이다. 고교 교육은 사람됨을 강조하는 인간 교육으로 바뀌어야 한다."[150]

특히 외국어고는 모두 잘 알고 있듯이 외국어 전문인 양성이라는 학교 설립의 취지를 의도적으로 훼손·악용하면서 사교육 폭발의 진원지가 되고 있다. 초등학교 학생들까지 사교육의 전쟁터로 내몰고 있으며 학부모들의 가계를 압박하고 있다. 한국교육개발원의 〈사교육 실태 및 대책〉 보고서[151]를 보면, 특목고 진학을 위해 초등학생의 94.2%, 중학생 87.6%가 사교육에 참여하고 있다. 또한 초등과 중학생들이 특목고 진학을 위해 지출하는 연간 사교육비의 비율도 각각 28.6%와 40%에 달한다. 외국어고는 사교육 업체의 배를 채워주는 노릇을 하고 있다. 따라서 순수한 의미에서 외국어 전문인 양성 학교로 운영하겠다는 외국어고를 제외한 나머지 외국어고는 모두 일반계고로 전환해야 한다.[152]

혹자는 외국어고를 자사고 등으로 전환하는 것도 하나의 방법이라고 주장할 수도 있겠으나, 자사고 역시 사교육비 폭증의 유발하는 학교로 공교육을 왜곡하는 진원지이기에 결코 대안이 될 수 없다.[153] 자사고는 물론이고 외국어고도 대부분이 사립학교이기 때문에 사립학교의 자율성 보장이나 학부모의 고교 선택권 존중을 명분으로 반대할 수도 있겠으나, 이런 문제들은 공교육 정상화 의제보다 우선이 될 수 없다. 자사고든 외국어고든 스스로 설립 취지를 어기고 자율성을 악용해온 자가당착의 결과이기도 하다. 공교육 질서를 허물어뜨리고 학교 교육을 왜곡 · 훼손하는데 앞장서는 학교라면 그 존재 이유를 이미 상실한 것이다. 외국어고와 자사고는 새로운 학교 형태로 조속히 전환해야 마땅하다.

지금의 외국어고와 자사고는 자본의 시장 논리가 횡행하는 무한경쟁의 입시 전쟁터요, '그들만의 집단적 리그'를 즐기며 학벌과 계급 권력 획득을 위한 집단적 광기를 보여주는 곳이다. 또한 자율성을 명분으로 교육의 다양성을 우롱하며 마음대로 행사하는 귀족학교에 지나지 않는다. 더욱이 이들 학교는 부자가 이기는 사회 만들기와 교육의 양극화를 통한 사회적 불평등 구조를 고착화하고 있다. 나아가 다음 세대에까지 사회적 지위와 경제적 부의 대물림을 확대 재생산하면서 고질적인 학벌 사회를 더욱 심화하는 '그들만의 학교'에 지나지 않는다. 본래의 설립 취지에 따른 학교의 기본적인 정체성마저 스스로 내팽개쳐버렸기에 바람직한 학교가 아니라는 말이다. 외국어고와 자사고를 지속 · 운영하면 금방이라도 교육 효과가 살아나고 경쟁력도 향상될 것이라고 생각하겠지만 이는 착각이다. 마치 이명박 정부의 핵심 정책이었던 한반도 대운하 사업이나 새만금 사업, 신공항 유치를 하면 지역경제가 금방이라도 살아날 것처럼 환상을 갖게 만드는 '한 방 신화'와 다름없다.[154] '한 방 신화'가 교육 발전을 가져올 것이라는 착각을 증폭시키고, 교육 재원을 낭비하며 궁극적으로 교육의 정상적인 발전을 가로막는 요인으로 작동하고 있다. 외국어고와 자사고는 공교육 정상화를 망가뜨리고 고교평준화의 정신과 가치를 훼손하는 정책이라는 점에서 결코 우리 교육의 대안이 될 수 없다.

그러므로 공교육 정상화를 위한 일차적 개혁 과제는 고교 서열화를 없애는 방향에서부터 시작해야 한다. 이명박 정권에서 강도 높게 추진한 '고교 다양화 300 프로젝트' 정책을 폐기 처분하는 일이 고교 서열화를 해소하는 출발점이다. 외국어고와 자사고, 자율고를 폐지하지 않고 그대로 존속시키는 한 교육개혁은 또 다시 짜깁기 개혁에 머물고 말 것이다. 외국어고, 자사고, 자율고의 폐지 문제는 3장에서 언급한 국가교육위원회의 구성과 관계없이 공교육 정상화를 위해 반드시 폐지해야 할 교육개혁의 최우선 과제다. 또한 외국어고와 자사고, 자율고의 폐지는 한국 교육의 난제 중의 하나인 사교육비 폭증 문제를 해소하는 첩경이라는 점에서 가장 시급한 교육개혁의 과제이기도 하다.

3. 교육열과 사교육 폭증, 해법은 있다

한국의 교육열은 자타가 이미 공인한 세계 최고다. 교육열은 다른 국가에도 충분히 있는 현상이기 때문에 크게 문제될 것은 없다. 하지만 한국의 교육열은 다른 국가들의 추종을 불허할 정도의 세계 최고 수준이다. 그렇다면 그 교육열의 정체는 도대체 무엇인가?

한국 사회의 교육열은 하루아침에 발생한 것이 아니다. 교육열은 오랜 역사적 흐름 속에서 자연스럽게 만들어진 집단적 성격이었지만, 오늘날에는 개인적 성격으로 바뀌었다. 교육열이 역사 · 집단적 성격을 지녔다는 것은 대대로 물려받은 조상의 유산적 성격이 있다는 말이다. 조선 시대와 일제강점기 및 해방 직후 미 군정기를 거쳐 오면서 역사적으로 잉태된 조상의 유산으로 물려받은 매우 뿌리 깊은 교육열이다.

한국인과 한국 사회의 "교육열에는 양반이 되지 못한 조선 민중들의 한이 숨어 있고, 세계에 눈을 뜨지 못해 일본에게 짓밟혀야 했던 눈물어린 자각이 도사리고 있으며, 폐허 위에서 굶주린 배를 움켜잡고 외치던 처절한 울음"이기 때문이다. "도대체 우리에게 무엇이 있는가? 우리에게 퍼내기만 하면 돈이 되는 석유가 있는가? 가도 가도 끝이 없는 광활한 영토가 있는가? 우리에게 있는 것은 오직 사람뿐이다. 교육에 대한 한국인의 남다른 열정은 바로 이런 자각의 결과이다."[155]

조선 시대에는 관존민비 사상과 양반의 수탈과 핍박 속에서 양반처럼 출세를 해야 한다는 민중적 서러움이 서려 있었고, 일제강점기에는 일제에 의한 억압과 착취 구조 속에서 살아야 했던 민중들의 배움을 향한 한 맺힌 열망이, 해방 직후 미 군정기를 거치면서 변화하는 시대에 그동안 맺혔던 한을 반복하지 않으려는 내적 의지가 집단적 차원에서 분출되어 만들어진 것이 한국의 교육열이다.

'내 새끼주의'에 함몰된 빗나간 교육열

그런데 그 교육열이 개인적 성격을 띠게 되었다는 말은 오랜 역사 속에서 잉태된 집단적인 민중적 한의 열정과 내적 의지의 분출이 아닌 개인의 출세와 성공을 이루려는 낮은 수준의 교육열로 바뀌었다는 뜻이다. 소위 '내 새끼주의'라는 말에서 알 수 있듯이, 타자인 '남'을 전혀 고려하지 않고 오직 내 자식만 잘 되기를 바라는 부모의 욕망, 혹은 내 자식에 대한 부모의 과도한 애정에서 비롯된 집착을 반영하는 교육열로 바뀌었다.

'남의 새끼'가 어떻게 되든지, 교실 붕괴가 일어나든지, 사교육이 얼마나 지출되든지, 하여튼 '내 새끼만 성공과 출세를 하면 된다'는 극도의 개인적 욕망 구조를 함축하고 있는 것이 오늘날 한국 사회의 교육열이다. 내 새끼의 출세와 성공을 위해서라면 사회 전체에 해악이 되는 일이라도 별로 상관하지 않는다.[156]

교육의 성격이 기본적으로 공공적인 것이고 그 목적도 개인이 아니라 사회 전체를 위해 존재하는 것임에도 '내 새끼주의' 앞에서는 무용지물이거나 헌신짝처럼 취급되고 만다. "아무리 남이 가까워도 동기간보다 못하다는 말처럼, 우리 민족이 일제강점기와 한국전쟁과 같은 극한적인 상황을 겪다보니까 어느 누구도 못 믿을 수밖에 없었던 상황이 영향을 끼친 것"[157]이기도 할 것이다. 그래서 남을 믿을 수 없다는 생각, 사회와 국가 또한 믿을 수 없다는 역사적 경험 등으로 인해 '우리 새끼,' '내 새끼주의'에 집착하게 하였고, 합리적 이성이 작동될 수 없는 지경에까지 이르고 말았다. 수단과 목적이 뒤바뀌는 일이 일어나도 내 새끼만 잘 되고 그리하여 우리 집안만 탄탄대로처럼 잘 나가면 되는 것이 교육의 목적이 된다. 당연히 교육의 공공성과 사회적 책임성에는 무관심하게 된다.

이러한 '내 새끼주의' 교육열, '내 새끼 · 우리 새끼'만을 위한 교육열이 오늘날 사교육 폭증의 근원적 뿌리라고 생각한다. 그런데 이 '내 새끼주의'에는 자녀의 의지와는 별개로 학부모의 이기주의적 교육관이 반영되어 있다. 이것은 학벌과 명문대 진학을 해야만 '내 새끼'가 성공과 출세를 할 수 있다는 믿음으로 구체화된다. 사교육 폭증 현상은 바로 이 '내 새끼주의'에 기초하는 학부모의 내적 욕망 구조를 여실히 반영하고 있다.

그런데 학부모의 '내 새끼주의'가 '내 새끼'와 협력적 관계를 맺지 못하고 대립과 충돌을 할 수밖에 없는 이유도 '내 새끼'의 욕망이 아닌 타자, 곧 학부모의 욕망에서 비롯되기 때문이다. 10대 청소년들의 절반이 학업과 진로 문제로 자살 충동을 느끼고 실제로 해마다 200명이 넘게 자살하는 사례가 그렇다.

공부 스트레스로 인해 가족 간의 갈등으로 비화되어 가정 파탄이나 자식이 부모를 살해하는 사건들이 발생되는 이유도 그렇다.[158] 예술고에 진학하고 싶은데 판사와 검사되라고 닦달하는 아버지를 살해한 사건, 공부도 하지 않고 결석한다고 여러 차례 꾸짖는 어머니를 때려서 숨지게 한 뒤 집안에 사흘 동안 주검을 방치한 사건, 아버지의 기대에 부응하지 못해 부담을 느낀 나머지 청부업자에게 가족을 살해해 달라고 한 엽기적 사건, 학교 성적표를 보고 꾸짖는 아버지를 흉기로 살해한 사건, 자녀교육의 의견 충돌로 가정불화와 이혼까지 하게 된 사건, 전국 1등을 강요해 온 어머니를 살해한 사건 등은 자녀 사랑을 명분으로 한 학부모의 욕망과 왜곡되고 빗나간 교육열, 성적지상주의와 맹목적인 학벌 숭배 신화에 대한 믿음이 불러온 비극이다.

오늘날 한국 사회의 사교육 폭증은 명문대 진학과 학벌을 따야만 출세한다는 학부모의 욕망과 왜곡된 교육열, 그리고 공교육보다는 사교육 유혹을 부추기는 대학의 성적위주 대입 선발 제도에서 일어나는 일류병이다. 즉 교육열은 대학 서열의 사다리가 한 단계라도 더 높은 학벌을 따기 위한 명문대 진학의 일류병이지 정상적인 자녀

교육관에서 비롯된 교육열은 아니라는 점이다.

한국 사회에서 교육열은 성적위주의 획일적인 대입 선발 제도와 일류병 바이러스에 감염된 경쟁 논리를 부추기는 명문대 진학 욕망이 학교 교육의 방향과 목적을 좌지우지하는 형국이 심화되는 데서 나타나는 현상이다. 한국 사회의 교육열은 부모의 경제력과 사교육 수혜의 정도에 따라 좌우되는 양극화된 경쟁이며 명문대를 향한 맹목적인 일류병 무한 경쟁이다. 따라서 일류병과 명문대 진학에서 비롯된 교육열을 해소하지 않는 한 사교육 폭증은 해소되기 어렵다.

거꾸로 사교육 폭증 현상을 해소하거나 조금이라도 누그러뜨리기 위해서는 명문대 진학과 학벌 따기 경쟁을 중단시키는 획기적인 교육개혁이 뒤따라야 한다. 그렇지 않는 한 사교육 폭증은 좀처럼 해결하기 어렵고, 자녀를 둔 모든 학부모들의 일상적 삶을 고통으로 몰아가는 '교육의 악'이 될 것이다.

아마도 교육 문제에 관한 한 한국의 부모들은 자신이 교육의 전문가라고 생각할 것이다. 교육은 '내 새끼를 위한 교육'이기 때문이다. '행여 내 새끼가 경쟁에서 뒤처지지나 않을까,' '내 새끼가 미래에 남들에게 대접받으며 잘 살아야 하는데,' '부모로서 자녀교육을 잘못했다는 비난을 들어서는 안 되는데'라는 불안감과 공포 심리, 배제와 소외의 두려움 등을 떨쳐내기 바라면서 자식 농사에 소홀히 하는 학부모는 아무도 없을 것이다. 학부모들의 이러한 인식은 한국의 사회상을 온전히 반영한 결과라 할 수 있다. 대학을 졸업하고 안정된 정규직에 취직도 못하거나 설령 취직을 했다 하더라도 비정규직이 되거나 조기에 정리해고를 당하기를 바라는 학부모는 없기 때문이다.

그러나 현실은 전혀 그렇지 아니하지 않은가. 이미 한국은 빈익빈 부익부라는 사회의 양극화가 심화되고 이에 따라 불평등 구조가 고착화되어가고 있기 때문이다. 사교육이 폭증할 수밖에 없는 모순적인 사회 구조라는 것이다. 이는 교육 문제의 해결이 비단 교육 문제에만 국한된 문제가 아니라는 근본적인 이유다. 한국 사회의 불평등과 모순 구조를 변화시키는 속에서 교육 문제도 동시적으로 해결될 수 있다는 말이다.

불평등 사회의 모순 구조는 왜곡된 교육열을 부추기고, 왜곡된 교육열은 공교육의 불신을 불러오고, 공교육에 대한 불신은 사교육의 팽창을 낳을 수밖에 없는 사회다. 부모의 소득에 따른 사교육비 격차가 갈수록 커지면서 교육의 양극화가 더욱 심화되고 있는 이유도 바로 불평등한 사회의 모순 구조에서 비롯된 것임을 확인할 수 있다. 교육 문제의 해결은 한국 사회의 불평등과 모순 구조를 바꾸는 문제와 연동될 때 해결의 실마리를 찾을 수 있고 실현 가능성도 기대할 수 있다는 말이다.

부자 자식이 부자가 되는 교육

교육과학기술부와 통계청의 자료[159]에 따르면, "소득이 가장 적은 1분위(하위 10%)의 월평균 학생 학원 교육비 지출액은 35,498원이었으나 소득이 가장 많은 10분위(상위 10%)의 경우 341,198원으로 9.6배(30만 5,700원)나 차이가 났다. 소득 수준에 따른 사교육비 차이가 매달 305,700원씩, 연간 366만 원 이상 크게 벌어진 셈이다. 이는 고소득층을 중심으로 사교육비 지출이 크게 늘어난 반면 저소득층은 소폭 증가하거나 현 수준을 유지하면서 간격이 더 벌어졌기 때문이다."

또한 소득 수준별 사교육비 격차도 커지고 있다. 고소득층의 사교육비는 늘어나는데 비해, 저소득층의 사교육비는 늘지 않고 완만한 추세다. "소득 수준별 사교육비 격차는 2004년 1분기 206,819원, 2008년 3분기 360,563원으로 각각 처음으로 20만 원과 30만 원을 넘어선 후 지금까지 30만 원대"에 이르고 있다. "가계의 전체 소비에서 정규 교육비와 학원비를 합한 교육비가 차지하는 비중도 소득 계층별 격차가 심화"되고 있으며, "10분위의 교육비 비중은 지난 2003년 1분기 12.97%에서 올 1분기 17.19%로 크게 증가한 반면 같은 기간 1분위 계층의 교육비 지출 비중은 6.88%에서 6.52%로 소폭 감소했다."

이는 무엇을 뜻하는가? 사교육의 양극화가 교육의 양극화를 낳고, 이는 결국 소득의 불균등을 확대해 교육 기회의 불평등을 불러와 학력과 경제적 부의 대물림이 악순환되고 있다는 것이다. 이러한 결과는 한국은행이 발표한 〈한국의 경제성장과 사회지표의 변화〉 보고서[160]에서도 그대로 드러나고 있다. "2010년 고소득층(상위 20%)의 교육비 지출액은 543,000원으로 저소득층(하위 20%)의 교육비 86,000원의 6배를 웃돌았다. 5년 전인 2005년 저소득층의 교육비 지출액은 76,000원이었고 고소득층 지출액은 38만 원이었다. 5년 동안 저소득층의 교육비는 1만 원 가량 늘어난 데 비해, 고소득층

교육비는 16만 원 이상 늘어났다.

우리나라 도시가계의 총지출 중 교육비가 차지하는 비중은 7.2%(1982년)에서 13.3%(2010년)로 꾸준히 상승해왔다. 저소득층의 월평균 소비 지출액 가운데 교육비 비중은 7.1%(2003년)에서 7.4%(2010년)로 거의 변화가 없었다. 반면 고소득층 월 평균 지출액 가운데 교육비 비중은 12.3%(2003년)에서 15.1%(2010년)로 2.8%포인트 상승했다. 고소득층의 월평균 교육비는 319,000원(2003년)에서 542,000원(2010년)으로 늘어났고, 저소득층의 교육비는 65,000원(2003년)에서 85,000원(2010년)으로 소폭 늘어났다."

양극화 현상은 사교육비 부문과 정규 교육비에서도 마찬가지였다. "저소득층의 사교육비는 31,000원(2003년)에서 38,000원(2010년)으로 1.22배 증가한데 비해, 고소득층 쪽은 189,000원에서 309,000원으로 1.64배 불어났다. 저소득층의 월별 정규 교육비는 28,000원(2003년)에서 39,000원(2010년)으로 1.39배 늘어나는데 그친 반면 고소득층은 107,000원에서 194,000원으로 1.82배 증가했다." 이는 사교육비든 정규 교육비든 소득계층별로 교육비의 격차가 갈수록 심화되고 있다는 뜻이다. 교육비의 격차로 인해 교육 기회의 불평등이 해소되기는커녕 도리어 지속되면서 결국 소득의 불균등으로 이어지게 된다.

사교육비 때문에 중산층 무너진다

한편, 우리나라의 연간 사교육비 규모는 정부의 공식 통계로는 21조 원이라지만 실제로 통계에 포함되지 않은 해외 어학연수비, 방과후 학습비, 교재 구입비 등을 포함하면 연간 사교육비는 33조 원 규모로 추정된다. 반면 2012년 정부의 초 · 중등 교육예산은 35조 5,050억 원이다. 국가의 연간 교육예산과 사교육으로 지출되는 금액이 비슷하다. 정규 교육비까지 포함하면 국가의 교육예산 총액을 초과하는 규모다. 실로 엄청난 규모의 교육비를 국가가 아닌 학부모가 전적으로 부담해야 하는 사회에서 어느 가정인들 온전할 리가 없다. 중산층 학부모도 교육비에 관한 한 결코 자유로울 수 없는 사회 구조다.

그런데 초 · 중 · 고교 학생 수는 2008~2010년 3년간 계속 감소(764만9천 명 → 726만9천 명)하고 있는 반면, 정부의 교육예산은 같은 기간 계속 증가(31조 2천억 원 → 32조 8천억 원)하고 있다. 또한 2012년 35조 5천억 원에 비해 2014년에는 45조 4천억 원으로 증액 편성되어 있다.[161] 해마다 학생 수는 줄고 있는 반면 국가의 교육예산은 갈수록 증액되고 있는데도 사교육 폭증 현상은 좀처럼 흔들림이 없고, 해를 거듭할수록 심해져 가고 있다. 특히, 소득 상위 20%에 해당하는 가계의 소비 지출액 중에서 교육비가 차지하는 비중이 2007년 404,168원(12.6%)에서 2010년 542,946원(15.11%)으로 증가했다(〈표 7〉 참고).

현대경제연구원이 발표한 〈국내 가구의 교육비 지출 구조 분석〉[162]

보고서에 따르면, 교육 빈곤층은 '부채가 있고 소득보다 지출이 많은 상태임에도 평균보다 많은 교육비를 지출해 빈곤하게 사는 가구'를 말하는데, "2011년 현재 '교육 빈곤층'(에듀푸어)은 82만4천 가구, 가구원은 305만 명으로 추정되고, 전체 교육 가구가 평균 512,000원을 교육비로 지출한데 반해, 교육 빈곤층은 868,000원을 썼다"고 한다. 이는 가계 소득의 28.5%에 해당하는 엄청난 액수다. "빚에 허덕이면서도 교육비는 과다하게 지출하는 이른바 '교육 빈곤층'의 73.3%인 60만5천 가구가 중산층임을 고려한다면 과다한 교육비 지출 때문에 이들이 하위계층으로 떨어질 가능성이 매우 큰 것으로 보인다"고 밝혔다. 학원비를 포함한 자녀들에게 투입하는 사교육비로 인해 중산층이 붕괴할 수도 있다는 사회적 경고라 할 수 있다.

〈표 7〉 소득계층별 월 교육비 지출액 변화

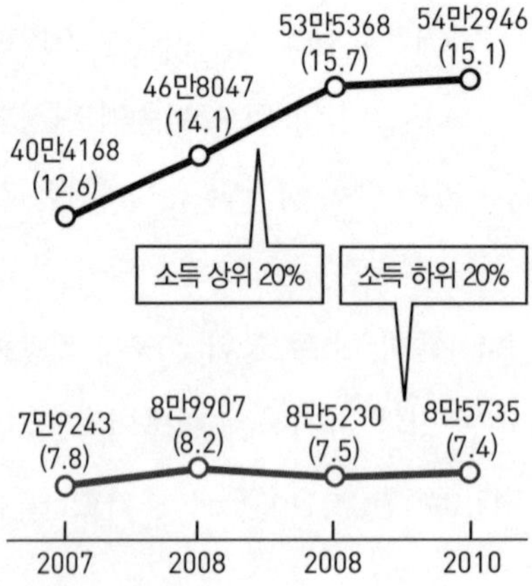

자료: 통계청(단위: 원, %)
* 괄호 안은 가계 소비지출액에서 차질하는 교육비 비중

도대체 학교 교육이, 자녀교육이 뭐길래, 왜 이렇게 지속되고 있는가? 날개가 있는 것도 추락한다는데 날개도 없는 사교육은 추락하지도 않고 고공 비행을 하고 있는 이유는 도대체 무엇이란 말인가? 학부모에게 엄청난 정신적 · 경제적 부담을 주고 있고, 젊은 부부들에게 애를 못 낳게 할 정

도로 부담이 큰 사교육비는 좀처럼 줄어들지 않고 있다. 소득 수준과 계층별로 자녀교육에 쏟아 붓는 월평균 사교육비 지출의 격차가 갈수록 커지고 있다. 정부가 내놓는 각종 형태의 사교육비 경감 대책은 아예 무용지물이 된 채, 교육의 양극화와 불평등 현상은 더욱 심화되고 있다. 도대체 사교육비는 한국 교육의 현실에서 영원히 풀 수 없는 미궁의 과제란 말인가? 교실 붕괴로 상징되는 것처럼 과연 공교육이 부실한 탓일까. 반대로 공교육을 내실화하면 사교육비의 지출이 현격히 감소할까?

전남대 김상봉 교수는 "사교육비는 공교육의 부실이나 내실화와는 아무런 상관이 없다. 한국의 모든 학교의 학급당 인원이 10명 이하로 줄어들고, 교사 1인당 학생 수가 선진국 수준보다 낮아져 세계 최고의 공교육을 실시한다고 가정해도 사교육이 없어지겠는가?"라고 문제를 제기하면서 그 이유를 이렇게 말한다.

"한국의 사교육은 학벌과 대학 서열화에서 파생된 것으로서, 학벌 구조가 존속하는 한 사교육은 없어질 수 없다. 그런데 문제는 여기에 있는 것만은 아니다. 더 심각한 것은 입시 경쟁이 모두를 위한 경쟁이 아니라 오직 극소수의 명문대 정원을 향한 경쟁이므로 학부모의 입장에서는 자식을 위해 할 수 있는 한 더 많은 사교육비를 지출하려 한다는 것이다. 다시 말해 사교육비에는 합리적인 제한이 있을 수 없다. 쓰고 싶어도 돈이 없어서 쓰지 못하는 것이지 할 수만 있다면 아무리 많은 돈이 들더라도 자식을 위해 남보다 더 나은 사교육을 시키고 싶은 것이 학벌 사회에서 자식을 기르는 부모의 마음인 것이다. 이 결과 사교육의 경우에는 자본주의 경제의 가장 기본적인 원칙이라 할 수 있는 한계효용 체감의 법칙이 적용되지 않는다. 한계효용 체감의 법칙이란 '소비를 증가시킴에 따라 각 단위의 한계효용이 체감하는 것'을 의미한다. 보다 쉽게 표현하자면 동일한 상품을 소비할 때, 소비의 양이 증대될수록 그 상품에 대한 만족감이 줄어드는 것이 한계효용 체감의 법칙이다. …(중략)… 그런데 사교육비에는 이 원칙이 적용될 수 없다. 왜냐하면 어떻게 해서라도 남보다 앞서기 위해서는 남보다 더 많은 사교육비를 투입하지 않으면 안 되기 때문에 경쟁은 무한히 계속되고, 사교육비의 지출도 그에 따라 계속 늘어나게 된다. 그리하여 여기서 사교육비 지출 액수는 한계효용 체감의 법칙에 따라 결정되는 것이 아니라, 사교육을 위해 지출할 수 있는 경제적 능력이 어디까지인가에 따라 결정된다. 한마디로 말해 사교육비는 아무리 많이 지출해도 만족스러울 수 없는 까닭에 지출할 수 있는 한, 아니 경우에 따라서는 경제적 능력을 초과해서라도 지출하게 되는 것이다."[163]

그렇다. 지금과 같은 상황 속에서 사교육비는 결코 줄어들 수가 없다. 단순히 공교육을 내실화하고 교육여건을 개선한다고 해서 사교육은 사라질 성질의 것이 아니다. 뿌리 깊은 학벌 숭배 신화와 대학의 서열화 구조가 위력을 발휘하는 상황을 그대로 둔 채 그 어떤 사교육 경감 대책도 효과를 얻을 수 없다.

사교육이 폭증할 수밖에 없는 사회 구조를 근본적으로 개혁하지 않는 한 '사교육' 앞에서 모든 사교육 경감 대책은 '종이 호랑이'에 지나지 않는다. 역대 정권마다 사교육비 절감 대책을 제시했지만 결국 용두사미가 되거나 실패로 끝나고 말았던 것도 바로 이런 이유 때문이다.

학부모가 왜 자녀들에게 사교육을 시키는가에 대한 설문조사 결과[164]를 보면, 그 내막을 분명하게 확인할 수 있다. 학교 교육이 부실해서가 아니라 사회 구조적으로 사교육이 발생할 수밖에 없다는 점이다. 사교육을 받는 가장 큰 이유는 학생 · 학부모 모두 '기업 채용시 학벌 중시 풍토' 때문이고, 그 다음으로는 '대학 서열 구조' 때문이었다. 즉, 학벌 사회 체제 속에서 좋은 대학을 나오지 않으면 대학을 졸업해도 좋은 직장을 얻지 못한다는 불안 탓에 초등학교 때부터 '학벌 사회' 대비를 할 수밖에 없다.

사교육을 없앨 수 있다

사교육 시장은 학벌 사회와 대학 서열화를 든든한 배경으로 해서 자사고와 자율고, 특목고의 확대 및 고교 선택제의 정책 추진에 따라 더욱 팽창하게 되었다. 사교육 수요를 공교육 안으로 흡수하여 사교육을 해소하겠다는 역대 정권의 방안들도 실패할 수밖에 없었고, 공교육의 질 향상을 위해 추진한 우수 교원 확보 및 수준별 수업 강화, 내신 중심의 대입 선발 제도의 변화, 입학사정관제 전형 등도 결국 헛발질에 불과했다. 도리어 과거로 회귀하는 교육의 후퇴를 낳고 말았다. 교육 문제는 사교육 문제를 해결하는 방식으로 접근하는 것은 명백한 한계가 있다는 사실이 입증된 셈이다. 교육 문제는 한국 사회의 복지 수준과 사회 안전망, 그리고 노동시장의 불평등 구조 해소와 긴밀한 연계성을 띠고 있기 때문이다. 그래서 교육개혁은 한국 사회 전체의 구조적인 개혁과 동시에 추진되어야 한다. 사교육 문제 해결은 학벌 따기와 명문대 진학 풍토를 해소하려는 '대학 체제 개편'(3장 1과 5를 참고) 문제와 연동해 풀어야 할 성질의 것이다.

하지만 우선적으로 앞 절에서 밝혔던 것처럼, 외국어고 · 자사고 · 자율고를 폐지하고, 대학에서는 성적위주의 대입 선발 제도를 바꾸고, 수능시험은 대입전형의 참고자료로 활용하는 자격고사제로 전환하면 쉽게 풀리는 문제다. 사교육의 순기능에도 불구하고 외국어고 · 자사고 · 자율고가 존재하는 한 사교육 폭증은 결코 해소될 수 없다. 대입 선발 제도의 다변화를 꾀한다고 해도 성적위주의 선발 관행이 지속되는 한 사교육은 결코 사라지지 않는다. 물론 사교육 그 자체에는 다소간의 순기능적 장점도 있다. 하지만 가정 경제를 휘청거리게 하고 학생과 학부모를 사교육 고통의 늪으로 몰아넣는 사교육의 역기능은 없애야 한다.

그런데도 이런 주장에 대해 반대와 저항 세력 또한 만만치 않은 것도 사실이다. 반대하는 세력이 있다면 그들은 기득권을 유지하려는 집단이다. 즉 보수적인 일부 언론과 정치인, 학교를 돈벌이로 이용하는 일부 사학 집단, 교육과학기술부의 관료 집단과 기득권을 지키려는 대학 당국자들, 자본으로 교육을 장악하려는 재벌 집단이 대표적이다. 나는 이들을 교육개혁을 가로막거나 반대하는 '교육개혁의 오적'으로 규정한다.[165]

이들은 기득권 세력으로서 말로는 교육개혁을 외치지만 실은 교육개혁을 원하지 않는 집단이다. 이 집단이 주장하는 교육개혁은 오히려 경쟁 체제를 강화하고 심화해야 한다는 의도를 담고 있다. 이들은 교육의 공공적 특성을 중요하게 여기기보다 개인과 그들 집단의 이익을 앞세운다. 교육 격차 해소나 교육 기회의 평등성보다는 선택과 집중을 통한 차별적 정책이나 경쟁을 선호한다. 한국 사회에서 진정한 교육개혁이 어려운 이유도 바로 이런 집단이 현실적으로 큰 힘을 발휘하며 존재하고 있기 때문이다.

4. 대학 등록금 반값, 반대하면 도둑

세계에서 가장 등록금이 비싼 나라

이미 잘 알려져 있듯이 대학 등록금이 세계에서 가장 비싼 나라는 미국이고 한국은 두 번째로 비싼 나라다. 하지만 1인당 국민소득에서 미국은 세계 54위에 불과한 한국의 3배에 이른다. 1인당 국민소득에 대비한다면 한국의 대학 등록금이 미국보다 훨씬 비싸다는 뜻이다.

또한 미국의 경우 사립대가 한국보다 등록금이 비싸고, 주립대는 한국보다 싸다. 미국은 대학 정원의 4분의 3이 주립대이고, 한국은 사립대가 87%를 차지하고 있기에 등록금은 한국이 훨씬 비싼 편이다. 이렇게 보면 사실상 세계에서 대학 등록금이 가장 비싼 나라는 미국이 아니라 한국이다.

교육과학기술부와 한국대학 교육협의회의 대학알리미(www.academyinfo.go.kr) 자료[166]와 2010년 국회 국정감사자료,[167] 그리고 〈2009년 OECD 교육 지표〉[168]에 따르면, 2006년까지는 한국의 국립대 등록금은 미국과 일본에 이어 세계 3위였고, 사립대 등록금은 세계 4위였다. 하지만 2007년 이후부터 지금까지 국립대와 사립대 모두 등록금 세계 2위가 되었다.

〈표 8〉 주요 국가 국공립대 연평균 등록금

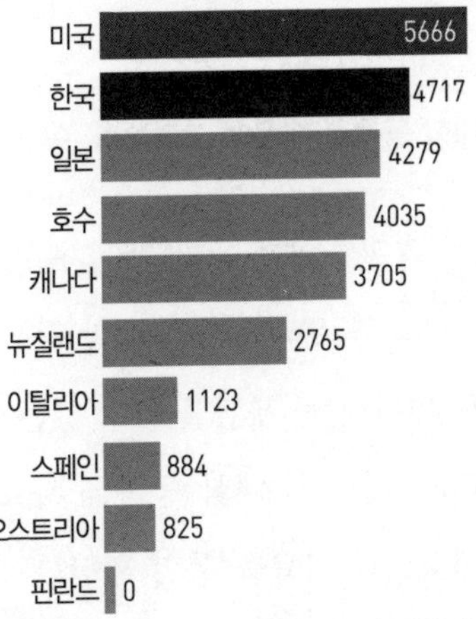

단위: 미국 달러의 구매력지수(PPP) 환산액

정진후 의원의 자료에 따르면, "최근 5년간 사립대 등록금의 경우, 2012년 반값 등록금 운동의 영향으로 소폭 하락세를 기록했지만 2008년 738만 원에서 2009년 741만 9천 원, 2010년 753만 원, 2011년 768만 5천 원, 2012년 738만 5천 원이고,"[169] 186개 4년제 대학의 2012년 연간 평균 등록금은 670만 6천 원, 국공립대는 415만 원이었으며, 사립대의 경우 연간 등록금이 800만 원이 넘는 대학도 24곳이었다.

그렇지만 등록금이 아닌 기숙사비, 거주비, 생활비, 사교육비, 해외 연수비, 교재비 등 일체를 추가할 경우 국립대는 연간 최소 1,200~1,300만 원, 사립대는 연간 2,200~2,800만 원 안팎인 것으로 추정된다. 등록금 이외의 모든 생활비도 교육비에 포함되어야 하기 때문이다.

대학 등록금 때문에 고리채를 쓴다

한편, 대학 등록금이 가구별 연간소득에서 차지하는 비중을 보면 우리나라의 대학 등록금이 얼마나 많은 액수이고 가계에도 얼마나 큰 부담을 주고 있는지 쉽게 확인된다. 2011년 기준 교육과학기술부의 대학 등록금 자료와 통계청의 전국 2인 이상 가구의 연간소득 자료를 통합 환산한 결과[170]를 보면, 가구의 절반이 연간 총소득에서 등록금이 차지하는 비중이 20%에 육박하고 있다.

"소득 최하위 10%는 연간소득이 8,201,352원으로 등록금이 소득에서 차지하는 비중이 93.7%나 됐고, 소득 중하위 41~50%인 5분위는 연간소득이 37,354,332원으로 등록금 비중이 20.6%였으며, 소득 상위 81~90%인 9분위의 연간소득은 71,721,516원으로 등록금 비중은 10.7%였다. 소득 최상위 10분위(91~100%)만 연간소득(116,236,452원)에서 등록금이 차지하는 비중이 6.6%로 유일하게 10% 이하였다." 즉, 전체 가구의 50%는 1년 동안 벌어들인 소득의 5분의 1 이상을, 전체 가구의 90%는 10분의 1 이상을 자녀 1명의 대학 등록금으로 지출해야 한다는 것이다. 대학 등록금의 인상률도 가계에 부담을 주는 요인이다. 한국은행과 통계청[171]에 따르면, 지난 5년간(2005~2010년) 등록금은 30% 안팎의 상승을 보였는데, 이는 같은 기간 전체 물가상승률이 16.1%인 점을 고려하면 등록금 인상률은 우리나라 전체 소비자 평균 물가상승률에 비해 2배나 많이 오른 셈이다.

한마디로 우리나라의 대학 등록금은 세계 2위가 아니라 하더라도 심각한 가계 부담을 주고 대학생들을 공부 대신 저임금 노동시장과 '알바'나 신용불량자를 양산하는 고통 속으로 내쫓고 있다는 사실이다. 공부하기 위해 대학에 진학한 것이 아니라 학비를 벌기 위해 대학에 진학한 꼴로 전도되어 버렸다. 금융위원회가 2012년 6월에 발표한 〈대학생 고금리 대출 이용 실태〉 조사 결과[172]를 보면, "전국 대학생 298만 명 가운데 11만 명가량이 연 20%가 넘는 고금리 대출에 고통을 받고 있고, 이 가운데 3만여 명이 사채 이용자로 파악되었으며, 대학생 18%가 평균 537만 원의 빚을 지고 있다"고 한다.

"교육은 무료여야 하고 배우고 싶은 모든 사람은 교육의 기회를 가져야 한다. 만약 학비가 비싸면 경제력이 교육의 기회를 결정하게 될 게 아닌가. 공부할지를 결정하는 것은 자신의 노력과 의지여야지 돈이 되어서는 안 된다. …(중략)… 누가 됐든 재정적인 이유로 학업을 포기해야 하는 일이 없는 사회를 만들 수 있다면 난 기꺼이 조금 더 높은 세금을 낼 의향이 있다. 등록금 때문에 목숨을 끊을 정도라면 너무 슬픈 일이다. 교육은 원하는 모두에게 무료로 제공되어야 한다."[173] 이는 대학 등록금이 무료인 스웨덴 대학생의 말이다. 한국과 비교하면 천당과 지옥쯤 되는 세상의 이야기라는 느낌이다. 무료가 아닌 반값 등록금마저도 힘겨운 세상에 청량제 같은 이야기지만 우리나라도 이렇게 못하리라는 법은 없지 않은가.

한국 사회는 등록금이나 교재비 등 학비 마련을 위해 대학생과 학부모 모두 경제적 고통과 압박으로부터 탈출할 수 없는 구조다. 이런 사회에서 대학생들에게 공부는 당연히 뒷전으로 밀려날 수밖에 없다. 한국의 대학은 대학생들에게 공부보다도 돈벌이를 강요하는 교육 시스템을 유지하고 있다. 전형적인 고비용 저효율의 대학 시스템 속에서 대학의 경쟁력을 기대한다는 것은 어불성설이다. 게다가 세계 2위의 등록금이라는 고비용을 투자했다면 대학생들은 대학으로부터 이에 상응하는 양질의 교육을 받고 있는가. 전혀 그렇지 않다. 비싼 등록금을 내면서도 이에 상응하는 양질의 교육을 받지 못하고 있는 실태는 대학생들이 공부보다는 돈벌이에 더 많은 관심을 쏟도록 강제하는 것이다.

금융감독원이 전업 대부업체 28곳을 조사한 결과에 따르면, "대학생의 대출 잔액이 341억 6천만 원(2012년 기준)이었는데, 그 사연이 등록금 때문인 경우가 가장 많았다."[174] 한국의 대학은 비싼 등록금에 짓눌린 대학생들이 생활비까지 벌어야 하기 때문에 안정적으로 공부에 신경을 쓸 수 없게 한다. 한국의 대학은 학문보다는 시장논리를 선호하고, 학생에 대한 투자보다는 돈벌이에 더 많은 관심과 투자를 쏟고 있다. 이것이야말로 대학 교육을 개혁해야 하는 근본적인 이유다.

한국대학교육협의회 신임회장으로 선임된 이기수 고려대 총장은 "대학 교육의 질에 비해 우리나라처럼 등록금이 싼 나라는 없다"고 했는데, 이는 우리나라 대학의 수준이 어디쯤 와 있는지를 짐작하게 해 주는 세계적인 웃음거리였다. 어디 이뿐인가. 전국 100여 사립대 총장들의 모임인 한국사립대학총장협의회는 "대학의 적립금은 대학 경쟁력 강화와 추후 장학금 확대를 위해 필수적인 요소"라고 주장하면서 "대학 교육에 대한 정부의 지나친 관여는 대학의 자율성을 심각하게 훼손하고 이는 대학 경쟁력 저하로 이어진다"[175]고 주장한다. 이게 말이나 되는 소리인가.

그러면 외국 대학은 어떠한가

그렇다면 외국 대학의 등록금 시스템은 어떨까? 2006년 말을 기준으로 각국의 고등교육(대학) 시스템을 비교한 〈OECD 교육지표 2009〉를 《시사IN》에서 요약 분석한 내용을 살펴보면,[176] 4개의 유형으로 나누어 분석하고 있는데 매우 시사적이다.

> "첫째 유형은, '대학 등록금이 무료이거나 아주 저렴한 데다 공적 지원까지 발전한 나라'다. 스웨덴, 노르웨이, 핀란드 등 북유럽 복지국가들이 대표적이다. 학생들은 등록금을 내지 않는 데다 생활비까지 국가로부터 지원받는다. 덕분에 이 나라들의 4년제 대학 진학률은 OECD에서 가장 높은 71% 수준에 이른다(OECD 평균은 56%, 같은 기준으로 한국은 61%). OECD는 이 국가들의 특징으로 '정부가 시민에게 무료로 고등교육 서비스를 제공해야 한다'는 교육 철학과 '대학 교육은 혜택이 아니라 시민의 권리라는 관점'을 든다.
>
> 두 번째 유형은, '대학 등록금이 비싸지만 공적 지원이 발전한 나라'다. 영국, 미국, 오스트레일리아, 캐나다, 네덜란드, 뉴질랜드 등이 이 유형에 속한다. OECD는 이 국가들의 연간 대학 등록금이 '1,500달러(약

170만 원) 이상'이라며 '비싼 수준'이라고 평가한다. 특히 미국의 경우에는 국공립대의 연간 등록금이 '5,000달러(약 585만 원) 이상'으로 세계 최고 수준이다. 다만 다른 국가들은 1,000달러 내외이다.

그런데 (한국이 아니라 OECD 관점에서) 이런 '비싼' 등록금에도 불구하고, 이 나라들의 학비 지원 제도는 매우 후한 편이다. 4년제 대학생 중 68%가 국가로부터 교육 보조금을 받으며, 이는 사실상 전체 학생 인구의 '필요'를 포괄할 정도라고 한다.

세 번째는, '등록금이 싼 대신 공적 지원은 발전하지 않은 나라'다. 오스트리아, 벨기에, 프랑스, 아일랜드, 이탈리아, 포르투갈, 스페인 등 주로 유럽 대륙의 국가들이 이 범주에 속한다. 이 국가들의 경우 공립대학의 연간 등록금은 '1,200달러(약 140만 원) 이하'다. 그래서 국가가 교육 보조금을 지급하는 학생은 전체의 40% 이하이며 주로 빈곤층이다. 말하자면 등록금이 싼 만큼 국가 지원도 적은 것이다. 더욱이 이 유형의 나라에는 '교육 재정'은 아니지만, 학생들(과 그 가족)에게 제공되는 다른 복지 혜택이 있다. 주택 보조금, 세금 공제, 감세 등이다. 예컨대 프랑스

〈표 9〉 OECD 회원국 대학 교육비 비교

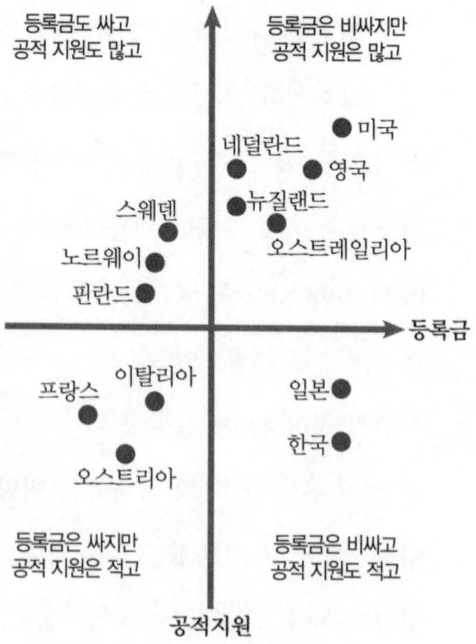

대학생의 경우 싼 등록금으로 인해 학비 지원을 얻기는 힘들지만 주택 보조금을 받을 수 있다. 수혜자는 전체 학생 중 3분의 1 정도이다.

네 번째 유형은, '등록금이 비싼데, 공적 지원도 발전하지 않은 나라'다. OECD 회원국 중 단 두 나라만 이 유형에 포함된다. 바로 한국과 일본이다. OECD에 따르면, 한국과 일본은 대학이 연간 '4,200달러(약 492만 원) 이상'의 높은 등록금을 부과하지만, 공적 지원을 받는 학생의 비율은 다른 국가에 비해 매우 낮다."

〈OECD 교육지표 2009〉는 여기에 그치지 않는다. 국가 예산으로 대학 교육에 투자하는 공적 지원금에 대해서도 국가별 비교 자료를 제시해준다. 이 자료를 분석한 《시사IN》의 내용을 다시 읽어보면, 우리나라의 대학 교육에 대한 공적 지원금은 세계 최하위권이다.

"한국은 대학(4년제 대학+전문대학) 교육비(등록금과 공적 지원 등을 합친 개념)의 절대 규모 자체가 8,564달러(약 1,003만 원)로 OECD 최하위권이다. OECD 평균은 1만 2,336달러(약 1,444만 원)다. 한국보다 교육비가 낮은 나라는 헝가리, 폴란드, 슬로바키아, 멕시코 등 이머징 마켓밖에 없다. 더욱이 이런 교육비는 민간(가정)과 공적 지원에서 나오는데, 한국은 공적 지원의 규모가 상대적으로 매우 작다. 예컨대 한국 대학생 1명이 1년 동안 교육비를 모두 100만 원 쓴다고 가정할 때, 그중 해당 학생(과 가족)이 41만 2천 원을 내고 나머지 58만 8천 원은 공적 지원으로 충당하는 격이다. OECD 국가 중에서 학생은 제일 많이 내고 공적 지원은 가장 적은 구조다.

다른 나라의 경우를 살펴보면, 교육비 100만 원 중 공적 지원으로 미국은 68만 원, 영국은 75만 원, 스웨덴은 97만 원, 폴란드는 90만 원을 충당한다. OECD 평균은 84만 7천 원이다. 또한 한국의 경우 '4년제 대학에 대한 공적 지원 규모'는 GDP의 0.7%에 불과하다. 다른 나라의 경우 덴마크가 2.3%, 노르웨이가 2.1%, 미국이 1.4%이고, OECD 평균도 1.3%에 달한다. 한국이 최하위다. 이처럼 '대학 교육에 대한 공적 지원' 규모가 절대적 · 상대적으로 작은데다, 이마저도 대학 재단에 유리하게 배분된다. 공적 지원금이 모두 100만 원이면, 한국의 경우 대학에 지급되는 국가 보조금이 87만 1천 원인데 비해 학생에게 직접 제공되는 보조금은 12만 9천 원에 불과하다. 전자에 비해 후자가 너무 적다. 네덜란드는 100만 원 중 42만 3천 원, 노르웨이는 41만 7천 원, 심지어 미국도 30만 9천 원을 학생에게 직접 보조금으로 지급한다."

우리나라의 경우 등록금 문제와 관련하여 '등록금 상한제' 실시 요구가 쏟아지고 있으나 정부의 반응은 아직은 묵묵부답이다. 등록금 경감을 위해 장학금 제도를 확대하자는 주장도 있지만 이것 역시 등록금 해소책이 될 수는 없다. 특히 "사립대학이 대다수를 차지하는 현실에서 고등교육의 개혁을 위해서는 국가 재정의 투입이 절대적으로 필요하다. 하지만 등록금 체제를 인정한 상태에서 정부가 장학금을 지원하는 현재의 방식은 대학의 배만 불릴 가능성이 높다. 따라서 국가 재정의 투입은 현재와 같이 국가 장학금의 지급이라는 방식이 아니라, 직접 교육 비용에 대한 정부의 개입을 통해서 진행하는 것이 바람직하다."[177]

외국의 경우 영국, 호주, 뉴질랜드 등이 등록금 상한제를 실시하고 있는 나라라 할 수 있는데, "호주는 모든 대학생들에게 수업료 전액의 대출 자격을 준다. 별도 이자 없이 물가상승률에 연동해 원금을 갚도록 하기 때문에 실질 이자율은 사실상 '0%'다. 취업 뒤 연봉 3만 9,824호주달러(한화 4,300여만 원)가 넘으면 돈을 갚기 시작해 최장 25년 안에 다 갚으면 된다."[178]

또한 "의무 상환 비율은 소득에 따라 최저 4%에서 최고 8%이며, 의무 상환액보다 더 많은 돈을 갚으면 잔액에서 상환액의 10%를 할인해주는 '인센티브'도 제공한다. 영국은 취업 후 상환제와 함께 등록금 상한제를 시행하고 있다. 영국 대학들은 2011년까지 연간 등록금을 3,000파운드(570만 원) 이상 받을 수 없다. 수업료는 물론 생활비까지 대출해주며, 이자율은 시중금리보다 낮은 2~3% 수준이다. 상환이 시작되는 기준소득은 연 1만5천 파운드(2,880여만 원)이며, 이를 초과하는 돈을 벌면 해마다 초과액의 9% 정도를 갚으면 된다. 돈을 갚다가도 소득이 국가 평균소득의 85%에 못 미치게 되면 상환을 유예해준다. 뉴질랜드 역시 영국과 마찬가지로 등록금 상한제를 실시하는데, 모든 대학은 연 5% 이상 등록금을 인상할 수 없다."[179]

한국 대학의 등록금이 비싼 이유는

그렇다면 왜 한국의 대학 등록금은 이렇게 비싼 것일까?

가장 일차적인 원인으로는 〈OECD 교육지표 2009〉에서 보았듯이, 한국의 대학은 외국의 대학에 비해 학교 밖에서 들어오는

〈표 10〉 GDP 대비 공교육비 민간부담률

단위: %, 2008년 기준

외부기부금과 정부로부터 지원받는 공적 지원금이 턱없이 낮다. 특히 국가의 공적재정지원금이 적기 때문에 학부모가 부담해야 하는 민간부담률(2.8%)이 세계 1위다(〈표 10〉 참고). 칠레와 미국만이 우리나라와 같이 2% 중반을 넘고 있다. 민간의 교육비 부담이 거의 없는 나라는 핀란드(0.1%)나 스웨덴(0.2%) 등 북유럽 국가였고, 프랑스(0.4%), 오스트리아(0.2%), 벨기에(0.2%) 등 유럽 국가들의 민간 교육비 부담률은 매우 낮았다. 대학에 대한 국가의 공적재정지원금이 확대되지 않는 한 한국의 대학들은 학생들의 등록금에 의존할 수밖에 없는 구조다.

〈OECD 교육지표 2009〉[180]를 보면, "국내총생산(GDP) 대비 공교육비 비율(7.6%)은 OECD 평균(5.9%)을 웃도는 전체 2위다." 이 가운데 "학부모가 대는 민간 부담률은 2.8%(OECD 평균 0.9%)로 조사 대상 국가 가운데 가장 높았다. 공교육비의 민간 부담률은 고등교육 단계(대학)에서 특히 높았다. 대학 공교육비 민간 부담률(1.9%)은, OECD 회원국 평균(0.5%)의 4배에 가까웠다." 따라서 고등교육 부문 공적지원금을 국가 지원으로 확대 전환하여 대학 교육의 공공성을 확보해야 한다. 즉 대학 공교육비의 민간 부담률(1.9%)을 최소한

OECD 평균(0.5%) 수준에 근접하도록 대폭 낮추어야 한다.

반값 등록금에 소요되는 연간 예산이 해마다 6~7조 원 정도라면, 스웨덴이나 핀란드 등 북유럽 국가처럼 전액 무료는 못할지라도 세금을 더 거둬서 OECD 평균(0.5%) 수준에는 맞춰야 반값 등록금이 가능하다. 대학은 공부하는 배움터이지 학비를 벌기 위해 공부를 포기하는 곳이 아니다. 정치권이 해결하지 못한다면 대학에 자녀를 둔, 그리고 훗날 자녀를 대학에 보내게 될 모든 부모들이 광장으로 나와 연대의 촛불을 켜야 한다.

두 번째로는 전체 87%에 이르는 사립대의 막무가내식 '자산 불리기' 행태, 곧 등록금을 부동산 투기나 주식 투자의 돈벌이에 이용하고 있다는 점이다. 사립대학들은 "법인이 부담해야 할 교직원 법정부담금(교직원의 후생복리를 위한 연금 · 의료보험 등)을 학교 재정으로 떠넘기고, 건당 평균 공사비가 125억 원인 학교 건물을 짓고, 교육여건 개선에 써야 할 돈을 적립금으로 쌓아놓는 것"[181] 등으로 등록금 인상 요인을 만들고 있다. 또한 학생들의 등록금으로 쌓아올린 적립금의 불분명한 사용으로 인한 손실이 매우 크다.

지금까지 적립금의 사용처를 투명하게 공개한 대학은 한 곳도 없다. 오히려 부동산 투기나 주식 · 펀드 연계 등 부정하게 사용하여 손실을 봤을 경우에도 이 사실이 밝혀지기 전에는 함구하거나 다른 사유로 손실되었다고 주장한다. 예를 들면 고려대 "재난이 500억 원 가량을 고위험자산인 주가연계증권(ELS), 주가연계신탁(ELT)에 투자해 2011년 기준 50.64%의 손실을 기록했으며, 그 액수가 250억 원에 달하는 것으로 추정된다"[182]는 사실이 그렇다. 한국사학진흥재단 자료[183]에 따르면, 전국 194개 4년제 사립대학 법인이 보유한 수익용 기본재산 중, "여의도 면적의 약 25배에 달하는 수익용 토지를 통해 대학들이 얻는 수익은 168억 8,621만400원(0.38%)에 불과했다. 사립대학 재단이 보유하고 있는 수익용 토지의 수익률이 평균 0.4%에 불과한 반면 토지 보유량은 갈수록 늘고 있어 부동산 투기에 이용"되고 있다. 사립대학들은 돈이 없다고 아우성을 치면서도 다른 한편으로는 부동산 투기에 나서고 있다. 주식과 부동산 투기가 어떻게 대학 교육의 질과 대학 경쟁력을 향상시키는 것과 관계가 있는가. 국가 예산의 공적 지원금 투입 후 국가의 감독 기능을 활성화하고 사립학교법 개정이 반드시 필요한 이유다. 외국과 다르게 한국의 대학은 사립대의 비중이 87%로 매우 높다는 어려움이 있지만, 사립대가 등록금 인상의 주범이라는 점에서 국가 예산의 공적지원금을 투입해서 사립대의 재정 건전성과 투명성을 높여야 한다. 이를 위해 사립학교법을 개정하고, 대학 교육의 공공성 강화를 위해 사립대의 재정 운영 전반에 대한 국가 차원의 감독이 매우 치밀하게 진행될 수 있는 체제로 바꿔야 한다.

세 번째로는 예산 편성 과정에서 축소 및 뻥튀기 예산 편성 관행의 지속으로 적립금 쌓기 경쟁에 몰입하고 있다는 점이다. 2011년 현재 전국 사립대학의 적립금은 무려 10조 903억 원이 넘는다. "이화여대가 7,389억 원, 연세대 5,133억 원, 홍익대가 4,857억 원에 이를 정도이고, 대학들의 등록금 의존율이 높은 상황에서 적립금은 등록금과 따로 떼어서 볼 수 없는 문제다." 그러므로 "적립금의 용도를 명확히 하고 투명성을 확보하기 위한 사립학교법 개정 안 등에 대한 논의가 이어져야 하고, 대학 적립금의 70%만 풀면 정부 지원 없이도 반값 등록금이 가능하다."[184]

한국대학교육연구소가 18일 고려대, 연세대 등 서울 소재 주요 사립대 20곳의 예산과 결산을 비교하고 분석한 자료[185]에 따르면, "대학 예산 편성에서 나타나는 가장 큰 문제점은 지출 항목의 예산은 과도하게 늘려 편성하고 수입 예산은 줄여 편성하는 것"이며 "이는 근거 없이 등록금을 인상하는 요인"이다. 2011년 주요 사립대 20곳에서는 "지출은 부풀리고 수입은 줄이는 이른바 '뻥튀기' 예산 편성으로 남긴 차액이 7,437억 원에 이르고, 이는 등록금 총액(3조 7,247억 원)의 20%에 달하는 액수다. 예산만 합리적으로 편성됐더라도 등록금을 그만큼 줄일 수 있었다"는 얘기다.

2011년 한 해 동안 전국 4년제 사립대 146개교의 교비 회계 적립금 현황[186]을 보면, "2,787억 원의 적립금이 증가했고, 지금까지 총 적립금은 7조 9,463억 원에 이른다. 누적 적립금이 최상위 대학은 이화여대(6,849억원)로서 전국 1위이고, 홍익대(5,860억 원), 연세대(4556억 원), 수원대(3,119억 원), 청주대(2,666억 원), 고려대(2,502억 원), 동덕여대(2,464억 원), 계명대(2,385억 원), 숙명여대(1,966억 원), 인하대(1,595억 원)의 순이다. 전국 146개 사립대 중 인출액보다 적립금이 많은 대학은 106개교로 무려 72.6%가 차액을 남겨 적립금을 쌓은 셈이다." 적립금 축적은 등록금 인상의 주된 요인의 하나임을 확인할 수 있다. 적립금은 부당하게 거둔 돈이기 때문에 학생과 학부모에게 되돌려줘야 한다. 적립금이 더 이상 축적되지 않도록 감독을 강화하면 등록금을 낮출 수 있다.

〈표 11〉 사립대 누적 적립금 현황

(단위 : 억원)

구분	연간 누적 적립금
2006년	4조 8천 797억
2007년	5조 5천 833억
2008년	6조 3천 186억
2009년	7조 874억
2010년	7조 6천 806억
2011년	10조 903억

* 자료 : 교육과학기술부(2011)

사립대학들은 이렇게 축적된 적립금으로 무엇을 하는가? 학문 연구나 장학금, 교육여건 개선 투자 등은 생색내기에 머물고 그 실제는 부동산 투기나 수익증권 등 돈벌이에 투자하고 있다. 학부모에게서 부당하게 더 걷은 등록금으로 투기를 일삼고 있다.

교육과학기술부의 〈2011년도 사립대학 적립금 투자 손익 실태〉를 보면, 적립금으로 주식 투자를 한 대학은 24곳(2009년), 34곳(2010년), 42곳(2011년)으로 해마다 늘어났고, 손실액도 124억 원(2009년), 130억 5천만 원(2010년), 144억 4천만 원(2011년)으로 증가 추세에 있음을 알 수 있다.[187] 서울 지역의 주요 사립대 등록금의 20% 정도는 거품이라 해도 과언이 아니다. 뻥튀기 예산으로 부풀려 해마다 수백 수천억 원을 적립금으로 쌓아놓은 금액만 풀어도 이미 '반값 등록금의 반값'은 충분히 해결된다는 점이다.

5. 국공립대 통합 안과 서울대 개편 안

한국 교육 문제의 핵심은 대학이 피라미드처럼 견고하게 서열화되어 있다는 것이다. 그리고 이 서열화는 대학 교육의 질적 학문 수준과 경쟁력에 의해 객관적으로 평가된 것이 아니라 신입생들의 입학 성적에 의한 서열화다. 따라서 대학 서열화는 대학의 경쟁력과는 전혀 관계가 없다.

"어떤 대학이 좋은 대학이고 또 어떤 대학이 나쁜 대학인가? 그것은 원칙적으로 학문이나 교육과는 상관이 없다. 대학의 좋고 나쁨이 학문적 기준에 따라 평가되지 않는다는 것은 이 나라에서 대학이 참된 의미의 학문기관이나 교육기관이 아니라는 반증이다. 그렇다면 학생들은 왜 대학에 가려하고, 그것도 목숨을 걸고 서울대에 가려고 하는가? 그것은 학문이 아니라 권력 때문이다."[188] 서울대마저 세계적 수준의 대학으로 평가받지 못하고 '우물 안 개구리'라는 비판을 받는 것도 바로 이 때문이다.

신입생 입학 성적이 대학의 서열

그렇다면 학문적 기준이 아닌 고3 학생들의 입학성적에 의한 대학 서열화라면, 왜 고3 학생과 학부모, 그리고 고등학교는 서울대를 정점으로 해서 대학 서열이 한 단계라도 더 높은 대학에 진학하려고 하는 걸까?

그 이유는 오직 한 가지다. 우리나라가 학벌을 중시하는 사회이기 때문이다. 최상위의 서열에 있는 학벌 취득은 권력 획득의 지름길일 뿐만 아니라 학벌 그 자체에서 얻을 수 있는 학벌 집단에 의한 개인적 이익과 특혜, 좋은 직장을 얻는 기준이 된다. 또한 고3 때의 성적으로 취득한 학벌은 자신의 인생 전체에서 그림자처럼 따라다니는 '종신 신분증'으로 작동한다. 한국 사회에서 "학벌은 하나의 권력이자 신분이며, 사회적 관계를 뜻한다. '학벌이 좋다'는 말은 봉건 시대 문벌 집안의 자손쯤 된다는 말과 통하고, '학벌 덕을 본다'는 것은 학벌로 연결되어 있는 사회적 관계망의 덕을 입는 것을 의미한다. 우리 사회에서 좋은 학벌은 기득권 세력에 편입될 수 있는 가장 확실한 길이며 개인에게 사회적 존재로서의 자긍심을 고양해주는 원천이다. 반대로 좋지 않은 학벌은 능력과 관계없이 엄청난 불이익과 차별, 소외를 경험하게 하며, 개인을 열등감과 패배 의식에 젖게 하는 심리적 장치"[189]이다. 지금도 여전히 한국 사회에서 '좋은 학벌'은 개인의 실제적인 능력과 무관하게 능력 있고 실력자로 인정해주는 사회적 풍토 속에서 위력적인 힘을 발휘하고 있다.

요컨대, 대학의 서열화는 학문적 수준이나 순수한 경쟁력이 아닌 고3 학생들의 시험성적으로 서열화되어 있다는 것이다. 그 이유는 한국이 학벌을 중시하는 사회이며, 학벌에 따른 수혜가 권력을 비롯한 사회 전반에서 매우 큰 힘을 발휘하고 있기 때문이다. 그러므로 한국 사회에서 공교육 정상화, 혹은 교육개혁은 단순히 학생선발제도 곧, 대입제도의 개선만으로는 결코 성공할 수 없다. 그렇지 않다고 생각한다면 그것은 착각이다.

학교 교육이 시험점수 올리기의 입시 교육을 위한 수단이나 도구로 전락된 지금의 상황에서 고3 때의 시험성적이 어떤 좋은 학벌을 따느냐를 결정하게 되고, 그렇게 획득한 학벌에 의해 전체 인생의 삶이 결정된다면 그 사회를 정상적인 사회라고 말할 수 있겠는가? 학교가 자기발견과 자아실현의 공간이 되지 못하고 명문대에 들어가 좋은 학벌을 따는 것으로 전락되었다면 교육은 이미 교육이 아니라 어떤 것을 쟁취하기 위한 도구나 수단이 되어버렸다는 말이다. 교육의 실종, 혹은 교육의 종말이나 다름없다. 설령 교육이 어떤 도구나 수단이 된다고 할 때 그것은 오직 인간성 그 자체의 실현을 위한 수단이어야 할 것이다.

"만약 그렇지 않고 교육이 인간성 실현 그 자체가 아닌 다른 어떤 것의 수단으로 간주된다면, 그것은 교육이 수단화되었다는 것을 의미하는 것에 그치지 않고 인간성이 수단화되고 도구화된다는 것을 의미한다. 교육이 수단화된다는 것이 심각한 문제를 야기하는 까닭이 바로 이것이다. 교육은 그 자체로 인간성 실현의 활동인 까닭에 교육이 수단으로 변한다는 것은 곧바로 인간성이 수단으로 바뀐다는 것을 반드시 수반하기 때문이다. 그런데 지금 한국의 교육은 철저히 시험에 종속된 교육, 시험을 위한 교육이다."[190]

학교 교육이 전인교육이나 인간성 실현이 아니라 학벌 따기 경쟁의 수단이나 도구로 전락된 상황이라면 대입제도의 개선책은 명백한 한계를 지닐 수밖에 없다. 그러므로 대입제도의 개선은 대학개혁과 동전의 양면처럼 동시적으로 상응하는 개혁으로 기획되어야 하고, 대학개혁은 불평등한 노동시장의 왜곡된 구조를 개혁하는 가운데 추진해야 한다. 좋은 일자리를 차지하기 위한 경쟁 또한 학벌 따기 경쟁이나 대학개혁과 전혀 별개일 수가 없기 때문이다. 초·중등학교의 공교육 정상화를 위한 교육개혁은 '대입 선발 제도의 개선,' '대학 체제 개편'과 '대학 교육의 혁신,' '노동시장의 불평등 구조의 개혁'과 맞물려 동시적으로 추진되었을 때 실질적으로 가능하다. 20세기 교육 패러다임에 얽매여 밤낮으로 '학교의 불빛'을 밝히며 붕어빵 인간을 만들어내는 산업화 시대의 교육은 이제는 끝나야 한다. 창의적이고 협력적인 인간을 필요로 하는 21세기 지식기반사회에 걸맞는 새로운 교육 패러다임으로 전환해야만 한다.

국공립대 체제 개편 안을 살펴보자

이런 맥락에서 '대학 체제 개편'과 '대학 교육의 혁신'은 공교육 정상화의 가장 중요한 전제조건이다. 초·중등 교육이 학벌과 대학 서열화에 질식된 문제풀이 입시 교육으로 전락되어 있는 상태에서 대학의 하부 식민지로 압박을 받고 있는 한 대학에 의한 억압과 통제라는 산업화 시대의 교육 시스템은 반드시 개혁해야 한다. 대학 체제 개편과 대학 교육의 혁신은 초 · 중등 교육과 대학 모두에게 도움을 주는 매우 절박한 개혁 과제다. 특히 민주통합당의 '국립대 연합 체제 구축 안'을 계기로 대학 체제 개편과 관련된 논의가 정치권에서도 제기하고 있는 것은 이런 맥락과 맞닿아 있다고 할 수 있다.

지금까지 대학 체제 개편과 대학 교육의 혁신에 관한 사회적 논의는 오래 전부터 무성하게 진행되어왔다. 그 중심에는 서울대가 자리잡고 있다. 학벌 사회와 대학 서열화 체제가 갈수록 고착화되고 있는 이유가 서열화의 최고 정점에 있는 서울대에서 비롯되기 때문이다. 대학 체제 개편과 관련된 방안들은 다양하게 분출되었다. 대체로 7개의 방안이 제기되었다.

정진상 교수의 방안이라고도 불리는 과거 진보신당의 '국공립대 통합 네트워크 안'이 있고, 과거 민주노동당에서 제시한 '국공립대 통합 단과대 체제 안', 민주통합당의 '국립대 연합 체제 구축 안,' 김상곤 경기도 교육감이 제시한 '권역별 혁신대학,' 민주화를 위한 전국교수협의회와 전국교수노동조합 심포지움에서 발표된 스코틀랜드 모델에 기초한 강남훈 교수의 '권역별 대학 네트워크,' 미국 캘리포니아의 대학 연합 모델에 착안한 백종국 교수의 '대학 네트워크', 조국 교수가 『진보 집권 플랜』에서 언급한 '서울대의 발전적 분산 안' 등이 그것이다.

2003년 처음으로 경상대 정진상 교수의 제안[191]이 2004년 당시 민주노동당의 총선 공약으로 채택되어 찻잔 속의 태풍으로 잊혀진 이후 지금에 이르고 있으니 10년의 세월이 흘렀다. 최초 제안자인 정진상 교수의 고뇌처럼 "무한 입시 경쟁의 근본 원인이 입시제도에 있는 것이 아니라 서울대를 정점으로 하는 대학 서열 체제와 우리 사회의 지배 이데올로기로 군림하고 있는 학벌주의"에 있는 한 대학 체제의 개편은 교육개혁의 필연적 과제일 수밖에 없다.

하지만 사회적 · 정치적으로 찬반 논란만 전개되고 있을 뿐 국가 정책으로 채택하려는 구체적인 움직임은 가시화되지 못하고 있다. 그런데 2013~2017년 교육개혁에 대한 논의의 일환으로 민주통합당의 '국립대 연합 체제 구축 안'이 언론에 보도되면서 다시 쟁점으로 떠오르고 있다. 〈표 12〉에서 알 수 있는 것처럼 기존에 제시된 여러 대학 체제 개편 안들을 비교해보면, 별 차이가 없다는 느낌도 들겠고 다소 혼란스러울 수도 있겠으나 자세히 살펴보면 특징에 따른 공통점과 차이점이 뚜렷하게 드러난다.

첫째, 각각의 대학 체제 개편 안은 개별적 특징을 가지고 있으면서도 현재의 대학 체제가 더 이상 유지되어서는 안 된다는 절박한 문제의식을 공통점으로 깔고 있다. 학벌 사회와 대학 서열화에 따른 초 · 중등 교육의 왜곡과 질식 상황을 해소하고, 대학 교육에서나 초 · 중등 교육 모두 교육의 공공성과 사회적 책임성을 최대로 확대하고, 경쟁력을 실질적으로 높여나갈 수 있는 바람직한 체제로 새롭게 재편해야 한다는 의지와 철학을 담고 있다. 이러한 문제의식의

〈표 12〉 국 · 공립대 대학 체제 개편 안 비교 분석

구분	국공립대 통합 네트워크 (정진상, 진보신당)	국공립대 통합 단과대 체제 (민주노동당)	국립대 연합 체제 구축 (민주통합당)	권역별 혁신대학 (김상곤)	권역별 대학 네트워크 (강남훈)	대학 네트워크 (백종국)
학생 선발	통합 공동	통합 공동	통합 공동	고등기초대학만 공동 선발	다름	다름
강의 (수업)	통합(개방)	〃	〃	통합(개방)	통합(개방)	편입 가능
학점 부여	통합 공동	〃	〃	혁신대학 (공동)	통합 공동	다름
학위 수여	통합 공동 (단일 학위)	〃	〃	혁신대학	통합 공동	다름
교수 교류	통합 운영	통합 운영	통합 운영	통합 운영	통합 운영	통합 운영
대학 배정	추첨 (근거리 원칙)	권역별 (본인 희망)	기존 방식	- 고등 기초대학 졸업자에 한함. -본인 희망	본인 희망	본인 희망
특징	-프랑스 모델 -전국 단일형 (국공립대)	-권역별로 특성화된 단과대 운영(국공립대)	-권역별 (국립대 연합체로 공동 운영)	-권역별 -고등기초대학 -사립대 포함. -고등기초대학 졸업 후 혁신대학 진학	-스코틀랜드 모델 -13개권역별 (사립대 포함) -전문대 가능 -대학원부터	-캘리포니아 모델 -권역별 -대학원, 학부, 전문대로 구분

출발점은 서울대를 포함한 국공립대부터 시작하여 중 · 장기적으로는 사립대와 전문대로 확장하는 데 모아지고 있다.

둘째, '국공립대 통합 네트워크 안'은 프랑스 대학의 모델에 착안하여 전국의 국공립대학을 하나의 거대한 단일형 국공립대로 설계하여 통합적으로 운영하자는 것이다. 반면, 서울대 조국 교수가 『진보 집권 플랜』에서 언급한 '서울대의 발전적 분산 안'을 제외한 나머지 방안에서는 권역별로 분산된 국공립대 통합 네트워크 체제로 운영한다. 또한 학생 선발과 대학 강의(수업), 학점 부여 및 학위 수여,

교수진 교류 등을 공동으로 운영한다는 점에서는 대부분의 방안이 사실상 큰 차이점이 없다.

다만 상급학교 진학과 관련하여 대학 진학을 어떻게 할 것인가에 있어서는 공동 선발과 공동 운영이지만 '국공립대 통합 네트워크 안'만 학생들의 주거지를 중심으로 가장 가까운 곳에서 대학 강의를 들을 수 있도록 (물론 이것도 학생 개인의 희망을 존중하는 것이지만) 근거리에 있는 대학교를 중심으로 1~3지망까지 받아서 추첨을 하는 방식이다. 고교평준화 지역에서 근거리 중심 학교로 추첨하는 방식과 유사하다. 설령 3지망까지 희망하는 대학에 진학하지 못할 경우 강의와 학점, 학위 수여 등이 완전 개방되어 공동으로 인정되는데다가 등록금이 사립대학에 비해 반값 혹은 반값 이하로 저렴하기 때문에 큰 문제가 발생하지는 않을 것으로 본다.

게다가 중도 탈락을 고려하여 각 대학의 입학정원을 졸업정원의 150%로 책정하여 학점 등 제반 학사관리를 매우 엄격하게 실시하기 때문에 최소한 3지망 내에서 결정된다고 해도 무방하다. 이런 점에서 볼 때 학부모나 고3 학생들의 대학 진학과 관련해서는 다른 방안들에 비해 '국공립대 통합 네트워크 안'이 가장 구체적이다. 프랑스가 국립 행정학교를 비롯하여 국가의 공무를 담당할 엘리트 양성에 목적을 둔 그랑제꼴을 제외하고 일반 국립대학을 바칼로레아를 통과한 학생들을 대상으로 서열 없이 파리 1대학, 2대학, 3대학으로 자유롭게 진학하도록 한 방식과 유사하다.

셋째, 그럼에도 불구하고 '국공립대 통합 네트워크 안'은 고교평준화처럼 전국 단일형의 국공립대이기 때문에 대학 평준화라는 오해와 비판을 받기도 했다. 그러나 '국공립대 통합 단과대 체제 안'은 국공립대학을 통합 운영한다는 큰 틀에서는 '국공립대 통합 네트워크 안'과 다르지 않지만, 권역별로 나누어 추진한다는 점에서 다르다. 즉 '국공립대 통합 네트워크 안'이 프랑스 대학처럼 한국의 국공립 1대학(서울대), 국공립 2대학(부산대), 국공립 3대학(전남대) 등의 체제로 나누어지는 것에 비해, '국공립대 통합 단과대 체제 안'은 권역별 국공립대를 중심으로 단과대학을 특성화하여 운영한다는 점이 다르다.

대학의 명칭은 '국공립대 통합 네트워크 안'과 같거나 다르게 부를 수도 있겠으나(대학의 명칭은 중요하지 않다) 특성화된 단과대학을 중심으로 통합 네트워크 체제를 운영하기 때문에 뚜렷한 차이를 드러내고 있다. 전국의 국공립대학을 그대로 둔 채 각 대학마다 특성화된 대학으로 만든다는 것이다. 예를 들면 서울대를 포함하여 국공립대가 권역별 체제로 운영되면 권역별 서열화가 일어날 수도 있기 때문에 서울대에는 비인기 학과와 순수학문을 중심으로 특성화하고, 부산대는 공학이나 경영학 분야를, 충남대는 생명과학 분야를, 경북대는 자연과학 분야를, 전남대는 인문사회과학 분야로 특성화한다는 것이다.

그러니까 '국공립대 통합 단과대 체제 안'은 기존 대학의 이름을 그대로 사용해도 무방하고 '국공립대 통합 네트워크 안'처럼 바꿔도 무방하다. 하지만 '국공립대 통합 네트워크 안'도 전국 단일형 국공립대 체제로 운영한다고 해도 대학의 명칭에 관계없이 이른바 인기학과라 할 수 있는 법대, 경영대, 의대, 약대 등을 전문대학원 체제로 전환하여 운영하기 때문에 '국공립대 통합 단과대 체제 안'과 크게 다르지 않다. 다만 과거 민주노동당의 '국공립대 통합 단과대 체제 안'은 권역별로 단과대를 특성화해 특징 있는 분야를 집중적으로 분산해 운영하고자 하는 까닭에 프랑스 모델에 매우 가깝다. 그리고 이 방안은 단순히 대학 체제 개편에만 머무는 것이 아니라 이를 통해 지역의 균형 발전을 도모하려는 전략도 깔려 있다.

넷째, 민주통합당의 '국립대 연합 체제 구축 안' 역시 학생 선발과 강의 개방 및 학점 부여, 학위 수여와 교수진 교류 등에서는 '국공립대 통합 네트워크 안'이나 '국공립대 통합 단과대 체제 안'과 다르지 않다. 하지만 기존의 국립대를 그대로 둔 채 서울대를 포함한 전국의 국립대를 단일대학의 연합체 방식으로 운영한다는 점과 추첨 방식에 의한 학교 배정이 아니라는 점이 '국공립대 통합 네트워크 안'과 다르다. 민주통합당의 '국립대 연합 체제 구축 안'은 프랑스의 대학과 캘리포니아의 대학 모델이 가진 장단점을 종합적으로 분석해서 구상된 것으로 추정된다.

다섯째, 캘리포니아의 대학 모델은 1960년 캘리포니아 주에 소속된 주립대 4년제와 2년제 대학 전체를 연합 체제 내로 흡수 · 통합하여 세 단계로 구분한 뒤, 대학의 기능을 효율성 있게 도모할 수 있는 새로운 체제로 재구조화한 것이다. 우리나라의 국립대에 해당하는 주립대학들을 하나의 거대한 단일 연합 체제로 운영하는 방식이지만 각 대학마다 특성화되어 있다. 이런 부분은 프랑스 모델과 유사하고, 민주노동당이 제시한 '국공립대 통합 단과대 체제 안'과도 비슷하다. 사립대학은 이 연합체에 포함되지 않는다.

세 개의 형태로 구분된 대학의 기능은 전문대학원을 포함하여 기초 학문 연구 기능을 강화하는 대학원 중심 체제의 '연구 중심대학'(University of California),[192] 학부과정과 석사과정까지만 운영하는 일반 대학 체제의 '교육 중심대학'(California State University), 기초 교양과 취업 중심에 목적을 둔 2년제 전문대학에 해당하는 '산업 중심대학'(California Community College)이 그것이다. 캘리포니아 주는 우리나라 면적의 2배이고, 미국 내에서 1인당 국민소득도 최상위권이며, 대학도 170여 개로 미국 내에서 두 번째로 많은 곳이다.

캘리포니아 주는 당시 난립된 대학들과 무분별한 학위 남발 등 많은 문제점을 해결하기 위해 대학의 기능을 재편하였고 이는 '주립대학 연합 체제'로 나타났다. 주립대학 연합 체제로 운영한 이후 괄목할만한 성과를 거두기도 했다. 캘리포니아 주립대학교 롱비치 캠퍼스는 2007년 미국 대학 교육 전문지《프린스턴 리뷰*Princeton Review*》가 매긴 대학 순위에서 미국 최우수 공립대학교 부문 3위에 오르기도 했고, 1995년 이후부터 지금까지 캘리포니아 주 내에서만 노벨상 수상자를 12명이나 배출하였고, 영국《더 타임스》가 선정한 세계 30대 대학에 '연구 중심대학'이 5곳이나 선정될 정도로 높은 성과를 낳기도 했다.

민주통합당의 '국립대 연합 체제 구축 안'도 캘리포니아 모델에 프랑스 모델을 가미하는 방식으로 이해된다. 백종국 교수의 '대학 네트워크 안'도 캘리포니아 대학 모델에 주목하고 있다.

여섯째, '스코틀렌드 모델'과 '권역별 대학 네트워크 안'은 모두 중장기적으로는 학부 중심으로 확대 전환하겠지만 대학원 중심 대학으로 재구조화하려는 방안이라고 이해하면 좋을 듯하다. 스코틀랜드 모델에 착안한 '대학 네트워크 안'은 전국을 13개의 새로운 광역권으로 구분하여 국립대를 중심으로 추진하되 사립대와 전문대를 포함한다. 서울과 경기 · 인천의 수도권은 동서남북 4개 권역으로, 충북, 대전 · 충남, 강원, 전북, 광주 · 전남, 제주, 부산, 울산 · 경남, 대구 · 경북으로 구분하여 권역별 대학 네트워크 체제를 구축하면 소모적이고 비효율적인 제살 깎아먹기 경쟁을 해소할 수 있다는 것이다.

일곱째, 김상곤 경기도 교육감이 제안한 '권역별 혁신대학 안'은 좀 색다른 특징을 보인다. '고등기초대학'이 그것이다. 고3 학생들이 졸업을 하면 곧바로 대학에 진학하는 것이 아니라 현행 수능시험을 점수가 아닌 자격고사로 전환해서 자격고사와 고교 내신성적으로 거주지에서 가까운 고등기초대학에 진학한다. 고등기초대학은 1년 과정으로 통합 운영되는 일종의 전국 단일형 통합 교양대학인데, 이 과정을 마친 학생들은 자신의 전공을 찾아 권역별로 지정된 혁신대학 네트워크에서 깊이 있는 전공 공부를 하고, 그렇지 않은 학생들은 취업을 선택하거나 취업 후 대학 진학을 재시도하는 경우다.

또한 국공립대를 현행 20% 수준에서 50% 수준으로 늘리고 국가의 대학 재정지원금도 대폭 늘린다는 전제조건하에서 권역별 혁신대학이 운영되는 까닭에 대학 간 교육과 연구를 통한 선의의 경쟁으로 서울대 수준으로 끌어올리면 대학 교육의 경쟁력 확보도 가능하다는 것이다. 하지만 권역별 혁신대학 사이의 서열화가 우려될 수도 있고, 사립대가 87%를 차지하는 상황에서 국공립대를 50%까지 높인다는 것은 결코 쉬운 일이 아니며, 사립대의 반발과 저항에 부딪힐 수도 있는 난제다.

다만 고등기초대학은 학비가 전혀 없는 무료로 운영되는 대학이고, 고등기초대학 졸업 후에 전공을 선택하기 때문에 학생들이 개인의 적성과 특기를 찾아 진로를 결정할 수 있는 이점이 있다. 또한 지금과 같은 초·중등 교육 단계에서의 사교육비를 대폭 낮추거나 해소할 수 있다는 장점도 있다. 아마도 현직 교육감인 터라 대학 교육체제 개편을 초·중등 교육의 정상화 문제와 매우 연관성 높게 고려해야 한다는 고뇌가 반영된 것으로 판단된다.

국공립대 통합에 대한 반대는 허구다

지금까지 정리해본 대학 체제 개편 및 대학 교육의 혁신에 관한 기존 방안들이 갖고 있는 다양한 특징과 장점에도 불구하고, 이에 반대하는 견해들이 드센 것도 사실이다. 반대 입장은 크게 두 가지로 요약된다.

첫째, 또 다른 서열화에 대한 우려다. 기존과 같은 대학 서열 체제 하에서 서울대가 국공립대 통합체제로 개편되어 서울대의 위상을 상실하게 되면 서울 소재 사립대학(연세대와 고려대 등)을 중심으로 하는 대학 서열이 새롭게 구축된다는 주장이다. 또한 권역별 국공립대 사이에도 새로운 대학 서열이 생겨날 수도 있다는 우려다.

하지만 서울 지역의 사립 명문대는 서울대와 같은 권력 독점이 아닌 권력 분점이고 이는 우려할만한 분점도 아니다. 일부 사립 명문대의 권력은 결코 독점적 지위가 아니다. 더욱이 공직자와 공기업 채용에서 권역별 통합 네트워크 대학 출신자에 대한 지역할당제 도입, 국립대 교수의 순환근무제, 국립대의 반값 등록금 실현, 신입생 공동 선발과 학점 공동 이수제 등 다양한 보완책을 제시하고 있기 때문에 시행 초기 당장은 발생할 수도 있겠으나 길게 보면 우수한 학생들의 사립 명문대로 쏠림 현상에 따른 제2의 서열화는 지금과 같은 사회적 문제로 대두되기는 결코 쉽지 않다. 하나의 네트워크에 통합된 대학들도 권역별 서열화 문제가 발생할 수도 있겠으나 이는 권역별로 특성화된 국립대학으로 운영되는 터에 중장기적으로는 크게 우려할만한 수준은 아니라고 본다.

둘째, 대학의 하향평준화를 불러오는 사실상의 서울대 폐지론이라는 주장이다. 이는 국립대 통합 네트워크를 중심으로 하는 대학체제 개편에 대한 완전한 오해이거나 비판을 위한 비판에 가깝다. 그 어떤 방안을 봐도 서울대 폐지론은 어디에도 없다. 서울대는 학부제 신입생을 선발하지 않고 전국적 통합 네트워크 대학으로 학부 강의를 개방하여 학점과 학위를 통합하여 공동 수여하기 때문이다.

또한 서울대는 학부제 대신 대학원 중심 연구대학으로 운영하는 까닭에 서울대의 권위와 위상은 그대로 유지된다. 오히려 서울대의 연구와 교육 역량을 높여 세계 속의 서울대를 지향하는 데도 훨씬 도움이 된다. 서울대를 대학원 중심 연구대학으로 혁신하고 학부과정을 국립대 통합 연합체로 운영하기 때문에 서울대의 정체성 박탈이나 폐지라는 주장은 적절치 않다. 계열별 · 권역별로 특성화된 거점 국립대학들의 경쟁력을 끌어올리는 데도 효과적인 '윈윈 전략'이라는 것이다. 서울대를 포함한 전국 국공립대의 대학 체제 개편이지 서울대의 폐지가 결코 아니다.

이는 서울대의 탄생 역사를 보아도 왜 지금의 대학 체제를 개편해야 하는가에 대한 이유와 해법을 명증하게 확인할 수 있다. 해방 후 미 군정기의 '국립 서울대학교 설립 안'(약칭, 국대안)[193]이 발표된 1946년부터 거대한 단일형 국립 서울대로 통합되기 이전까지 예전의 서울대는 서울 각 지역에 분산되어 있었다. 서울대의 문리대와 법대, 미술대는 종로구 동숭동에, 기초과학부는 청량리에, 경영대는 성북구 종암동에, 공과대는 성북구 공릉동에, 사범대는 동대문구 용두동에, 음악대는 을지로에, 농과대는 경기도 수원 지역에 분산되어 운영해왔다.

그런데 박정희 군사독재 정권이 1975년 여러 곳에 분산되어 운영해왔던 서울대를 싹쓸이하여 당시에는 오지에 불과했던 관악산 아래로 이전하여 통합한 이후 오늘에 이르고 있다. 왜 그랬을까? 다른 이유도 있었겠지만 서울 사대문 안에서 서울대 학생들의 반독재 민주화 시위를 제거하기 위한 정치적 이유가 크게 작용한 탓이라고도 한다.

박정희 정권에 의한 서울대 싹쓸이 통합이 없었다면 지금처럼 연세대와 고려대 등 사립 명문대가 득세를 할 수 있었을까? 또 예전처럼 서울대가 지금의 관악산이 아니라 서울과 경기 지역으로 분산·운영되었다면 오히려 서울의 균형 발전에도 더 많은 보탬이 되었을 것으로 추정된다. 전국의 국립대학을 과거 분산 운영되어 왔던 서울대 수준으로 권역별 특성화를 통해 끌어올리자는 것이지, 무턱대고 대학의 하향평준화라고 우기는 것은 객관적이지도 설득적이지도 않다. 막연한 주관적 예단과 추론에 불과하다.

'국공립대 통합 안'이 종국에는 서울대의 폐지와 대학의 하향평준화를 불러온다는 이들의 주장은 마치 고교평준화가 하향평준화를 낳았다고 주장하는 논리와 완전히 동일하다. 기득권을 수호하려는 일부 보수 언론과 대학 집단, 그리고 사학 재단 등 소수 기득권 세력의 옹색한 몸부림이다. '국공립대 통합 안'의 대학 체제 개편 취지도 1975년 통합 이전의 서울대처럼 단과대 중심으로 전국으로 분산된 것과 맥락이 닿아 있으며, 나아가 서울대를 대학원 중심 학문 연구 대학으로 개편하여 세계 속의 대학으로 발전시키자는 취지라 할 수 있다.

국공립대 통합의 성공 조건

하지만 여전히 반대 세력이 많이 존재하는 것도 현실이다. 그래서 좀 더 세밀한 접근법이 요구되고, 대학 체제 개편의 명확한 관점, 혹은 대학 교육 혁신을 위한 철학이 수반되어야 한다. 즉, 대학 체제 개편의 목적과 방향은 공교육의 정상화, 학벌 사회에서 비롯된 대학 서열 체제 해소, 노동시장의 불평등 구조 개선과 연계되어야 한다. 특히 노동시장의 불평등 구조 개선은 고위직 공무원에서부터 공기업, 민간 부문 기업체에 이르기까지 안정되고 보수도 많고 좋은 일자리 구하기 등의 문제가 학벌 숭배 사회와 밀접하게 연결된 것인 까닭에 더욱 그렇다.

서울대는 학부과정 신입생을 선발하지 않고, 대학원 중심 연구대학으로 전환하여 운영한다. 다만 서울대의 학부 강의는 지금처럼 계속 실시하되 전국 국공립대 통합 네트워크에 속한 대학생들이 자유롭게 수강할 수 있도록 개방한다. 서울대를 제외한 전국의 권역별 거점 국립대학들은 단일형 통합 네트워크 체제 안에서 권역별 특성화 대학으로 운영한다. 예를 들면, 기존의 서울대 경영대는 부산대의 특성화 대학으로, 서울대 인문사회대는 전남대의 특성화 대학으로, 서울대의 공과대는 경북대의 특성화 대학으로, 서울대의 자연과학대는 충남대의 특성화 대학 등으로 흡수·통합하여 운영한다. 권역별 특성화 대학에 속한 학생들은 자신의 적성과 특기를 고려하여 추첨이 아닌 본인의 희망에 의해 권역별 대학을 선택하여 서울대를 포함한 어느 대학에서라도 자유롭게 강의를 받고 공동 학점과 공동 학위를 수여받는다.

고3 학생들이 권역별 통합 네트워크 대학에 진학하기 위해서는 현재 수능시험을 장기적으로는 폐지를 원칙으로 하되, 단기적으로는 수능등급제나 등수가 필요 없는 통과 여부만을 결정하는 자격고사로 전환한다. 수능 자격고사를 통과한 학생들은 자신의 고교 내신 성적과 면접 등에 의해 희망 대학을 선택한다. 다만 졸업 기준과 학사관리를 매우 엄격하게 강화하여 공부하지 않은 학생들은 쉽게 졸업하지 못하게 하는 학사관리 체제를 정밀하고 엄격하게 정비한다.

국공립대에 대한 국가의 공적 재정지원을 크게 확대하는 것(OECD 평균 수준)을 최우선의 전제조건으로 제시하여 실질적인 반값 등록금을 실현한다. 반값 등록금에 대해서는 서울시립대가 최초로 실시하고 있고, 제3장 4절에서 이미 언급했던 것처럼 사립대 적립금, 대학교육에 대한 국가 재정지원금 확대, 부자 감세 철회와 과세 등으로 충분히 가능하다. 즉, 반값 등록금이 아니라 학생 1인당 연간 학비를 70만 원 안팎에서 부담하도록 한다. 현재 사립대학이 87%를 점유하고 있는 현실을 고려하여 중장기적으로는 사립대학도 전국 통합 네트워크에 편입되도록 추진하는 것을 원칙으로 하되 어디까지나 희망하는 사립대학으로 제한한다.

중장기적으로는 국공립대 통합 네트워크에 상응하는 초·중등학교의 학제 개편을 가능한 지역(특히, 농산어촌 지역)부터 단계적으로 추진하되, 초등학교와 중학교를 '보통 종합학교'로 통합하여 운영하고, 초등학교와 중학교는 시험과 등수가 없는 교육과정을 운영한다. 다만 초등학교와 중학교에서는 학교별로 자체적인 다양한 평가를 실시할 수는 있으나 이것은 오직 점수에 따른 등수를 매기는 방식이 아닌 학생들의 변화와 학업향상도를 측정하고 확인하기 위한 보충교육의 도구로만 활용한다.

초·중등 교육의 학제 개편은 다양하게 구상할 수 있겠으나 적어도 중학교까지는 의무교육인 만큼 통합 교육과정으로 운영한다. 고등학교는 대학 진학을 위한 인문계 고교와 취업을 위한 전문계고로 구분하고, 인문계고와 전문계고의 자유로운 이동이 가능하도록 한다. 전문계고 졸업생이 취업 등 사회활동을 경험한 2~3년 이후에도 자유롭게 권역별 통합 네트워크 대학에 언제라도 진학할 수 있도록 개방한다. 핀란드의 유기적인 학제와 같은 방식이다.

단기적으로는 자격고사로 전환한 수능시험과 고교 내신성적으로 대학에 진학할 수 있도록 대입 선발 제도를 개혁한다. 중장기적으로는 현행 수능시험을 폐지하고, 통과 여부를 결정하는 서술형 대입자격고사 시험을 치른 뒤, 이 서술형 대입자격고사 시험을 통과한 학생들은 고교 3년 동안의 학교생활기록부(혹은, 학교생활이력서)를 희망하는 대학에 제출한다. 물론 학교 내신성적과 서술형 대입자격고사의 평가 방식은 기존의 상대평가 방식에서 절대평가 방식으로 바꾼다.

중 · 장기적인 관점에서 고등학교는 1학기당 2회씩의 100% 서술형 교내 평가시험, 학생 관찰 및 변화의 향상도를 기록한 교사별 평가 자료, 체험 활동과 봉사활동 등 사회참여와 기여도를 측정하는 비교과 이력서를 학생이 희망하는 권역별 통합 네트워크 대학에 제출한다. 대학은 학생이 제출한 이러한 자료와 대학의 자율에 따른 면접이나 논술을 거쳐 대학 진학 여부를 최종 결정한다.

한편, 대학 교육 체제 개편은 '국공립대 통합 네트워크 안'과 '국공립대 통합 단과대 체제 안', 그리고 '캘리포니아 대학 모델'을 종합하여 1975년 이전의 서울대 운영 방식이었던 단과대학들을 전국의 권역별 국립대로 분산하여 특성화와 역할 분담 방식으로 운영한다. '고등기초대학'은 1년 기간으로 사립대학까지 포함하는 전국 단일형 무상교육이라는 장점에도 불구하고, 현행 13%에 불과한 국립대를 50%까지 확대하는 문제가 현실적으로 많은 어려움이 따른다는 단점이 있다.

대학 서열화의 정점에 있는 서울대는 캘리포니아 대학 모델을 토대로 대학원 중심의 연구대학(UC)로 운영되기 때문에 전국적인 통합 네트워크 체제에 속한 권역별 국립대학의 수준을 현행 서울대 수준으로 끌어 올리는 효과를 기대할 수 있다. 요컨대 '국공립대 통합안,' 혹은 '연합 체제 안'들은 국가의 공적 재정지원을 확대해야 하는 과제가 반드시 이행되어야 한다. 우리나라의 고등교육(대학) 공교육비의 민간 부담률(1.9%)이 OECD 회원국 평균(0.5%)의 4배에 가까운 현실을 고려했을 때, 민간 부담률을 국가의 재정지원 확대를 통해 대폭 낮추어야 한다.

대입 선발 제도를 아무리 개선하고 보완한다 해도 무한 경쟁과 입시 지옥으로 표현되는 정글 경쟁 교육 체제에서는 교육 모순의 해결이 결코 쉬운 과제가 아니다. 우리나라의 교육 모순은 교육에만 그치는 것이 아니라 학벌 숭배 문화와 노동시장의 불평등과 학력·학벌에 따른 임금 차별과 맞닿아 있어서 매우 복잡한 특성을 지니고 있기 때문이다.[194]

한국노동경제학회의 논문집 〈1999~2008년 한국의 대졸자 간 임금격차 변화〉에 따르면,[195] 2008년 기준 "최상위 13개 대학 출신 취업자들은 14~50위 대학 졸업자보다 14.2%, 51위 이하 대학 졸업자보다 23.2%, 전문대 졸업자보다는 42%나 임금"을 더 많이 받았다. 이는 '학벌 프리미엄'이 현실적으로 존재함을 뜻한다. 또한 "대학 졸업생의 절반이 비정규직의 '신빈민층'으로 전락되어 가고 있고, 대학 졸업 후 취업을 원하는 48만여 명 가운데 정규직 취업자는 55%인 26만여 명에 불과하다"는 사실도 학력·학벌에 따른 노동시장의 불평등을 확인해준다.

OECD 회원국 중 한국은 고졸 임금의 기준을 100으로 했을 때 대

〈표 13〉 학력 · 나이별 월 임금 격차

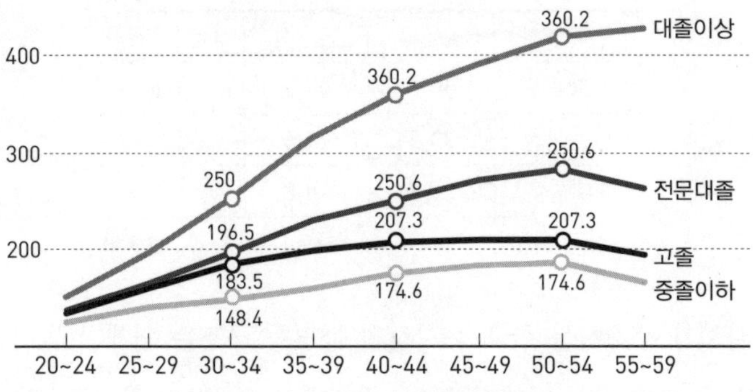

자료: 고용노동부 고용 형태별 근로 실태 조사(2009년), 단위: 만 원

졸과 고졸의 임금격차가 아주 높은 최상위권 국가에 속한다(〈표 13〉 참고). 이처럼 학력 · 학벌의 임금격차가 심한 한국 사회에서는 비록 고비용 저효율의 대학이라 할지라도 '묻지 마 대학 진학' 열풍이 쉽게 가라앉을 수 없다.

한국노동연구원이 지난 4월 펴낸 〈학력별 노동시장 미스매치 분석과 교육 제도 개선 과제〉 보고서를 봐도, 취업이 되지 않아 '졸업 유예' 등으로 장기 학적을 보유하고 있는 학생들이 100만 명이 넘고, 이들이 대학에 남아 있기 때문에 발생하는 '포기 소득' 등을 나타내는 간접 교육비는 5조 4,178억 원에 이른다.[196] 노동시장에는 여전히 '학벌 프리미엄'이 공고하게 자리를 잡고 있다. 대학을 졸업해도 대부분 비정규직으로 취직 아닌 취직을 하거나, 대학에 진학하지 않으면 더 좋지 않은 일자리를 찾아 떠돌아다니는 유랑민이 되어야 한다.

학력 · 학벌 차별에 따른 임금격차가 엄연한 현실에서 고교 졸업자든 대학생이든 '스펙 쌓기'에 최선의 노력을 쏟아 붓는다 해도 학

〈표 14〉 청년층 학력별 고용 형태

(단위 : %)

학력	상용직	임시직	일용직
고졸	50.7	44.1	5.2
전문대졸	73.2	24.5	2.3
대졸	79.8	18.8	1.4

* 자료 : 통계청(2012년 5월)

벌 사회가 존재하는 한 노동시장의 불평등 구조는 쉽게 허물어뜨려지지 않을 것이다. 따라서 학벌 사회와 노동시장의 불평등 구조 해소 문제는 '동전의 양면'이라는 성격을 띠고 있다. 이것이 바로 대학 체제의 개편을 통해, 대학 서열화 해소와 학벌 사회에 따른 각종 사회적 불평등 구조를 혁파하는 과제가 절실하고 시급한 이유다. 이런 맥락에서 '국립대 통합 안'을 중심에 둔 '대학 체제 개편'은 단순히 교육개혁의 차원에만 제한되는 것이 아니다. 전체 사회의 불평등 구조를 개혁하려는 장기적 기획에서 추진되는 사회 변혁적 동력이라는 특성을 갖는다.

4 장

교육개혁 ② 학교가 바뀌면 배움이 즐겁다

"건강한 문화를 가진 사회란 개인이 구조로부터 소외당하지 않는 체제, 도구적 합리성이 일상성을 지배하지 않는 체제, 구성원들의 감수성과 상상력과 분석력이 현실을 바꾸어 가는 데 적극적으로 작용하는 체제다.
한국의 미래 교육은 당장 문화 산업 역군을 배출해야 하는 급박함을 안고 있으면서 동시에 심하게 식민화된 일상성을 회복해낼 문화적 주체들을 배출해야 한다. 갈수록 거대해지는 기술력과 자본력에 지배당하지 않고, 그 힘을 관리해낼 수 있는 문화적 주체들을 길러내야 한다는 것이다. …(중략)… 자신의 일상에서 소외된 자들은 파괴할 힘은 있어도 생산할 힘은 없다. 입시 교육 현장은 현재 한창 감수성이 예민한 십대들로부터 문화적 주체가 될 잠재력을 체계적으로 빼앗고 있고, 일상의 소외를 문제의식 없이 받아들이도록 길들이는 공간이 되고 있다. 이런 위기 상황에서 자신을 주체로, 스스로 적극적으로 만들어 갈 수 있게 돕는 교육이 시급하다. 앞으로 오게 될 시대에 대한 비판적 인식을 할 수 있도록 후기 자본주의의 문화 논리가 지닌 위험성을 가르칠 필요가 있다."

— 조한혜정, 『학교를 찾는 아이, 아이를 찾는 사회』 중에서

1. 국가 통제 교육에서 학교 단위 자치 교육으로 전환하자

한국 교육의 가장 문제적인 특징은 국가에 의한 통제 교육이라는 점이다. 그래서 학교 교육이 특성을 잃고 입시 교육에 편향된 경직성과 획일성을 띠고 있다. 광역 단위는 물론 학교 단위 교육의 자율성이 극히 미미하고 제한적이어서 교육 활동의 다양성을 발휘할 수 없다. 낙오자를 생산할 수밖에 없는 기계적이고 천편일률적인 입시위주의 문제풀이로 일관하고 있다. 이는 국가 권력에 의한 통제와 지시 중심의 학교 교육에서 비롯된 당연한 결과다.

국가 권력에 의해 학교 단위의 거의 모든 교육 활동이 통제와 지시 중심으로 진행되어왔기에 학교 교육은 상대적 자율성을 발휘할 수 없었다. 교육 주체들의 다양한 의견을 수렴하여 학교와 지역과 학생들의 특성에 맞는 교육이 아니라 권력의 눈치를 살피며 수동적인 교육을 전개해왔다.

학교 단위의 소소한 생활지도 하나하나에서부터 평가와 시험 제도, 수업과 교육 연구 등 거의 전반에 걸쳐 국가의 통제와 간섭이 미치지 않은 것이 없을 정도로 숨 막히는 통제와 지시 중심의 교육이었다. 국가의 통제와 지시를 어기거나 벗어나면 즉각적인 제재 조치가 뒤따르고 재정지원의 압박을 받게 된다. 그 결과 교사들은 교육개혁의 주체임에도 그 역할을 포기해야만 했고, 도리어 개혁의 대상으로 전락되어 냉소와 무관심으로 일관해왔다. 학교는 정부의 지시대로 그냥 잘 따라가기만 하면 되는, 타율적이고 수동적인 하위 기구에 불과했다.

이런 상황에서 학교 교육의 개혁 추진과 교원들의 자발성 견인, 학교의 책무성 강화, 다양한 교육 서비스의 개발 등을 도저히 기대할 수 없는, 생명을 잃은 학교 시스템이 고착화되었다. 국가 통제 교육이 공교육 불신과 교육 현장의 무기력을 낳았다.

전국 초·중·고 1만 1천317개(2011년 기준) 학교 가운데, 2,282개의 고등학교가 있지만 겉으로 드러난 학교의 이름만 다양화된 학교이지 사실상 다양성이라곤 전혀 없는 획일적인 학교들이다. 개성과 다양성을 상실하고 칼로 자른 무처럼 규격화되고 경직된 학교 체제다. 굳이 학교의 차별성이 있다면 그것은 입시 교육을 얼마나 다양하고 치열하고 강도 높게 시키느냐만 다를 뿐, 학교의 다양화는 '이름만 다양화된 껍데기'에 지나지 않는다. 국가가 모든 교육을 통제와 지시에 의해 이끌어왔기 때문이다. 따라서 국가의 권한을 광역 단위 시·도 교육청으로 대폭 이관하고, 학교 단위 교육 활동의 상대적 자율성을 확대하고 강화해야 한다. 그래야 지역과 학교마다 특색 있고 다양하고 창의적인 학교 교육이 가능하다.

학교 단위의 자율성은 이명박 정부처럼 학교장 권한만을 강화하는 자율성이어서는 곤란하다. 교육 주체인 학생과 학부모, 교사가 함께 만들어가는 교육 공동체에 의한 자율성이어야 한다. 지금처럼 국가가 학교 단위 교육 활동을 간섭하고 통제한다면 교육은 생명을 잃은 죽은 교육이 되고 만다. 교육은 교육 주체들이 다양한 교육 스펙트럼을 만들어가는 생물이어야 한다. 살아 있는 생물로서 교육이 작동될 때, 교육의 상대적 자율성이 꽃을 피우고 창의성과 개성, 특색과 다양성이 빛을 발할 수 있다. 학교는 붕어빵과 벽돌을 찍어내는 '공장'이 아니다. 학교는 다양한 꽃으로 장식되고 저마다 아름다운 향기를 뿜어내는 풍요로운 '정원'이어야 한다.

하지만 학교 교육에 대한 국가의 책임은 아주 중요한 문제다. 중학교까지의 의무교육과정에서도 엄청난 사교육비 지출과 학부모의 교육비 부담률이 높은데 여전히 국가 통제 중심 교육이 강화되고 있다는 것은 국가의 명백한 잘못이다. 더욱이 민주공화국에서는 교육에 대한 개인적 책임이 아닌 국가의 책임을 더욱 강화해야 한다.

오늘날 한국의 학교 교육은 국가가 책임지는 교육이 아닌 학생 개인과 학부모가 책임지는 교육이다. 사교육비 지출도 그렇지만 공교육비의 학부모 부담이 세계 최고 수준인 것도 그렇다. 특히 대학 교육에 대한 민간 부담률(1.9%)이 OECD 평균(0.5%)의 4배 수준에 육박한다는 사실도 마찬가지다. 교육에 대한 책임을 국가가 개인과 학부모에게 떠넘기기 때문이다. 국가 차원의 재정지원 부담률이 매우 낮은 까닭이다. 공교육비 지출은 정부 부담과 민간 부담으로 구분되는데, 선진국의 경우 공교육에 대한 민간 부담률이 정부 부담률보다 높은 나라는 하나도 없다. 국가는 통제와 지시 대신 교육 공동체에 의해 운영되는 학교 교육의 자율성을 확대하고 강화하며, 대학교를 포함한 공교육에 대한 국가의 재정지원을 대폭 확충해야 한다.

통계청이 발표한 〈통계로 본 한국과 EU〉 자료[197]를 보면, "전체 공교육비 중 민간 부담 비율은 한국이 40%, EU 27개국 평균은 14%로 나타났다. 국가 부담 비율은 EU가 86%인 반면 한국은 60%"에 지나지 않는다.

교육과학기술부가 발표한 〈2012년 OECD 교육지표〉에 근거하더라도, 국내총생산(GDP) 대비 공교육비 비율(8.0%)은 OECD 회원국 중 아이슬란드(8.1%)에 이어 세계에서 두 번째로 낮은 국가에 속한다. 또한 GDP 대비 공교육비 민간 부담률(3.1%)은 OECD 평균(0.9%)보다 훨씬 높은 세계 1위다. 선진국의 경우 공교육비 민간 부담률은 미국(2.1%), 일본(1.7%), 캐나다와 뉴질랜드(1.3%), 멕시코(1.2%), 네덜란드(0.9%)로 우리나라와 비교할 때 엄청나게 낮은 수치다. 초·중·고교 교육에서의 민간 부담률(1.1%)도 2위 칠레(0.8%), 3위 멕시코(0.7%)보다 높은 세계 1위로 OECD 평균(0.3%)의 4배에 육박한다. 특히 고등교육(대학) 분야에서 공교육비의 정부 재원 비중(26.1%)은 OECD 평균(70.0%)에도 미치지 못하고 있으며, 민간 재원 비중(73.9%)은 OECD 평균(30%)보다 무려 2.5배나 높다. 전문대 이상인 고등교육에서의 민간 부담률(1.9%) 역시 정부 부담률(0.7%)보다 많고, 칠레(1.6%), 미국(1.6%)보다 높고, OECD 평균(0.5%)의 4배에 가깝다.[198]

그런데 OECD 지표에는 과외 및 학원비 등 사교육비가 포함되지 않았기 때문에 한국 학부모의 실질적인 교육비 부담은 이보다 훨씬 더 높을 것으로 추정된다. 즉, 교육 경쟁력의 원동력이 국가가 아닌 민간 부담에 의해 견인되고 있다는 사실이다. 우리나라의 공교육비 민간 부담률은 OECD에서 2001년 지표 개발 이후 12년째 세계 1위다. 한국 교육의 부끄러운 현실을 보여주는 지표다.

민주공화국에서 공교육은 학생 개인과 학부모가 아닌 국가가 책임져야 한다. 국가는 공교육에 대한 국가의 재정지원 부담률을 높이는 정책을 실현해야 한다. 통제와 지시 중심의 학교 교육에서 탈피해 학교 단위의 자발성과 책임성을 구현하는 자율과 자치 중심의 교육으로 발전해 가도록 적극 지원하여야 한다.

그렇지 않고 지금과 같이 국가의 통제와 지시, 간섭이 계속되는 교육 환경에서 교육의 경쟁력을 기대한다는 것은 숲에서 물고기를 찾는 것과 다를 바 없다. 이는 학교 단위에서 교육개혁 정책이 표류하거나 국민적 신뢰를 잃고 있는 근본적인 이유가 되고 있다. 지금까지 정치 논리와 경제 논리에 의해 좌지우지되어왔던 교육개혁 정책 속에는 교육의 논리도 교육 철학도 찾아볼 수 없다. 그래서 수많은 교육개혁 정책이 외면을 받으면서 허공의 뜬구름처럼 부유해왔다. 국가가 책임을 지지 않고 개인과 학부모에게 떠넘기며 학교의 자율성을 옥죄어 온 국가 통제와 지시 중심의 학교 교육이 낳은 필연적인 결과였다.

이제 학교 교육에 '해방의 선물'을 주어야 한다. 해방 이후 지금까지 정치권력의 요구와 자본의 논리에 따라 학교 교육에 채운 낡고

녹슨 족쇄를 풀어야 한다. 학교가 바뀌지 않으면 그 어떤 교육정책도 결코 성공할 수 없기 때문이다. 교육의 본질은 해방이고 자유다. 교육은 교육 영역 바깥에서 주어지는 논리나 요구가 아니라 내부에서 스스로 자율성을 가지고 자발성이 작동될 때 참교육의 진정한 꽃을 피울 수 있고, 스스로 변화하려는 몸짓을 시도할 수 있을 것이다.

그러나 지금의 학교는 변화를 꺼려하고 두려워한다. 오랜 타성과 관행에 길들여진 채 현상유지를 지극히 선호한다. 정체되고 고여 있는 학교에 새로운 변화를 불어넣어야 한다. 그 중 하나가 교육 주체들이 이끌어가는 교육 공동체를 통해 학교 단위 자치 교육을 제대로 구현하는 일이다. 국가 통제와 지시 중심 교육에서 벗어나, 학교와 지역의 특성을 살리는 개성 있는 교육, 다양성과 창의성의 불꽃 교육이 빛을 발할 수 있도록 진정한 의미의 학교 단위 자치 교육이 이루어져야 한다. 이를 위해 '지방 교육 자치에 관한 법률'과 그 '시행령'을 개정해야 한다.

2. 산업화 시대를 넘어 새로운 교육 패러다임으로

한국 학생들의 학력 수준은 과다한 사교육비 지출 세계 1위, 학교 공부시간 세계 1위, 학생 수면 시간 세계 최저라는 고통을 겪으면서도 매번 국제 학생 학업평가 비교 연구(PISA)에서 세계 최상위권을 차지할 정도로 매우 높았다. 고등학생의 대학 진학률(80%)도 50~60%대에 머물고 있는 일본과 미국 등 선진국에 비해 매우 높은 편이다.

하지만 21세기 정보화 지식기반사회가 요구하는 창의력과 협력적 문제 해결 능력은 세계 최하위권이다. 능동적이고 창의적인 학습 수준을 측정(TIMSS)하는 '학업에 대한 자신감과 흥미도'에서도 전체 49개국 가운데 43위다. 지식을 암기하고 문제풀이 요령을 반복적으로 익혀서 푸는 능력은 뛰어나지만 비판적이고 창의적인 사고와 표현 능력은 세계 최하위권이라는 말이다.

공부를 잘한다는 학생들도 예외는 아닌 것 같다. 미국 아이비리그의 명문대학에 입학한 소위 공부를 잘한다는 한국 학생들마저 아이비리그 대학에서의 중퇴율(44%)이 인도(21.5%)나 중국(25%), 심지어 미국 학생들의 대학 중퇴율(34%)에 견주어도 훨씬 높다.[199] 질문이 없는 주입식·암기식 교육의 폐해가 토론식 쌍방향 교육이 일반적인 외국의 교육 현장에서 적나라하게 드러난 결과다. 질문과 토론식 수업 방식에서는 한국 학생들의 장기인 '객관식 정답 고르기' 경쟁력이 빛이 아닌 실체가 없는 그림자의 형상에 지나지 않았기 때문이다.

세계 최고 수준의 학력을 가진 고등학생들이 국내 대학에 진학한 이후에는 공부에 진저리를 느끼고 소홀하다는 지적과 비판도 중·고교 시절 혹독한 입시 공부에 찌들려온 탓이다. '마른 걸레도 다시 쥐어짜내듯' 문제풀이 입시 공부만을 했으니 대학에 진학해도 공부에 흥미를 느끼지 못하는 것은 너무도 당연한 소진효과다. 상상력과 창의력, 협력을 통한 문제 해결 능력, 비판적이고 종합적인 사고 능력을 억압하고 가로막는 성적위주의 대학입시 교육 때문이다.

경직되고 획일화된 교육 환경에서는 제아무리 열심히 공부를 한다고 해도 21세기가 요구하는 인재상을 길러낸다는 것은 불가능하다. 즉 집단적 토론을 통한 문제 해결 능력, 협력에 기초한 민주적 리더십 발휘, 창의성과 상상력을 발휘할 줄 아는 미래형 인재를 키워낸다는 것은 어불성설이다. 진정한 경쟁력은 혼자 공부해서 길러진다기보다는 친구들과 서로 협력하는 과정에서 길러진다. 점수 올리기와 학벌 따기 경쟁은 경쟁도 아니고 진정한 경쟁력을 기대할 수도 없다. 점수와 학벌 경쟁은 후진국형 경쟁 현상이며, 개인의 경쟁력은 물론 전체의 경쟁력을 떨어뜨리는 '교육의 악성 종양'이다.

"(한국 사회에서) 대학에 가느냐, 못 가느냐 하는 것이 한 사람의 인생의 성패를 좌우할 정도로 중요성을 갖고 있다고 해도 과언이 아니다. 고등학교 학생들은 시험성적을 올리기 위해 젊은 시절에 당연히 누려야 할 모든 즐거움과 낭만, 교양과 자유를 포기하고 새벽부터 밤중까지 1년 365일 거의 노예적 삶을 강요당하고 있다. 그것도 부족해서 수많은 청소년들이 재수, 삼수라는 고통에 가득 찬 시간을 보내고 있다. 이것은 개인뿐 아니라 국가적으로도 엄청난 손실이다. 대학에 가려는 학생들의 노력은 거의 필사적이라고 해야 할 정도이고, 실제로 성적과 경쟁이 주는 스트레스를 이기지 못해 많은 청소년들이 정신적으로 방황하거나 심지어 자살의 길에 이르고 있음은 안타깝기 그지없다. …(중략)… 학교 교육은 오로지 상급학교 진학에만 초점이 맞춰져 있고, 인간 교육, 참 교육은 아예 관심 밖이다. 창의성 교육과 학생의 개성은 철저히 무시되고 있다. 지금 많은 선진국들이 교육개혁을 추진 중이며, 지식기반사회로 향하고 있는 21세기는 창의적 인간의 두뇌 싸움에 의해 국가 간 경쟁이 좌우된다고들 하는데 한국은 언제까지 주입식 교육, 답이 하나밖에 없는 문제풀이로 일관할 것인지? 시도별, 학교별, 학급별, 교사별, 학생별로 매달 성적이 즉시 컴퓨터에 의해 분석되고 그것에 따라 교육감, 교장, 교사, 학생이 평가되고 있으니 교사, 학생들은 더욱 더 큰 압박을 받을 수밖에 없다. 이것을 문명의 발달이라고 불러야 할지, 비인간화의 극치라고 해야 할지?[200]

지금까지 수차례 언급했듯이, 현행 한국 교육의 경쟁은 학벌 따기 경쟁이고 일류병에 함몰된 명문대 진학 경쟁이다. 개인의 경쟁력 또한 시험점수를 얼마나 올리느냐의 경쟁력일 뿐 진정한 교육 경쟁력은 아니다. 학교의 교육 경쟁력도 서열화한 명문대에 합격자를 몇 명이나 더 배출하느냐의 싸움일 뿐 의미 있는 교육 경쟁력이 결코 아니다. 지금의 학교 교육은 대학 진학 결과에 관계없이 낙오자를 필연적으로 만들 수밖에 없고, 성적순으로 줄을 세우는 교육에서 조금도 탈피하지 못하고 있다.

21세기, 이제는 '붕어빵 인간'을 기계적으로 대량생산해왔던 20세기 산업화 시대의 학교 교육과 인재상에서 벗어나야 한다. 포드주의식 대공장에서 동일한 유형의 상품을 대량생산하기 위해 기계적이고 수량적인 평가에 치우쳐 경쟁 만능을 부추겨왔던 '목표-달성-평가 모델'의 산업주의적 교육과정에서 탈피해야 한다. 학생들의 다양한 개성을 존중하고 잠재적 능력을 발견하도록 풍부한 감수성과 창의성을 발현시키는 '주제-탐구-표현 모델'의 21세기형 교육과정을 새롭게 구상하여 실천해야 한다.

"몇 번이고 배우는 일에 도전할 자유를 보장하지 않는 한, 경제 자본에서나 문화 자본에서나 가진 자와 못 가진 자의 격차는 한층 벌어질 것이다. 21세기는 포스트 포드주의와 포스트 산업주의 시대다. 1차 산업과 2차 산업의 노동력 수요는 격감하고, 3차 산업의 노동력 수요도 감소할 뿐만 아니라 노동력 시장의 총량도 감소하기 때문에, 고도의 복합적인 지적 능력을 가진 사람들 외에는 노동시장에의 참가가 곤란해지는 시대로 돌입할 것이다. 현재의 상태를 그대로 방치한다면 많은 젊은이들이 실업자가 될 수밖에 없을 것이다. 아이들에게 새로운 시대에 걸맞는 고도로 종합적인 지적 능력을 습득하게 해서 사회 참가의 기회를 확대하는 교육개혁이 요구된다."[201]

"배움으로부터의 도주는 산업주의 사회에서 포스트 산업주의 사회로의 이행을 기반으로 한층 강화된다. 산업주의 사회에서는 자동차나 주택이나 전기제품 등 물건의 생산과 유통을 중심으로 사회가 구성되지만, 포스트 산업주의 사회에서는 지식이나 정보나 대인 서비스 제공을 중심으로 주요한 시장이 형성된다. …(중략)… 산업주의 사회는 소수의 지적 엘리트를 정점으로 하고 다수의 단순 노동자를 저변으로 하는 피라미드형의 노동시장을 형성하였다. 그러나 포스트 산업주의 사회에서는 단순 노동자의 수요가 급격히 줄고 고도의 지적인 능력을 갖춘 노동자 시장이 확대되어 피라미드형의 저변이 붕괴되고 상부가 부풀어 오른 항아리형의 노동시장으로 옮겨간다."[202]

실패를 용인하지 않고 패자부활전의 기회도 주어지지 않는 오로지 '1등만 기억하는 더러운 세상'에서, 그리고 실패는 곧 끝이고, 타자를 짓밟고 무너뜨려야 내가 살아남는다는 극단적 경쟁 교육 시스템에서는 협력이나 창의적 사고력을 기대할 수 없다. 반드시 패자를 만들어야 하고, 타자를 패자의 수렁으로 몰아넣어야 내가 승자가 될 수 있다는 '제로섬 게임'을 추구하는 학교 교육 시스템에서는 승자마저도 종국적으로는 패자나 피해자로 전락하게 된다. 불특정 다수에 대한 맹목적인 경쟁 교육, 만인의 만인에 대한 치열한 투쟁만을 강요하는 학교 교육과 입시 체제에서는 학생과 학부모, 교사는 물론 대학교도 피해자가 되는 것은 어쩌면 필연적인 과정이다.

학교는 산업화 시대의 '붕어빵 인간'을 제조하고 '생명 없는 벽돌'을 찍어내는 기계화된 거대한 공장이 아니다. 모든 이와 더불어 살아가는 공동체적 인간을 길러내는 역동적인 삶의 공간이자 서로가 서로를 이끌어주고 밀어주는 공존공생의 아름다운 삶의 질서를 익혀가는 즐거움과 기쁨의 공간이다. 학교는 그 사회의 지배 논리를 재생산하면서도 역동적인 갈등을 일으키는 장이기도 하다. 또한 학교는 혼자 똑똑한 사람을 길러내는 공간이 아니라 모두 함께 경쟁력을 창출해내는 공간이다. 또한 "학교는 대량생산 체제에 적합한 수동적이고 참을성 있는 기계적인 인간이 아닌, 스스로 문제 상황을 파악하고 고부가 가치 상품을 만들어낼 수 있는 문화적 인간을 기르는 곳"[203]이기도 하다.

핀란드가 60년대에 흔들림 없는 교육개혁을 추진하게 된 이유에서 알 수 있듯이 우리도 국민적 지혜를 모아간다면 충분히 가능하리라 생각한다. 우리나라가 1997년 IMF 경제 위기 이후 거의 모든 분야에서 경쟁이 더욱 치열해지고 교육의 불평등과 사회의 양극화가 뚜렷해지면서 공교육의 위기 상황을 맞이했듯이, 핀란드 역시 EFTA(에프타, 유럽자유무역연합)의 가입으로 국제 경쟁에서 살아남기 위해 전 사회적 차원에서 교육개혁을 추진해왔다.

그런데 핀란드가 추진한 교육개혁의 핵심적 관점과 철학은 우리나라와는 전혀 다른 '형평성'과 '평등'과 '협력'을 강조하는 교육개혁을 시도했다는 사실이다. 하지만 한국은 경쟁과 수월성, 교육 수요자의 학교 선택권 보장과 차별을 강조한 정책들을 교육개혁이라는 명분으로 추진해왔다. 교육을 바라보는 극명한 시각 차이로 인해 두 나라의 교육개혁은 아주 다른 방식으로 진행되었다. 핀란드 교육의 성공 모델을 세운 에르키 아호의 말을 직접 들어보자. 인용 부분이 다소 길지만 매우 현실적이고 시사적이다.

"에프타(EFTA) 이후 국제적 경쟁에서 살아남아야 했고, 우리 역시 경쟁적인 경제 체제를 배척하지는 않는다. 하지만 어릴 때부터 경쟁하며 자란다고 해서 나중에 경쟁력을 지닐 수 있는 건 아니다. 핀란드는 정의, 평등, 인권, 민주주의, 참여, 관용(똘레랑스) 등의 가치를 존중하는 북유럽 국가다. 또 교육개혁이 시작된 60년대 후반은 민주화에 대한 욕구가 분출하면서 평등이 특히 강조되던 시기였다. 우리는 교육을 통해 사회적 불평등을 줄이고 아이들이 협력적 수업을 통해 인성을 키우는 것이 핀란드란 국가 전체로서 경쟁력을 갖게 되는 것이라고 생각했다.

핀란드에서도 변호사, 의사, 교사 등 선호하는 직업이 있고, 그 직업을 갖는 데 경쟁이 있는 것은 사실이다. 하지만 요즘은 점점 학생들이 일반대학보다 기술전문대학에 많이 가는 추세다. 굳이 의사나 변호사가 되지 않아도 잘할 수 있는 일을 하면 된다고 보는 것이다. 그런 태도는 어떤 일을 하더라도 인간적인 삶이 보장되는 사회복지 체제가 있기에 가능하다. 대학까지 학비가 없기 때문에 원하면 언제라도 필요한 공부를 할 수 있는 것 역시 경쟁을 완화하는 요소로 작용한다.

개혁을 추진하는 데 있어 교원노조의 역할은 매우 중요했다. 핀란드에서는 일찍부터 고용주와 정부, 노조가 참여하는 노사정 3자 협상 테이블이 존재했다. 교육개혁 과정에서도 3자 합의 틀이 작동했다. 새로운 교육 제도에 관한 계획과 결정은 거의 모두 교육부 · 시도협의회 · 교원노조의 3자 합의를 통해 결정했다. 교원노조는 교육과정 개편을 위시해 모든 현안에 적극적으로 참여해 토론하고 협력했다. 개혁 과정에 노조를 참여시켜 의사결정을 같이 하는 것은 매우 중요하다. 그게 개혁을 진전시키는 현명한 방법이다. 노조와의 갈등은 개혁을 파괴하는 일이나 다름없다. 우리도 노조의 지지를 얻음으로써 개혁에 대한 국민적 공감대를 이루어낼 수 있었다.

지식기반사회에서 인적자원을 길러내는 교육은 우리 사회에 핵심적으로 중요한 사안이다. 그러므로 부모들의 경제적 형편에 의해서 학생들의 교육받을 기회나 조건이 좌우되지 않도록 하는 것은 매우 중요하다. 부모의 돈이 아이들의 장래를 결정하지 않도록 모두에게 동등한 교육 기회를 제공해야 한다는 것은 핀란드 인들의 기본적인 합의 사항이다. 교육은 사회적 정의를 실현하는 도구가 돼야 한다. 배움과 돌봄으로서의 교육에 대한 철학을 만들어가는 것이 중요하다. 초 · 중등학교에서부터 극심한 경쟁을 해야 한다는 것은 나로선 이해하기 어려운 부분이다. 경쟁은 학교를 졸업한 뒤에 해도 충분하다. 아이들이 내적인 발전, 즉 개성과 다양한 재능을 발현하는 데 집중할 수 있도록 학교를 덜 경쟁적으로 만들어야 한다. 조금이라도 덜 경쟁적인 상태로 학교를 만들기 위한 아주 작은 시도라도 시작하는 게 중요하다. 교육은 미래로 가는 다리다. 미래의 주역은 아이들이다. 우리가 아이들에게 줄 수 있는 것은 건강하고 강한 개성과 자존감이다. 동료와 무한 경쟁하게 한다면 모두가 패자가 된다."[204]

핀란드 교육의 성공 사례가 모든 국가에 적용할 수 있는 전범이나 보편적인 성공 모델은 결코 아니다. 하지만 국민적 합의 과정을 거쳐 사회복지 체제를 구축하고, 부모의 경제력의 차이로 인해 아이들이 교육 불평등과 교육 차별을 받는 일이 발생하지 않도록 노력하고, 경쟁이 아닌 협력의 원리로 교육의 경쟁력을 끌어 올리고, 교원노조와 갈등이 아닌 동반자 관계로 인식하여 교육개혁을 성공적으로 만들어낸 사례는 매우 감동적이고 시사적이다.

비단 핀란드 사례가 아니라 하더라도 이제는 한국의 교육도 바뀌어야 한다. 교육의 변화를 이끌어내기 위해 정치권력이나 경제 논리에 휘둘리지 않는 진정한 의미에서의 교육개혁이 성공하도록 국민적 요구와 합의를 모색해야 한다. 한국의 교육은 20세기의 과거 지향적 모델에서 벗어나 새롭게 바뀌어야 한다. 21세기에 상응하는 새로운 학교 교육과 인재상을 수립해야 한다. 개인과 학교 간의 경쟁을 부추기며 마치 경쟁이 학교 교육의 유일한 목표인 양 오인하게 만드는 경쟁 만능주의와 성적 지상주의 교육은 20세기 산업화 시대에나 필요했던 '붕어빵 교육'이며, '벽돌 찍어내기 교육'이다. 20세기의 산업화 시대 교육 패러다임에서 21세기의 새로운 교육 패러다임으로 바뀌야 한다. 그래야 규격화된 인재가 아닌 다양한 인재 양성 교육이 가능하다.

또한 경쟁에서 협력으로, 효율에서 즐김으로, 통제 교육에서 자율성으로, 암기와 문제풀이 교육에서 개성과 인권 존중과 창의성을 중시하는 교육으로 점진적 변화를 이끌어낼 수 있다. 21세기 교육 패러다임으로 전환하기 위해서는 국가 통제 교육을 학교 단위 자치로 바꿔서 교육 공동체가 이끌어가는 학교 단위의 상대적 자율성을 확대해야 한다. 점수에 기초한 목표와 평가 중심의 교육 방식에서 주제 탐구와 표현 중심의 교육 방식으로 바꿔야 한다. 그리고 성적위주의 대입 선발 제도와 시대 변화에 상응하는 학제 개편 문제도 뒤따라야 하지만, 이는 뒤에서 다시 언급하도록 하겠다.

3. 교사가 변해야 학교가 바뀐다

모든 자치 방식이 그렇듯이 진정한 자치는 그 규모가 작을수록 성공 가능성과 만족도가 높다. 교육 자치도 마찬가지다. 학교 단위 교육 자치가 제대로 운영될 때 최상 형태의 교육 자치의 꽃을 피워낼 수 있다. 하지만 현행 교육 자치는 광역 단위 자치로서 학교 단위 자치는 문서상의 자치일 뿐, 국가 통제 교육에서 한 발짝도 나아가지 않고 있다. 따라서 학교는 국가기구의 가장 하부의 종속 기구로 자치 기능을 완전히 상실한 채 국가의 통제와 지시, 그리고 시시콜콜한 간섭에 의해 타율적 · 불구적 기구로 작동되고 있다. 게다가 학교의 존재 이유가 학생의 존재를 전제하고 있는데도 학생 중심 교육 활동이 다양하게 계발 · 작동되지 못하고 있다.

학교는 국가기구의 종속적 행정기구의 기능만을 충실하게 이행할 뿐, 다양하고 책임 있는 교육 활동을 만들어가는 자율적 기구는 결코 아니다. 학교 교육의 질이 떨어진다거나 사교육이 공교육을 능가한다거나 공교육이 신뢰를 잃고 있다는 주장이 계속 제기되는 이유이기도 하다. 학교가 자율적 자치 기능을 상실하고 국가의 말단 행정 처리 기구로 전락된 까닭이다. 따라서 학교 단위 교육 자치를 활성화하고, 교육의 질을 향상시켜 공교육에 대한 신뢰를 회복하는 일은 매우 시급한 현실적 과제다. 공교육에 대한 신뢰 회복은 학교 시스템에 대한 근본적인 개혁을 요구한다.

학교가 변해야 교육개혁도 성공하고 공교육에 대한 신뢰 회복과 희망을 갖게 된다. 학교가 변하지 않으면 그 어떤 개혁 정책도 헛발질에 불과하다. 학교의 변화는 경직되고 폐쇄적이고 권위적인 학교 시스템을 새롭게 바꾸는 일이다. 또한 교육개혁 정책도 중요하지만 현장 교육을 실질적으로 이끌어가고 있는 교사와 교장이 달라져야 학교도 바뀌고 공교육에 희망을 기대할 수 있다.

우선, 학교 시스템의 개혁은 교사들이 학교의 일반 교육 행정 업무에 시간을 쏟는 대신 학생 교육에 전념하는 시스템으로 바꾸는 일에서 시작해야 한다. 학교 단위에서 교사들이 학교 교육에 전념하여 책임 있는 교육을 만들어가는 일은 현재의 학교 시스템으로는 사실상 불가능하다. 교육 행정 업무처리와 생활 지도 등으로 수업 활동이 부실화되는 경우가 일상적으로 재생산되고 있기 때문이다. 수업 활동보다 교육 행정 업무처리가 우선시 되는 경우가 비일비재하다. 전국 180개 시 · 군 · 구 단위 지역 교육청을 폐지하고, 지역 교육청의 폐지에 따른 유휴 전문 인력을 학교 운영과 각종 교육 활동 지원

인력으로 학교 단위에 재배치할 필요가 있다.

학교의 존재 이유가 학생들을 위한 것이고, 교사의 존재 이유도 학생들이 존재하기 때문이듯, 지역 교육청도 오로지 학생들을 위해 존재한다. 학생들이 없으면 지역 교육청이나 교사의 존재 의미는 전혀 없다. 지역 교육청과 교사는 오직 학교 교육과 학생들을 위해 존재한다.

전국 180개 지역 교육청에 근무하는 교육 행정 인력(2009년 기준)은 교육 전문직(교원 포함) 2,519명(24.4%), 일반직 5,465명(52.9%), 기능직 2,334명(22.6%)으로 총 10,318명이다. 지역 교육청의 폐지에 따른 교육 행정 인력들을 학교 자치 운영과 교사의 교육 활동 지원 업무를 수행하는 인력으로 재배치하여 학교 시스템을 혁신적으로 바꿔야만 교사들이 수업을 포함해서 학생 교육 활동에 전념할 수 있다.

지역 교육청은 교육 자치기구로서 그 기능을 전혀 수행하지 못한 채, 교육 행정을 학교 단위로 전달하고 중계하는 중간 유통 기구 수준에 머물고 있다. 기초 단위 지역 교육청은 불필요한 교육 행정기관에 지나지 않는다. 현행 교무 행정사 제도를 통해 교원의 교무 행정 업무를 경감하고는 있다지만 이는 조족지혈의 수준에 머물고 있다. 예를 들어 현재 교사들이 담당하는 교무 행정 업무와 행정실에서 담당하는 회계 업무로 이원화된 학교 시스템을 교무 행정 업무, 회계 업무, 교사 교육 활동 지원 업무로 재편해야 교사들이 오로지 학생들의 교육 활동과 수업에만 진념할 수 있는 학교 시스템을 구축할 수 있다. 교사들이 학교의 교무 행정 업무에서 해방되어야 공교육의 질적 향상과 책임성을 도모할 수 있다. 현행 학교 단위의 행정실 체제를 교육 활동 지원실 체제로 개편하여 교사의 교무 행정 업무를 대신할 수 있도록 해야 한다. 이는 단지 학교 시스템 혁신에만 그치는 것이 아니라 교육 자치가 학교 단위에서 실질적으로 꽃을 피울 수 있도록 견인하는 교육 자치의 혁신 과정이기도 하다.

두 번째, 교사들도 변해야 한다. 학교 변화의 핵심은 교사의 변화를 지칭한다고 해도 과언이 아니다. 교사들은 오랜 타성에 젖은 길들여진 교육 방식과 수동적이고 무기력한 태도에서 벗어나야 한다. 개인주의적이고 폐쇄적인 교육관에서 탈피하고 21세기 시대 변화에 상응하는 새로운 학생관, 인재관을 세워야 한다. 능동성과 자발성, 협력성과 연대성을 함께 나누고 실천하는 주체적인 교사로 거듭 깨어나야 한다. 학생들을 가르침의 대상으로만 규정하거나 교사의 권위를 앞세워 지도하려는 과거 산업화 시대의 수직적이고 권위주의적인 교육관에서 거듭 새로워져야 한다. 교사와 학생의 관계를 수직적 관계에서 수평적 관계로, 권위적 · 지시적 관계에서 민주적이고 개방적인 관계로 바꿔야 한다. 학생을 어리고 모르는 자로 규정하여 가르치려고만 하는 사고에서 벗어나 쌍방향적 교류를 통해 서로 배우고 가르치는 관계로 새롭게 정립해야 한다.

파울루 프레이리가 언급한 것처럼 "교사는 학생들이 설명된 내용을 기계적으로 암기하도록 만들어서는 안 된다. 가장 나쁜 것은 학생들을 교사가 설명하는 학습의 내용물을 기계적으로 주입하는 '그릇'이나 '용기'로 여기고 더 완벽하게 그 '그릇 안'을 채울수록 그 교사는 유능한 평가를 받고, 그 내용물을 고분고분 받아 채울수록 더 나은 학생으로 평가되는," 이른바 '은행 저금식 교육'에서 벗어나야 한다. 문제의식과 깨어 있는 의식을 지닌 교사로서 거듭 새롭게 태어나야 한다는 뜻이다. "지식은 창조와 재창조를 통해서만 생겨나며 인간은 끊임없고 지속적인 탐구 정신을 통해 세계 속에서 세계와 더불어 또 타인과 더불어 살아나갈 수 있는 것"[205]이기 때문이다. 배움은 모르는 학생들을 위해 교사가 가르치는 행위를 뜻하지 않는다. 진정한 배움은 학생과 교사가, 그리고 교사와 교사가 서로 가르치고 배우는 과정에서 동시적으로 일어나는 의식적 행위다.

타성과 관행, 개인주의와 편협한 교육관에 함몰된다면 교사들은 또 다시 교육개혁의 대상으로 내몰릴 수밖에 없다. 학생과 함께 자신의 삶을 살아가야 하는 교사는 월급쟁이 직장인이 아니다. 참고서와 문제집에 얽매여 삶을 소비하는 교사의 일상은 자신의 경쟁력을 갉아 먹고, 퇴보하게 만들며, 교사 집단의 사회적 고립 현상을 더욱 심화할 수 있다. 교사는 스스로 '우물 안 개구리'이거나 '고여 있는 호수의 물'이라는 틀을 깨고 나와야 학생들과 자주적이고 주체적으로 만날 수 있다. 교사가 참고서와 문제집에서 빠져나와 폭넓은 인문학의 세계로 들어가 공부하고 토론하는 학교 문화의 새로운 지평을 선도적으로 창출해야 한다. 교사 스스로 변화하지 않으면 또 다시 교사 집단은 존경과 우대의 대상이 아니라 동네북의 신세로 여겨지며 사회적 비난의 대상으로 내몰릴 수도 있다.[206] "교사들은 자신이 무엇을 가르치는지, 어떤 방법으로 가르치는지, 무엇을 달성하고자 애쓰는지에 대해 끊임없이 질문을 제기해야 한다. 교사들은 학교 교육의 목적과 조건을 형성하는 데 책임 있는 역할을 수행해야 한다."[207] 모름지기 "학교는 정치와 권력의 역동성이 제거된 객관적 제도가 아니라, 어떠한 권위 형식, 지식 유형, 도덕 규율의 형식, 과거와 미래에 대한 전망 등을 학생들에게 정당화하고 전달할 것인가를 구체화하고 표현하는 적극적인 갈등의 장"[208]이기 때문이다.

학교 시스템 개혁은 단순히 교육 행정 업무의 분업화나 역할 변동에만 그치는 것이 아니라 교사들의 변화를 동시적으로 견인하고 요구하는 개혁이다. 교사들이 각종 행정 업무로부터 해방되어 학생들의 교육 활동과 수업에만 전념해야 한다는 것은 지성인으로서 교사, 학생과 자신의 의식을 깨우치는 교사로 거듭나는 것을 뜻한다. 교과서와 문제집에 의존하여 학생과 만나는 것이 아니라 지속적이고 일상적인 인문학 공부 등을 통해 교사의 역할 수행 능력을 높여가는 과정을 통해 학생들과 만나야 한다. 즉 지금까지 경험하지 못한 새로운 학교 문화와 교사 문화를 주도적으로 만들어가야 한다는 말이다. 학교 단위 차원이든 지역 단위 차원이든, 교과별 단위이든 학년 단위이든 소그룹 형태의 교사 연구모임이나 독서모임, 수업 개선 연구모임, 지역 교육 토론모임 등을 꾸려서 서로 정보와 경험과 연구 결과를 교류하고 공유하면서 새로운 학교 문화를 창출하고, 교사 집단 스스로의 자발적 전문성을 높여 나가야 한다. 문제집과 참고서는 부수적인 참고자료일 뿐이지, 교사의 전문성과 정체성, 그리고 교사로서 자긍심과 가르친 보람, 교사와 학생의 바람직한 만남의 관계 형성 등을 만들어내지 못한다. 문제집과 참고서가 없으면 가르칠 것이 없다고 허탈해 하거나 불안해서는 안 된다. 나아가 교사로서 가르치는 목적을 제대로 수행했다는 자부심과 만족감을 갖지 못한다면, 이는 주객이 전도된 '교사로서 불구적 교육 행위'이며, 스스로 교사의 임무를 저버리고 정체성을 훼손하는 교육 행위다. 교사가 먼저 달라져야 교실 문화도 바뀌고 학교 문화도 달라진다. 교사가 바뀌고 교실 문화가 바뀌면 학생들의 얼굴과 태도가 달라지고 학교 문화에 생동감이 넘쳐난다. 특히 학생들이 달라지면 교사로서 가르치는 보람과 자긍심도 충만해질 수 있다. 학생의 변화를 먼저 요구하기 전에 교사 스스로 먼저 달라져야 즐거운 교실, 행복한 배움의 세계를 만들어갈 수 있다. 교사 집단의 혁신과 변화를 이끌어내지 못하는 교육개혁은 결코 성공할 수 없다. "세상의 변화를 원한다면 내가 먼저 변해야 한다"는 말처럼, 교실과 학교 문화가 변하기를 기대한다면 무엇보다도 교사 집단의 자발적 변화 노력이 절실한 까닭이기도 하다.

세 번째, 학교 시스템 개혁은 교사 못지않게 학교 관리자, 특히 교장의 변화를 더욱 절실하게 요구한다. 학교 시스템의 개혁과 새로운 학교 문화의 창출을 위해서는 교사는 물론 교장의 변화가 필수적인 요소다. 교사와 교장의 변화는 동전의 양면 관계다. 하지만 학교 혁신과 교육개혁의 성공적인 정착을 위한 교장의 변화와 혁신이 없다면 공염불로 끝나고 말 것이다.

'한 번 교장은 영원한 교장'이라는 오명이, '이제부터 나도 교장이다'라는 코미디적 환호가, '존경받는 교장을 찾아보기 힘들다'는 부끄러움이, '교장은 교육자라기보다는 마름에 더 가깝다'라는 비난들이 학교 안팎에서 더는 횡행하지 않아야 한다. 신뢰받는 학교 교육,

책임지는 학교 교육의 구현을 위해 교장의 변화와 혁신은 거부할 수 없는 시대적 소명이다. 폐쇄적이고 권위적이고 상명하달의 관행에 길들어진 습관에서 벗어나 민주적인 소통 능력과 협력적인 문제 해결 능력을 지닌 개방적 리더십이 필요하기 때문이다. 이것이 21세기에 부응하는 새로운 학교장의 모습이다.

그러나 현실은 결코 그렇지 않다. 새로운 학교 문화 창출과 학교 현장에서 교육개혁의 성공적 정착을 위해 교장의 변화는 필수적인 요소임에도 변화를 두려워하거나 적극적으로 거부한다. 학교가 권위적이고 폐쇄적이라는 비판, 답답하고 보수적이라는 평가는 학교장의 리더십 부재와 독단과 독선에 따른 의사소통 능력의 부재에서 비롯된다. 학교에 대한 학교 안팎의 비판과 따가운 지적은 결국 교장 자격증 제도가 빚어낸 자가당착의 결과다. 교장 자격증 제도가 새로운 학교 문화의 창출을 방해하고 학교의 보수성과 권위성, 비민주성과 소통 능력 부족 등 철학의 부재와 빈곤을 낳은 주범이기 때문이다.

따라서 기존의 교장 자격증 제도를 폐지하고 학교 안팎의 사람들이 응모할 수 있는 '개방형 교장 공모제'를 전면화해야 한다. 기존의 교장 자격증 제도를 유지하는 한 학교의 새로운 문화 창출과 학교 혁신은 먼 미래의 과제로 묻어두어야 한다. 오늘날 교육 현장이 변화를 거부하고 보수적이라는 오명을 듣게 된 것은 폐쇄적이고 보수적인 교장 자격증 제도에서 비롯된다. 하지만 이런 부정적 결과를 낳게 만든 장본인은 교장 자신들이다. 교장은 학생과 학부모, 교사와 같이 학교 구성원 중의 한 사람일 뿐이다. 교장은 모든 것을 결정하는 '홀로 주체'가 아니다. 학교를 둘러싼 교육 주체들이 학교를 함께 운영할 수 있도록 도와주고, 학교 구성원들의 '서로 주체성'[209]을 발휘할 여건을 조성해주려는 개방적이고 민주적인 리더십이 필요하다. 교장의 변화와 혁신은 학교가 변화하는 결정적인 지렛대 구실을 한다. 교장 자격증 제도를 폐지하고 모든 학교에 전면적인 교장 공모제를 도입하는 것이야말로 학교 현장의 변화를 진실로 도모하고 교육개혁의 성공적 정착을 돕는 시금석이라 할 수 있다. 이른바 '완전 개방형 교장 공모제'의 전면적 시행은 새로운 학교 문화 창출과 살아있는 교육 구현에 있어서, 그 어떤 화려한 수사로 치장한 개혁 조치보다 더 큰 영향력을 미치는 교육개혁이라 할 수 있다. 모든 학교를 대상으로 하는 완전 개방형 교장 공모제의 도입은 학교 현장의 교육 활동에 생동감을 불어넣고, 개혁 정책의 안정적 뿌리내리기와 성공을 이끌어내는 조치가 될 것이다. 가장 빠른 교육개혁의 효과를 기대할 수 있는 가장 시급한 제도 개혁의 하나다. 완전 개방형 교장 공모제의 도입은 교육개혁 정책의 '절반의 성공'을 이루어내는 기본적인 척도이기 때문이다.

4. 학제를 개편하고 평생학습 체제를 만들자

20세기 산업화 시대의 낡은 교육 패러다임에서 21세기형 교육 패러다임으로의 전환은 경쟁 교육을 협력 교육으로 바꾸는 것이다. '붕어빵'과 '벽돌'을 찍어내는 죽은 교육에서 여러 종류의 꽃들이 저마다의 향기를 뿜어내는 아름다운 화원처럼, 생동감이 넘치는 교육으로 바꾸는 것이다. 협력 교육은 공부의 개념을 '배움의 개념'으로, 규격화한 학교 교육을 '개성과 창의성이 있는 교육'으로 바꾸는 것이다. 죽은 교육이 아닌 살아 있는 교육은 과거 산업화 시대의 인재상에서 21세기 시대에 부응할 수 있는 '개성과 창의성을 겸비한 인재상'으로, 협력과 공동체 정신으로 민주적인 시민을 양성하는 교육으로 바꾸는 일에서 시작한다. 공부의 개념과 인재상이 바뀌면 굳이 학령기에만 학교를 다녀야 한다는 의무감과 필요성이 사라진다. 청소년기부터 승자와 패자를 가르는 살인적인 경쟁 교육에 인생을 걸어야 하는 맹목적인 경쟁 해소에도 도움이 된다.

21세기에는 공부의 개념이 배움의 개념으로 바뀌어야 한다(1장 참고). 공부든 배움이든 학령기에 모든 것이 종료된다는 것은 개인뿐만 아니라 사회적으로도 엄청난 손해다. 21세기에 필요한 인재는 고등학교의 성적에 의해 결정되는 것도 아니며, 명문대에 입학한 학생들만이 아니다. 새로운 인재는 정규 학교 교육을 통해서만 길러지는 것도 아니다. 공부도 학교에서 이수하는 교육과정을 통해서만 이루어지는 것이 아니다. 공부는 평생 동안 계속되는 과정이어야 한다. 공부의 개념이 배움으로 바뀌고 이러한 필요성과 인식이 널리 공유된다면 이는 21세기의 한국 사회가 평생학습 체제로 나아간다는 것을 의미한다. 앞으로의 사회가 평생학습 사회를 구축하는 방향으로 진행되어가야 한다는 것은 시대적 요구이자 흐름이다.

"평생학습은 평생고용과 평생복지를 위한 필수조건이기도 하다. 현행 학교 제도는 20세기 산업화 시대의 노동시장의 사정을 반영한 것이다. 그러나 21세기에는 산업구조와 노동시장이 세계화 · 정보화의 흐름을 타고 빠른 속도로 변하기 때문에 산업화 시대의 학교 모델, 학령기의 제한된 교육만으로는 부족하다. 20세기 학교 제도는 학교라는 제한된 '공간'에서, 학령기라는 제한된 '시간'에만 교육받는 모델이다. 반면에 평생학습 모델은 학교로 상징되는 시공간의 이중 장벽을 깨뜨리고, 평생 '공부하고 또 공부한다'는 것을 뜻한다."[210]

21세기에서의 배움은 교과서 속의 지식을 하루 종일 교실에 앉아서 교사로부터 얻어지는 것도 아니다. EBS 교육방송을 열심히 시청하거나 학원을 오가며 능숙한 문제풀이를 잘 한다고 배움이 이루어지는 것도 아니다. 이제 문제풀이 선수를 요구하는 시대는 종말에 이르렀다. 그런데도 많은 사람들과 교육 당국자들은 이렇게 믿는다. "배움은 삶과 동떨어져 있고, 우리는 다른 일은 하지 않고 배우는 일만 할 때에 배우게 되고, 또 그때에만 가장 잘 배울 수 있으며, 오직 배우는 일 이외에 다른 일은 하지 않는 장소에서만 최고로 잘 배울 수 있다"[211]고 말이다. 하지만 이는 시대 퇴보적이고 과거 회귀적인 잘못된 교육관이다.

〈표 14〉 핀란드 교육제도

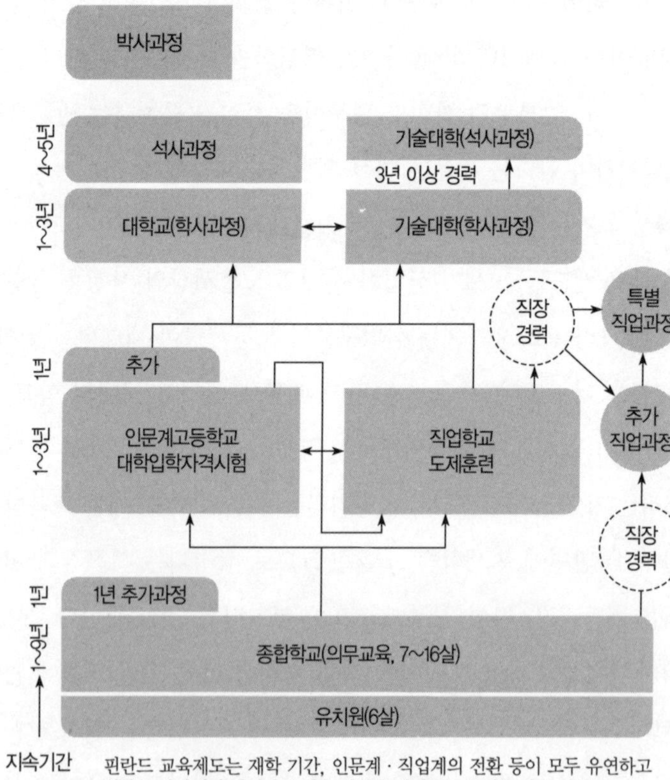

핀란드 교육제도는 재학 기간, 인문계 · 직업계의 전환 등이 모두 유연하고 원하는 사람에겐 언제라도 학습 기회를 열어주는 특징을 갖고 있다.

유비쿼터스 시대인 오늘날에는 교육이든 배움이든 학교에서 학령기에 배워야 한다는 강박관념이나 고정관념을 버려야 한다. 학교 교육도 교사도 닫힌 교실 공간에서 교과서와 문제집만으로 교육을 해야 한다는 사고방식에서 벗어나야 한다. 교과서와 문제집 풀이 교육은 그 자체가 이미 교육이 아니기 때문이다.

"학교에서 배워야 한다는 생각은 아주 근래에 들어서야 받아들여진 것이다. 최근까지만 해도 사람들은, 학교에서 배우는 것이 최고인 것도 있겠지만, 학교 밖에서도 배우고 익힐 수 있고, 또 학교 밖에서라야 더 잘 배울 수 있다는 것도 있으며, 학교에서는 전혀 배울 수 없는 것도 많다는 사실을 잘 알"[212]게 되었다. 참된 지식과 지혜는 교과서와 문제집으로는 결코 배울 수 없다. 오히려 학교 밖에서 더 잘 배울 수 있다.

따라서 학령기가 아니더라도 고등학교든 대학교든 학교를 졸업한 이후에도 누구든지 자신이 필요할 때 자유롭게 선택해서 언제라도 공부할 수 있는 평생학습 사회에 상응하는 교육 시스템으로 개혁해야 한다. 이를 위해 기존 학제를 학제 이동의 유연성을 갖도록 개편해야 한다. 중학교 3학년 졸업생들이 맹목적으로 일반계고로 진학하는 관행을 바꾸고, 일반계고와 전문계고의 학생 이동이 자유롭고, 고교 졸업 이후 취업 경험을 거친 이후에도 대학에 자유롭게 진학하여 깊고 전문적인 공부나 기술을 익힐 수 있도록 학제 개편과 학제의 유연성을 높이는 방향으로 바뀌어 한다. 여기에는 학교와 교육과정의 유연성을 최대로 살려 지식 교육과 실용 교육의 균형을 추구하는 '아일랜드 전환 학년제'[213]나 '핀란드의 학제'를 참고 모델로 검토할만하다.

물론 학제 개편과 학제의 유연성을 높이려면 '대학 체제 개편'과 연동해 추진하는 것이 가장 바람직하다. 특히 전체 고교 졸업자의 대학 진학률이 71.3%(2012년)이고, 그중에서도 특성화고 졸업생의 대학 진학률이 50%에 달하고 29.3%만이 취업하는 상황[214]에서 학제 개편과 학제의 유연성 확보만으로 모든 문제를 해결할 수는 없을 것이다. 노동시장의 학력 차별과 임금격차가 엄연한 현실적 과제로 존재하는 한 결코 쉽지 않기 때문이다. 그러므로 '대학 체제 개편'과 연동해 추진하지 않더라도 평생학습 사회로의 전환에 대한 폭넓은 사회적 공유가 수반된다면 초·중·고교의 유연성 있는 학제 개편만으로도 대학 서열화와 학벌 사회의 경직성을 해소하는 데 조금이나마 기여할 수 있다.

한국 사회의 학력·학벌 간 임금 차별이나 노동시장의 불균형 구조는 학벌 숭배 신화만큼이나 단단한 뿌리를 갖고 있다. 학력·학벌 간 취업 장벽과 임금 차별 구조가 존재하는 한, 어떤 형태로의 학제 개편이든 어떤 내용의 교육개혁이든 '일단 대학에는 가고 보자'는 '묻지 마 진학' 열풍은 계속될 수밖에 없다. 고용노동부의 〈고용 형태별 근로 실태 조사〉(2009년)[215] 결과를 보면, "25~29살 고졸 노동자의 임금을 100이라고 했을 때 중졸 이하는 89.7, 전문대졸은 103.4, 대졸 이상은 124.2이다. 하지만 55~59살 임금은 전문대졸 136.7, 대졸 이상은 222.6으로 고졸과의 임금 격차가 더 벌어진다. 학력 수준별 노동시간 격차를 봐도, 2009년 고졸 노동자의 노동시간을 100으로 놨을 때 중졸 이하는 103.6, 전문대졸은 94, 대졸 이상은 89.1로 나타났다. 대졸 이상이 고졸자보다 10% 이상 적은 시간을 일하고도 임금은 최대 2.2배나 된다."

이와 같은 임금 격차가 발생하는 이유는 간단하다. 한국 사회에서 학력과 학벌은 신분이자 자본으로 작동하기 때문이다. 따라서 "학력과 학벌에 따른 사회적 차별, 그리고 노동 조건에서의 차별이 대학 교육에 대한 무한 수요를 낳는다. 이런 구조에선 모두가 대학 진학을 '강요'당할 수밖에 없다. 이른바 '일류대'들이 연간 등록금 2,000만 원을 요구한다 해도, 학생과 학부모들은 '일류대 신분증'을 손에 넣고자 그 2,000만 원을 감당하려 한다. 우리가 '반값 등록금'을 실현해도 풀리지 않을 숙제다. 1차적인 문제는 학력에 따른 임금 격차"[216]에 있다.

높은 대학 진학률과 '묻지 마 대학 진학 열풍'을 포함한 한국 교육의 문제가 오랜 세월에 걸쳐 고착화된 학벌 사회와 대학 서열화에 따른 명문대 보내기에서 비롯되고 있는 만큼, 이를 해소하기 위해서는 노동시장의 학력 · 학벌 간 취업 장벽과 임금 차별을 심화시키고 있는 불평등 구조를 바꿔야 한다. 노동시장의 불평등성과 차별성과 경직성 문제를 획기적으로 개혁한다면, 이는 학벌 따기 경쟁과 대학 서열화의 해소에도 엄청난 영향을 줄 것으로 확신한다. "교육이 바뀌려면 전반적인 사회 구조, 특히 임금 구조를 바꿔야하고, 전 계층의 소득이 향상되어야 시민의식도 성숙해지고, 신분 상승 욕구도 사라질 것"[217]이기 때문이다.

굳이 4년제 대학이나 명문대를 졸업하지 않아도 사회적으로나 경제적으로 우대를 받고, 전문대나 고졸자라도 경쟁력과 기술력이 우수한 자를 채용하는 사회풍토를 조성해 간다면, 고질적인 청년 실업 해소와 경제성장에도 기여할 것이다.

요컨대 평생학습 사회 체제 구축은 공부의 개념을 배움의 개념으로, 규격화한 인재상을 개성과 창의성을 겸비한 인재상으로 바꾸는 것에서 출발한다. 이는 배움의 실현이 학령기에만 국한되지 않고 인생의 전체 과정에서 구체화되도록 유연성 있는 학제 개편을 필요로 한다. 또한 평생학습 사회 체제로의 전환은 교육적인 문제에만 그치지 않는 매우 정치적인 문제라는 점에서 사회 체제의 개혁과 동시적으로 추진해야 할 과제다. 그러나 대학 서열화와 학벌 따기 경쟁, 학벌 숭배의 폐단을 해소하겠다는 정치권의 의지가 모아진다면 결코 실현 불가능한 과제도 아니다. 즉, 노동시장의 인력 수급을 활성화하고, 양질의 일자리를 보다 많이 창출하기 위해서는 정부의 일자리 정책에 근본적인 변화가 수반되어야 한다. 양질의 일자리 창출을 대기업 중심으로 편향된 정책에서 중소기업 중심의 양질의 일자리 창출 정책으로 바꿔야 한다. 대기업은 양질의 일자리를 제공하고, 중소기업은 낮은 일자리, 혹은 기피 대상이 되는 일자리를 제공하는 곳이라는 편견과 고정관념을 깨드리도록 해야 한다. 이를 위해 양질의 일자리가 대기업보다 중소기업에서 더 많이 만들어낼 수 있도록 중소기업 우선, 혹은 지원 정책을 혁명적으로 추진해야 한다. 중소기업 중심의 양질의 일자리 창출 정책은 학벌 사회를 누그러뜨리고 노동시장의 불평등과 임금 차별 구조를 해소하는 또 하나의 주요한 변수이기 때문이다.

5. 성적위주의 대입 선발 제도를 없애자

학생 선발 제도, 곧 성적위주의 대학입시 제도를 혁신해야 한다. 지금은 입학사정관제 전형의 도입으로 학생 선발 방식이 과거에 비해 많이 다양화되었다고 하지만 여전히 성적위주의 학생 선발이 실질적인 영향력을 행사하고 있다. 내신 반영 비율이 높아지기도 했지만 명문대 합격의 주요한 기준은 논술과 면접 이외에도 수능성적이 크게 좌우하고 있다.

우선 입학사정관제 전형은 성적위주의 획일적인 대입 선발 제도의 다양화 계기를 제공한 긍정적 요소임에는 틀림없다. 하지만 입학사정관제가 봉사 · 체험 탐구 활동과 자기 성취도 및 발전적 변화과정을 보여주는 자료에 근거해서 선발한다고 해도, 학생 선발 과정에서 성적은 여전히 주요한 변수로 작용하고 있다. 입학사정관제 전형의 도입이 긍정적 효과를 낳았음에도 불구하고 공교육을 정상화하고 사교육비 지출을 낮추며 경쟁 교육을 완화하거나 변화시키는 데에는 명백한 한계를 이미 드러냈다. 따라서 입학사정관제 전형이 순기능적으로 학교 현장에 정착하려면 성적은 학생을 파악하는 참고자료로 활용하되, 합격의 당락을 결정하는 요소가 되어서는 안 된다. 입학사정관제의 취지에 맞게 학생들의 개성과 잠재적 능력, 체험 · 탐구 활동 및 봉사 활동 등 사회 참여도, 대학 진학 후 학업수행능력 등으로 전형 방식을 바꿔야 공교육 정상화와 경쟁 교육 완화에 조금이나마 기여할 수 있다. 어떤 학생들이 수능이나 논술시험에서 단 1점이라도 더 받았는가의 여부가 중요한 것이 아니다. "대학은 학생들의 점수를 따져서 신입생을 선발할 것이 아니라, 그들의 잠재적인 능력을 평가해서 선발해야 한다. 바로 여기에 세계적인 명문대학들이 본고사 대신 복잡한 다면 평가를 통해서 학생을 선발하는 이유가 존재한다. 그들은 한 차례 시험으로 학생의 잠재력을 평가할 수 없으며, 창의적이고 다양한 대학 문화를 만들 수 없다고 믿기 때문이다."[218]

둘째, 학생 선발 전형의 다변화에도 불구하고 대학입시에서 결정적인 위력을 발휘하는 가장 큰 변수는 수능성적이다. 대학입시에서 수능성적의 '등급'을 가장 많이 적용하고는 있지만 '표준점수'나 '백분위'를 적용하는 대학도 상당수 존재하는 까닭이 바로 이런 이유 때문이다. 수능성적이 학교 내신과 논술과 더불어 '죽음의 트라이앵글'로 작동되고 있는 현실에서 수능성적은 명문대 합격의 결정적 변수다. 따라서 현재와 같은 수능시험 제도가 존재하는 한 대학 서열화와 학벌 사회 해소는 그림의 떡일 수밖에 없다. 교실 상황에서의 교육 소외 현상과 낙오자를 낳을 수밖에 없고 성적에 따른 줄 세우기 교육을 지속시키는 경쟁 구조의 심화 현상은 불가피하다.

현행 수능시험—표준점수 · 백분위 · 등급—을 대입 자격고사로 전환하는 문제는 국가교육위원회에서 대입 선발 제도 개혁 안을 입안하여 추진해야할 과제이겠지만, '대학 체제 개편'과 무관하게 당장이라도 추진할 수 있다. 즉, 현행 수능시험을 '대학입학자격고사제'로 바꾸면, 대입 선발 과정에서 최저 기준과 등급, 표준점수, 백분위 등을 일체 반영하지 않고, 학생 이해를 위한 참고자료만으로 활용하면 된다. 그 대신 고등학교의 내신을 강화하는 방향으로 대입 선발 제도를 혁신한다.

이때의 학교 내신은 교과 성적과 비교과 활동—학교 생활 전반에 걸친 각종 교육 활동: 독서 이력, 봉사 활동, 사회 참여 활동, 체험 · 탐구 활동 등—을 중심으로 평가하는 것을 기본 원칙으로 하되, 대학 자율적으로 면접 또는 논술을 도입할 수도 있다고 열어 두자. 다만 논술의 경우 지금처럼 고등학교의 교육과정을 뛰어넘어 논술 사교육을 거쳐야만 하는 대학 논술은 반드시 없어져야 한다. 대학 논술시험이 대학의 기존 서열을 유지하거나 강화하려는 도구로 활용되어서는 안 된다. 더욱이 대학의 이기주의에 기초하여 대학 본고사를 위장한 논술시험이 되어서는 안 된다. 지금의 대학 논술시험은 예외 없이 정답이 있는 객관식 논술이며, 글쓰기 논술을 명분으로 실시하는 사실상의 위장된 대학 본고사나 다름없다.

대학의 주장처럼 현행 논술시험은 내신과 수능성적으로 측정할 수 없는 창의성과 사고 능력을 평가하려는 보완적 성격을 띤 시험이다. 하지만 내신과 수능성적만으로 학생들을 분명하게 서열을 매긴다는 것이 어려우니까, '한 번 더' 치르는 시험이라면 그것은 또 하나의 변형된 객관식 시험이지 주관식 논술시험이 아니다. 소위 '정답이 없는' 주관식 논술시험에서 중요한 것은 학생들이 주어진 과제나 자신의 삶과 사유 능력을 논리적이고 참신성 있게 얼마나 잘 깊이 있고 폭넓게 표현하는가에 있다. 또한 "무엇이 정답인가가 아니라, 어떻게 자기 자신의 주관적인 견해를 제시하고 얼마나 체계적이고 합리적인 논리 전개에 입각해 이를 입증하느냐 하는 문제다. 굳이 정답을 찾자면 논증 과정 그 자체가 정답이다."[219] 한마디로 '정답이 없는' 주관식 논술시험은 합리적인 다양한 논거를 바탕으로 설득력 있고 창의적인 방식으로 자기 자신을 드러내고 자신의 사유 능력을 전개하는 과정 그 자체가 정답이다.

또한 자연계열의 수리논술은 반드시 폐지하도록 강제해야 한다. 주요 대학의 수리논술의 55%가 고교 교육과정을 훨씬 뛰어넘는 대학교의 수학 수준에 해당한다[220]는 사실은 고교 교육을 심각하게 왜곡한다. 수리논술만이 아니라 현행 대학 논술시험이 고교 교육 수준을 훨씬 벗어나 있기 때문에 고액을 지불해야 하는 사교육 논술이 불가피한 현실이다.

수리논술에서 보듯이 대학 논술을 대학 자율에 맡기는 한 논술 사교육은 결코 사그라질 수 없다. 대학은 대학의 자율성 보장을 주장하지만 그에 앞서 국민적 신뢰부터 얻기 위해 대학의 사회적 책임성과 공공성 확보를 위한 구체적인 노력을 먼저 보여줘야 한다. 한참 논란이 되었던 '3불 유지냐, 폐지냐'를 두고 대학은 '3불 폐지'를 주장하며 대학의 자율성을 달라고 요구하면서 '대학별 고사'를 실시하고자 했다. 하지만, 이것은 '대학별 고사'라는 걸러내는 장치를 통해 특목고 출신이나 사회적 · 경제적으로 잘 사는 집안의 자식들을 많이 선발하려는 저의를 드러내기도 했다. 따라서 대학 논술은 프랑스의 바칼로레아처럼 '정답이 없는 글쓰기 논술'로 바뀌야 한다. 정답이 없는 논술도 고교 교육과정에 바탕을 둔 글쓰기, 혹은 에세이(수필)식 글쓰기여야 한다. 지금의 대학 논술은 그것이 인문계열이든 자연계열이든 고교 교육과정을 왜곡하고 사교육 의존도를 더욱 심화시키는 논술이다. 또한 논술형 글쓰기를 통해 무엇을 얻고자 하는가도 불분명하고 매우 의심스럽다. 창의적인 글쓰기도 아니고, 자유로운 사고 능력을 평가하고자 하는 글쓰기도 아니기 때문이다. 지금의 논술시험은 '죽은 글쓰기,' 객관성과 공정성의 명분을 앞세운 '평가를 위한 평가,' 해괴망측한 '정답이 있는 객관식 논술시험'에 지나지 않는다.

대학 논술은 점수 따기와 문제풀이 교육에 편향된 학교 교육의 폐단을 없애고, 고교 교육을 새롭게 유도하는 평가여야 한다. 학생들이 자신의 고교 생활과 사유 능력을 논술이라는 글쓰기 표현을 통해 자유롭고 창의적으로 펼치고 소개하는 글쓰기 논술이어야 한다. 대학 논술은 고등학교의 교육과정과 수업 활동이 획일적인 문제풀이 교육에 치중하지 않고, 오히려 이것들을 혁신하려는 목적에서 실시해야 한다. 기존의 대학 서열을 유지하기나 위장된 대학 본고사의 수단으로 추진되어서는 안 된다.

중 · 고등학교의 교육 방향을 천편일률적인 문제풀이의 반복이 아니라, 학생들이 다양한 책을 읽고서 토론하고 발표하고, 체험 · 탐구 활동과 관찰 활동, 각종 프로젝트 과제 수행 등을 통해 주제를 탐구하고 표현 능력을 향상을 지향하는 글쓰기 논술이어야 한다.

대학 논술은 규격화되고 정답이 정해져 있는 논술이어서는 결코 안 된다. 고교 교육과정을 뛰어넘어 사교육의 힘을 빌어야 하는 또 다른 형태의 본고사 논술이 되어서는 안 된다. 고교 교육과정을 왜곡하거나 훼손하지 않고, 교육 방식의 다양한 변화와 질적 향상을 꾀하려는 글쓰기 논술이어야 한다.

학생들의 자유로운 사고 전개에 바탕을 둔 정답이 없는 글쓰기 대학 논술, 곧 사교육이 필요 없는 대학 논술이 정착되어 간다면, 고교 교육의 방향도 기존의 점수 따기와 문제풀이 교육, 객관식 정답 찍기 교육에서 새로운 교육 모형으로, 주제 탐구와 표현 중심 수업 모형으로 바뀌게 될 것이다. 책읽기와 토론, 글쓰기와 발표(표현), 관찰과 주제 탐구, 자기발견의 체험 활동과 사회 참여 활동 등을 중시하는 학교 교육으로 유도할 수 있다. 물론 이와 같은 학생 선발 제도의 정착은 결코 쉬운 일이 아니다. 그렇지만 이 책의 3장에서 밝혔던 것처럼, 이는 '대학 체제 개편'과 연동해 동시적으로 추진할 수 있다는 점에서 어렵다거나 결코 불가능한 과제가 아니다.

6. 교원의 법정 정원을 확보해야 희망이 보인다

해마다 교원의 명예퇴직 수가 증가하고 있다. 교사로서 자존감과 가르치는 보람을 느끼지 못하고 자괴감과 가중되는 교육 행정 업무를 수행해야 하는 현재의 학교 환경이 크게 작용한 탓으로 보인다.

"막내아들보다 어린 학생들에게 무시를 당하는 일이 적지 않은데다 날이 갈수록 가중되는 업무 때문에 교단을 지키기 힘들다는 생각이 들었다"며 "이런 환경이라면 교사로서의 자긍심이나 각오를 더 이상 찾을 수 없을 것 같아 아쉽지만 사표를 냈다"[221]는 사례는 빙산의 일각이다.

물론 교사들이 명퇴를 통해 교단을 떠나는 이유가 개인 사정도 있겠지만 교권의 위기가 갈수록 심각해지고 교사로서 자긍심마저 열어져 가는 교육 현실을 반영하고 있다는 사실은 분명하다. 교실 붕

〈표 15〉 학급당 학생 수

구분	초	중	고
2007	30.2	35.0	33.1
2008	29.2	34.7	33.7
2009	27.8	34.4	34.2
2010	26.6	33.8	33.7
2011	25.5	33.0	33.1
2012	24.3	32.4	32.5

* 자료 : 교육과학기술부 통계(2011)

괴니 학교 폭력이니 따돌림(왕따) 등 각종 교육 문제 해결에 있어서도 교사의 한계는 명백하다. 교사로서 책임 있는 교육 활동을 수행하기에도 힘들고 지치게 만드는 학교 시스템이다. 성적과 무관한 것이거나 수능 대비 문제풀이 교육이 아니면 교실 상황에서의 수업은 공허한 것이거나 전혀 새롭지도 않은 상투적이고 기계적인 수업의 재생과 반복으로 끝나기 일쑤다.

해마다 늘어나는 기간제 교원 수에 비해 정규직 신규 교원 수가 턱없이 낮다는 것은 교사의 업무가중과 피로를 불러와 교사로서 자긍심과 가르치는 보람을 떨어뜨리는 요인이다. 학급당 학생 수는 과거에 비해 줄어들기는커녕 오히려 더 늘어났다. 김대중 · 노무현 정부 10년간 35명에서 25명까지 학급당 학생 수를 1년에 1명씩 줄여 오는 정책으로 28명까지 낮아졌으나, 이명박 정부 들어 33명까지 되레 증가했다. 도시 지역 학교 학급의 학생 수는 이미 40명을 넘고 있다. 콩나물 교실에서 교육의 질 향상은 요원해지고 공교육에 대한 신뢰 회복 역시 불투명해질 수밖에 없는 처지다.

현재 78.6% 수준에 머물고 있는 중등교사 법정 정원 확보율(2011년 기준)을 98% 수준으로 끌어올려야 한다. 법정 교원 수를 충분히 확보해야 학급당 학생 수를 줄여 콩나물 교실을 해소할 수 있다. 현재와 같은 콩나무 교실에서는 개인별 맞춤형 교육이 사실상 불가능하기 때문에 교육의 질적 향상은 도무지 기대하기 어려운 현실이다.

2012년 현재 교원 수는 46만 9,136명으로 2011년 대비 1만 3,229명(2.9%)이 증가했다. 하지만 이 수치는 기간제 교사를 포함한 것이고, 이 가운데 정규직 신규 교사는 1,566명 증가한 반면, 기간제 교사는 11,663명 증가했다. 기간제 교사의 증가는 정규직 신규 교원 수의 증가를 억제하는 요인으로 작용한다. 독서 교육의 활성화 차원에서 볼 때 정규직 사서교사의 확보율은 겨우 4.8% 수준이다. 사서교사는 거의 확보하지도 않은 것이나 다름없다.

기간제 교사의 급증 현상은 이명박 정부에서 추진한 2009년 교육과정에 따른 집중 이수제와 교과 교실제 운영으로 발생하게 되었지만, 보다 근본적인 배경과 원인으로는 총량 정원제에 따른 정부의 교원 수급 정책의 경직성과 관료성에서 비롯된다. 하여튼 기간제 교사의 급증 현상은 정규직 신규 교원 증가의 발목을 잡고 교육의 책임성과 신뢰성을 떨어뜨리는 요인이기도 하다. 하지만 2012년 현재 전국 41,228명(17.1%)에 이르는 기간제 교사를 최대로 줄이고, 줄어진 기간제 교사 수만큼의 정규직 신규 교원 수로 선발 대체해야 한다. 또한 이와는 별도로 정규직 신규 교원을 8만 명(20%) 이상을 추가 선발하면 법정 교원 수 확보율이 98%에 이르게 되어 공교육의 질 향상은 물론 만성적이고 갈수록 늘어가는 고학력자의 청년 실업률 해소에도 큰 영향을 미칠 것이다.

경쟁 교육을 완화하고 책임 있는 교육을 통해 공교육에 대한 신뢰를 회복하려면 교원 수의 확대는 불가피한 과제다. 법정 교원 수의

〈표 16〉 연도별 초 · 중 · 고 정규 교원과 기간제 교원 수

구분		2007	2008	2009	2010	2011
정규 교원 수	초	165,164	169,246	170,184	171,582	172,180
	중	101,343	101,305	100,139	99,678	97,966
	고	112,515	114,298	115,110	115,817	116,491
	소계	379,022	384,849	385,433	387,077	386,637
기간제 교원 수	초	2,018	2,944	4,884	5,172	8,443
	중	6,643	7,395	8,936	9,103	12,692
	고	7,696	8,608	9,964	10,606	14,592
	소계	16,357	18,947	23,784	24,881	35,727

* 자료 : 교육과학기술부 통계(2011년), 유치원 · 특수학교 등 제외함.

확보는 학생과 교사의 관계를 새롭게 정립하고 교실 상황의 교육 활동을 활성화하고, 학생 개인별 맞춤 교육을 실시할 수 있고, 학생들의 교육 활동에 대한 교사별 · 교과목별 평가 체제, 곧 내신과 학교생활 기록 등을 신뢰할 수 있는 물적 기반을 조성할 수 있다.

학교 단위에서의 책임 있는 교육 활동을 견인하고, 신뢰받는 교사별 · 교과목별 평가 체제 확립을 위해서는 '학급당 학생 수'를 OECD 평균 수준인 15명~20명으로 대폭 줄여야 한다. 대규모 학교보다 소규모 학교가, 과밀 학급보다 소규모 학급이 교육의 질이 높고 학업 향상도가 월등히 높기 때문이다. 따라서 소규모의 작은 학교를 획일적인 잣대로 통폐합하려는 정책에 앞서서, 학교 규모를 최대 10학급 이하의 중 · 소 규모의 작은 학교로 축소하여 운영해야 책임 있는 교육, 낙오자를 만들지 않는 교육, 학생 개인별 맞춤형 교육이 가능하다. 기간제 교사 4만여 명을 운영하는 재원으로 정규직 신규 교사로

새롭게 선발 채용하고, 법정 교원 수 확보(최소한 98% 수준)를 위해 정규직 신규 임용 교사 8만여 명을 새롭게 추가 선발하면 결코 불가능한 일이 아니다.

한국은 교사 1인당 학생 수도 EU 국가들에 비해 훨씬 많다. 한국의 교사 1인이 담당하는 학생 수가 초등학교 21.1명, 중학교 19.7명, 고등학교 16.5명으로 OECD 평균(각각 15.9명, 13.7명, 13.8명)보다 많다.[222] 국가가 적극적인 재정 충원을 통해 교사 수를 대폭 증원해야 한다는 과제가 매우 절박하다는 얘기다.

핀란드는 '20명 이상'으로 운영되는 학급의 학생 수를 줄이기 위해 2011년 3천만 유로(457억 원)를 투자했다는 사례[223]를 상기할 필요가 있다. 과밀 학급과 거대 학교의 해소 문제는 한국 교육에서 매우 절실하고 현실적인 과제다. 이는 오늘날 일상화되고 있는 교실 붕괴와 학교 폭력, 교육 소외 현상의 문제를 예방하거나 누그러뜨릴 수 있는 매우 긴급한 요소이기 때문이다.

지금과 같은 과밀 학급, 거대 규모의 학교는 20세기 산업화 시대에 필요한 '붕어빵 인간'과 '벽돌형 인간'을 양성하는 포드주의식 대공장 방식을 본 뜬 구조다. 법정 교원 수 대비 정규직 신규 교원을 8만여 명(20% 수준)을 확보하는 정책이 뒤따라야만 교육의 질과 책임성을 높이고, 학생 개인별 맞춤형 교육 활동을 수행할 수 있으며, 일상적인 교실 붕괴 현상을 예방할 수 있다. 과밀 학급보다는 소규모 학급이, 거대 학교보다는 중 · 소규모 학교가 교육 만족도와 학업향상도, 배움의 보람과 교육의 실질적인 경쟁력을 높이는 데 더 효과적이고 우월한 학교 형태다. 경제 논리에 따른 효율성의 잣대로 작은 학교를 통폐합하려는 정책 대신 중소 규모의 학교를 늘리려는 정책을 펼쳐야 한다. 거대 규모 학교를 줄이고 작은 학교는 살리는 정책으로 전환해야 학교가 살아나고 아이들이 배움의 즐거움을 누릴 수 있다. 과밀 학급의 거대 학교나 통폐합 정책이 아니라 학급당 학생 수를 20명 수준으로 축소하는 정책이 학교 개혁의 성공과 교육 경쟁력을 높이는데 훨씬 효과적이고 시급한 개혁 과제다.

7. 학점 이수제를 도입하고 무시험 학교를 만들자

우리나라의 교육과정은 외형상으로는 학생 선택 중심의 교육과정을 채택하고 있다. 하지만 그 실제에 있어서는 학생 선택이 무시되거나 이미 짜여진 교육과정 내에서 싫어도 선택해야 하는 반강제적 교육과정이다. 학생 선택권을 존중하는 교육과정을 편성하려고 해도 절대적인 교원 수가 부족하기 때문에 학생들이 선호하는 교육과정 편성 자체마저 불가능한 경우가 많다.

앞 절에서 언급했던 것처럼, 법정 정원 대비 정규직 신규 교사 수를 8만여 명(20% 수준) 이상을 확보하고, 교사들이 학교의 교무 행정 업무로부터 해방되어 수업과 학생 교육 활동에만 전념할 수 있도록 해야 한다. 그래야 학생 선택 중심 교육과정 운영도 가능하고, 교육의 질적 향상도 기대할 수 있으며 교실 붕괴에 따른 교육 소외 현상 등을 예방할 수 있다. 그렇다고 지금과 같은 성적위주의 대입 준비를 위한 학교 교육과 모두를 피해자로 만드는 '제로섬 게임' 경쟁 교육을 해결할 수 있느냐는 의문점은 여전히 남는다. 따라서 교과목별 점수와 등급에 의해 평가되는 교육 활동의 평가 방식을 점수나 등급이 아닌 '교과목별 학점 이수제 평가 방식'으로 바꾸면 이러한 의문점을 해소하고, 맹목적인 경쟁 교육을 완화하는데 큰 영향을 미칠 수 있다.

점수와 등급에서 학점 이수제로 전환할 경우 학생 선택권을 존중하는 교육과정 편성과 운영에도 크게 기여할 수 있다. 학생들이 정규 수업시간을 통해 이수해야 할 필수 및 선택 교과목의 수와 단위 시수는 지금도 매우 많은 편이다. 이미 만들어진 교육과정을 기계적으로 따라가야 하기 때문에 당연히 학생들의 흥미와 수준을 고려한 교육과정은 불가능하다. 수준별 수업이니 수월성 교육이니 능력별 반 편성이라는 주장이 끊임없이 제기될 수밖에 없는 현실이다. 교과목별 학점 이수제 평가 방식을 도입하면 굳이 학교에서 교과별 점수와 등급을 정하기 위해 인위적이고 반강제적인 수준별 수업이나 수월성 교육을 실시하지 않아도 된다. 수준별로 구성된 교과목 중에서 학생들이 자신의 흥미와 수준에 따라 이미 편성된 해당 교과목을 선택하여 수강하기 때문이다.

교과목별 학점 이수제 평가 방식을 실시하게 되면 기존의 상대평가제는 무의미하게 되고, 그 대신 절대평가제를 적용할 수밖에 없는 방식으로 자연스럽게 바뀌게 된다. 목숨을 거는 경쟁 교육도 해소되고, 고액의 사교육비를 지출하지 않아도 된다. 점수와 등급이 아닌 학점 이수제이고, 절대 평가 방식이기 때문이다. 그렇지만 점수와 등급을 기준으로 평가하는 방식을 그대로 둔 채 평가 방식만 상대평가에서 절대평가 방식으로 바꾸면 경쟁 교육과 사교육비 폭증 문제는 결코 해결될 수 없다.

고등학교의 경우, 3년(또는 4년) 동안 반드시 이수해야 할 필수 및 선택 교과목의 학점을 취득하면 교과목별 논술형 시험을 거쳐 졸업한다. 물론 학제 개편과 학제 이동의 유연성을 고려한다면 학생들은 1년 더 공부를 해서 부족 학점을 취득할 수도 있고, 졸업에 필요한 이수 학점을 빨리 취득하여 1년 일찍 졸업할 수도 있다. 학생들은 학년의 구분 없이 대학생처럼 자신의 수준과 진로에 맞춰 필요한 수업을 선택하여 학점을 취득할 수 있게 된다. 학교에서 선택할 수 없는 교과목일 경우에는 인근의 다른 학교에서 해당 교과목의 학점을 이수할 수도 있고, 등교하지 않고 홈스쿨링(가정학교제) 등을 통해 학점을 부여받을 수도 있다. 교육은 미래를 준비하는 과정이기에 반드시 학교에 등교해서 학점을 취득할 이유가 없다. 교과목별 점수나 등급이 아닌 학점 이수제는 교육의 자율성과 역동성을 더욱 높여 21세기 미래 교육의 목적과 방향에도 상응하는 평가 방식이다.

또한 교과목별 학점 이수제 평가 방식이 정착된다면, 국제고, 특목고, 자사고, 자율고, 일반계고, 마이스터고, 특성화고의 순서를 갖는 현재와 같은 고교 서열 구조도 사라지게 된다. 어떤 유형의 고교를 선택해서 진학해야 하는가를 고민할 필요가 없고, 초등학교와 중학교는 물론 태아 때부터 사교육을 통한 조기 입시 교육도 준비할 필요도 없다. 사교육도 없고, 시험도 없고, 등수가 없어도 세계적인 교육 성공 모델을 만든 핀란드의 사례를 상기할 필요가 있다. 혹자는 시험도 없고 점수와 등수도 없는 교육이 어찌 교육이냐고 힐난하거나 비판할 수도 있을 것이다.

하지만 핀란드 교육의 성공을 다시 한 번 상기하면 경쟁 교육이 얼마나 잘못되고 편견에 사로잡힌 교육인가를 알 수 있다. "경쟁은 친구를 억누르고 짓밟고 올라서는 것이 아니라 어제의 자기 자신과 경쟁하는 것이다. 점수는 열등생과 우등생을 갈라 성적순으로 줄을 세우려는 것이 아니라 과거에 비해 얼마나 더 나아졌는가를 점검하는 것이다. 사교육비와 학원이 없어도 세계 1위의 결과를 낳은 핀란드 교육의 비결이다. 핀란드에서도 학생들의 학업성취도를 점수로 평가하지만 등수(순위)를 매기기 위한 평가는 하지 않는다. 때문에 학생들은 더 높은 점수를 얻으려는 경쟁을 하지 않는다. 점수는 절대평가로서 자신의 변화 과정과 발전 정도를 측정하는 하나의 참고용 교육 정보일 뿐이다. 이전에 비해 얼마나 더 나아졌는가? 무엇을 잘 알고 잘 모르는가를 확인하는 정보인 까닭에, 다른 학생들과 치열한 점수 경쟁을 할 필요도 없고 비교 대상의 자료가 될 수도 없다."[224] 경쟁 원리가 마치 교육의 원리인 것으로 착각하여 시험에 의한 성적 평가를 통해 성적순으로 줄을 세워 능력을 판정한다는 것 자체가 비인간적인 반교육적 행위다.

교육은 새롭게 바뀌어야 한다. 앞서 이야기했던 것처럼, 이제 학교 교육은 학교라는 한정된 울타리를 넘어서는 교육을 지향해야 한다. 맹목적인 경쟁 교육과 20세기 산업화 시대의 녹슬고 낡은 교육 패러다임에서 벗어나야 한다. 경쟁 원리가 아닌 협력적 교육 원리에 바탕을 둔 민주적 시민 양성과 21세기에 부응하는 인재 양성을 위해 새롭게 바꿔야 한다. 절대평가 방식에 따른 학점 이수제는 21세기의 새로운 교육 패러다임에 걸 맞는 학생 평가 방식이다. 60~70년대의 상징이 수출과 경제성장을 위해 열악한 노동 조건과 임금 착취 구조에서 어린 노동자들의 희생을 강요해온 '공장의 불빛'이었다면, 21세기 한국 사회의 새로운 상징은 '학교의 불빛'이다. 방학까지 헌납하며 밤낮으로 학교에서 불을 밝히고, 그것도 모자라 학원과 독서실에서 새벽까지 '엉덩이와의 싸움'을 강요당하며 입시 공부에 매달리고 과도한 사교육비 지출과 살인적인 경쟁 교육과 사투를 벌이도록 조장하는 교육 시스템은 이미 교육이 아니다. 정상적인 교육도 후진국형 교육도 아닌 야만적인 교육일 뿐이다.

매번 세계 최고 수준의 학력을 지닌 아이들이 대학에 들어갔는데도 우리나라의 대학 경쟁력은 세계적 수준에 한참 뒤쳐져 있다. 이는 초·중·고교는 물론 대학 교육까지 혁신해야 한다는 시대적 과제를 보여주는 것이다. 21세기에 부응하는 평가 방식으로의 전환 모색은 학생들을 교과목별 시험성적과 등급으로 평가하는 방식을 폐지하는 것이다. '교과목별 학점 이수제'의 도입으로 기준 학점 이상을 획득한 자에 대해서는 상급 학교 진학을 자유롭게 허용하는 평가 방식으로 바꾸어야 한다. 학점 이수제의 도입을 통한 절대평가제로 평가 방식 전환은 21세기에 부응하는 인재를 만들어내고 살인적인 경쟁 교육을 협력 교육으로 바꾸는 결정적인 계기가 될 것이다.

한편, 초등학교와 중학교의 경우는 의무 교육과정이기 때문에 고등학교와 다를 수밖에 없다. 3장에서 밝힌 것처럼, '대학 체제 개편'이나 '국가교육위원회 구성'과 관계없이 초등학교까지는 완전 무시험제로 운영하되, 중학교는 일정한 준비 기간을 경과한 뒤에 단계적으로 완전 무시험제 학교로 전환할 필요가 있다. 그래야 태아에서 시작되어 20여 년 간 지속되는 지긋지긋한 입시 경쟁 교육과 사교육비 문제를 해결하고 아이들을 문제풀이 입시 공부에서 해방시킬 수 있다. 초등학생들마저 입시 준비에 몰입하게 하는 극단적이고 반인권적인 경쟁 교육 시스템을 그대로 두어서는 안 된다.

오늘날 학교 교육에서 학생들을 둘러싸고 있는 구체적인 일상을 면밀히 관찰해보면, 학생들은 그들의 자유로운 주체성을 상실하고 주변—특히, 학부모와 학교—의 요구에 반강제적으로 결박당한 채 자신들의 일상적 삶을 소비하고 있다. "학생들을 둘러싸고 있는 일상은 입시 체제로 굳어진 관료제와, 교육에 여전히 기대를 거는 부모와, 상업주의 대중문화다. 그곳에서 아이들은 심한 분열을 경험하고 있다. 구체적으로 지금 한국의 제도 교육 현장은 자신감에 넘치는 우물 안의 개구리인 소수의 '모범생들'과 초국적 청년 대중문화에 편승한 '날라리들'을 양산하는 곳이 되고 있다. 모범생들은 조만간 전 지구적 경쟁 체제에서 좌절할 운명에 있으며, 다수의 '날라리' 청소년들은 무법적 하위문화에 침잠해 들어가고 있다. 상업주의 대중문화의 확산은 대중을 문화의 주체로 만들기보다 갈수록 자신의 역사에 대해 구경꾼의 위치에 서게 하는 방향으로 나아가고 있다."[225]

아이들에게 학교가 즐거움과 배움의 공간이라는 인식을 갖도록 해야 한다. 해마다 200여 명의 10대 청소년들이 공부와 성적 때문에 자살하는 비극을 더 이상 방치해서는 안 된다. 일상적인 교육 소외와 교실 붕괴, 학교 폭력 문제나 따돌림 현상(왕따)도 이제는 종지부를 찍어야 한다. 학교가 아이들을 학교 밖으로 쫓아내는 곳이 아니라 기쁘고 즐거운 마음으로 배움을 위해 찾아오는 곳으로 만들어야 한다. 완전 무시험 제도가 가장 유력한 방안이라는 이야기다.

마지막으로, 학교의 경쟁력은 거대 학교 과밀학급에서는 도저히 불가능하다. 중 · 소규모의 학교에서 책임 있는 교육, 성과 있는 교육, 경쟁력을 높이는 교육이 훨씬 더 효과적이다. '학제 개편'과 연계하여 의무교육과정인 초등학교와 중학교를 '보통 종합학교'로 통합 운영하는 학교 체제의 개혁이 필요하다. 물론 보통 종합학교로의 개편 과제는 '대학 체제 개편' 및 '학제 개편'과 연동되는 특성을 갖는다. 기존 학교 체제를 그대로 유지한 채 초등학교와 중학교만을 보통 종합학교로 통합한다면 학교의 형식적 틀은 바꿀 수 있겠지만 무시험제 평가 방식으로 바꾸는 데에는 많은 어려움이 뒤따를 것이다. 그러므로 보통 종합학교로의 통합 운영은 가능한 지역, 가능한 학교부터 예를 들면 농산어촌 지역부터 단계적으로 추진한다면 큰 문제는 없을 것이다.

'꿈은 멈추지 않는 것'을 뜻한다는 말처럼, 교육개혁 역시 어떤 어려움과 장애물에 가로 막혀도 멈추어서는 안 될 역사적 · 시대적 과제다. 초 · 중 · 고교의 학교 교육을 바꾸지 못하는 교육개혁이라면 이는 결코 성공한 개혁이라 할 수 없다. 진정한 교육개혁, 성공적인 교육개혁은 학교를 변화시키고 아이들에게 배움의 기쁨과 즐거움을 주는 개혁이어야 한다. 이것이 바로 교육개혁을 잠시라도 멈추어서는 안 되는 근본적인 이유다. 교육개혁은 흐르는 물처럼 쉼 없이 진행되어야, 죽은 교육을 살아 있는 생동감 넘치는 교육으로, 규격화되어 개성이 없는 교육을 다양성과 창의성이 발현되는 교육으로 바꾸어 갈 수 있다. 교육개혁은 언제나 진행형이어야 한다. 끝이 있는 교육개혁은 결코 개혁이라 할 수 없다. 따라서 교육개혁은 아이들에게 꿈과 희망을 주고, 공부와 배움이 고통이 아니라는 믿음을 주어야 한다. 교육개혁은 학교의 변화를 추동해내고, 학교의 변화는 교사 집단의 변화를 전제한다. 나아가 학력과 학벌에 따른 임금 차별의 노동시장의 근본적 변화를 전제한다.

학교의 변화는 교사 집단의 자발적 변화 노력과 교사들이 행정 업무에서 해방되어 교육 활동에만 전념할 수 있는 새로운 학교 시스템의 구축 문제와 맞물려 있다. 또한 학벌 사회와 대학 서열화 해소를 위해 노동시장의 불평등과 임금 차별 구조를 혁파하는 과제와도 동시적이다. 교육개혁이 단지 교육 제도의 혁신이나 입시제도의 개선만으로 해결될 수 없다는 한계가 바로 이 때문이다. 그러므로 교육개혁의 성공 여부를 가늠하는 가장 핵심적 척도는 학교의 변화와 교사의 변화를 어떻게 이끌어낼 것인가, 그리고 노동시장의 불평등과 임금 차별 구조를 어떻게 혁파할 것인가에 있다고 하겠다.

교육개혁은 눈앞에 놓인 정치적 이유나 경제적 이익 실현의 근시안에서 벗어나야 하고, 자본의 입김과 정치권의 치장된 수사들에 의해 만신창이가 되는 '교육개악'이 되어선 안 된다. 교육개혁이야말로 긴 안목을 가지고 좌파와 우파를 넘나들며 국민적 동의와 합의를 유도해내려는 미래를 향한 기획으로 추진되어야 한다.

에필로그

'밤이 되어도 어둠이 오지 않는다'는 말이 있다. 매우 모순인 표현이다. 하지만 한국의 교육 현실을 두고 생각해보면 이 말이 조금도 모순으로 느껴지지 않는다. 평일과 휴일도 없이, 밤과 낮의 구분도 없이 학교와 학원, 독서실 등으로 장소를 바꿔가며 '엉덩이와의 처절하고도 기나긴 싸움'을 해야 하는 우리 아이들의 삶의 현실이 떠오르기 때문이다. 우리 아이들은 학교에 들어서는 순간 교실 공간에 갇힌 하루의 생활을 마쳤는데도 곧장 학원으로 달려가거나 집으로 가면 또 다시 엉덩이와의 사투를 벌여야 한다. 학교로 가든, 학원과 집으로 가든 아이들은 규격화된 '붕어빵'과 '벽돌'을 찍어내는 '수용소 교육'의 고정된 프레임에 갇히고 만다. 아이들은 자신들의 일상적 삶의 자유와 인권을 강제적으로 저당 잡힌 채 살아가고 있는 현실이다. 그들 내면의 깊은 곳에서 솟구쳐 오르는 속살의 고

민과 소리 없는 아우성마저 푸른 슬픔의 일상으로 소비하고 있다.

그렇지만 아이들의 일상이 자발성이라는 이름으로 교묘하게 포장된 채로 갈수록 팍팍해지고 있다. 학교와 학부모의 반강제적인 압박과 요구에 의해 거역할 수 없는 '수용소 교육의 프레임'에 자신의 삶과 일상을 헌납하고 있는 것이다.

그리고 학교와 부모는 아이들에게 말한다. "지금의 고통과 어려움을 참고 견뎌내면 머지않아 성공할 것이라고." "성공을 해야 행복해질 거라고." 또 다시 강조하는 말을 반복적으로 덧붙인다. "미래의 삶을 위해 지금의 삶을 헌납하라."

무조건 열심히 공부한다고 해서, 오랜 시간 의자에 앉아 엉덩이와 사투를 한다고 해서, 최고의 성적을 좋은 성적을 얻을 수 있는 것은 아니다. 우리 아이들이 행복한 삶을 살기를 원한다면, 성공을 해야 행복한 삶을 살 수 있는 것이 아니라 지금 행복해야 성공하는 삶을 살 수 있다는 가르침이 간절하다. 숀 아처는 『행복의 특권』이란 책에서 "행복감으로 충만한 사람들이 성공을 거둔다"고 했다. 지금의 삶을 헌납한 일상은 행복이 아니라 불행이거나 억압이다. 설령 '성공해야 행복한 삶을 살 수 있다'는 것에 확고한 믿음을 갖고 열심히 공부해서 자신이 원하는 대학에 진학했다고 하더라도, 과연 그들이 학수고대했던 '미래의 희망'과 '행복한 삶'이 기다리고 있을까? 대학에 진학하면 '또 다른' 경쟁과 생존 논리에 포섭되어 '또 다시' 지금의 삶과 행복을 포기하고 헌납해야 하는 삶이 기다리고 있을 뿐이다. 대학을 졸업한 이후 사회생활을 할 때에도 동일한 논리에 의한 반복적 삶이 계속되는 것은 마찬가지다.

나는 학교가 바뀌고, 교육이 바뀌고, 교육과학기술부가 바뀌고, 그리하여 학교 교육의 근본 원리와 철학이 바뀌지 않은 한, 우리 아이들의 삶 또한 바뀌지 않을 것이라고 확신한다. 한국과 역사적 · 사회문화적 조건은 다르지만, 인도 속의 작은 티베트라고 불리는 '라다크'에서는 오지의 산골 마을에 사는 두 명의 학생을 위해 학교를 신축하고 두 명의 교사를 파견하여 가르친다고 한다. 한국의 경우라면, 학교 신축은커녕 기존의 학교마저 '경제의 효율성'을 앞세워 당장 통폐합 학교로 결정하고, 아이들은 통근버스 제공을 미끼로 인구가 많은 큰 지역으로 내쫓았을 것이다. 그 '라다크'와 한국의 차이는 학생 수의 많고 적음에 있지 않다. 이는 학교와 교육을 바라보는 관점, 아이들을 위한 국가의 교육 철학과 가치가 얼마나 심대한가를 잘 보여주는 극명한 사례라 할 수 있다.

한국은 OECD 회원국의 연평균 노동시간보다 훨씬 많은 세계 최장의 노동시간을 자랑하는 나라다. 칠레, 러시아, 헝가리, 체코를 제치고 세계 1위의 국가다. 그런데 공교롭게도 초 · 중 · 고 학생들의 공부 시간도 세계 최장으로 1위다. 경제 활동을 하는 어른들도 최장의 노동시간을, 공부하는 학생들도 최장의 공부시간을 쏟아 붓고 있는데도, 부모들의 삶도 행복하지 않고, 아이들도 학교생활과 공부에 만족감과 행복을 느끼지 못하고 있다. 연평균 200명이 넘는 학생들이 학교부적응과 성적 때문에 자살을 하고 있다. 그럼에도 교육 경쟁력은 세계 최고 수준이다. 참으로 이상한 나라의 이상한 교육이다. 왜 그럴까?

마른 걸레도 쥐어짜야 하는 경쟁 교육 탓이다. 국가의 통제에서 한 치도 어긋나서는 안 되는 자율성을 상실한 꼭두각시 학교 교육 탓이다. 공교육으로는 도저히 만족할 수 없는 입시교육과 사교육 몰입 탓이다. 학벌을 숭배하는 뿌리 깊은 사회풍조와 무쇠로 만들어진 층층계단의 대학 서열이 존재하고 있기 때문이다.

그렇다면 이런 문제들을 깡그리 없애면 학교가 살아나고 아이들이 행복할까? 아이들이 미래의 성공을 위해 지금의 삶과 행복을 포기하고 헌납해도 괜찮을까? 경쟁 교육에서 협력 교육으로, 국가 통제 교육에서 학교 단위 자율 교육으로 바뀌어도, 그리고 입시 교육과 사교육을 없애고, 학벌과 서열화를 해소해도 여전히 남는 문제가 있다. 그것은 학력 · 학벌에 따른 노동시장의 불평등과 임금 차별 구조가 굳건하게 똬리를 틀고 있기 때문이다. 한국 사회에서 교육개혁의 문제는 비단 학벌과 대학 서열 체제를 포함하여 교육 문제 전반을 획기적으로 혁파한다고 해서 해결될 성질이 아니라는 점이다. 좋은 일자리 창출과 연계된 불평등하고 모순적이며 차별적인 노동시장과 임금 구조를 개선하고, 사회의 불평등 해소와 복지수준을 높이는 문제가 전제되거나 선행되지 않으면, 교육개혁은 결국 짜깁기 개혁이거나 땜질 처방에 머무는 제도루묵이 개혁에 지나지 않을 것이다.

삼성경제연구소가 펴낸 〈21세기 한국기업 10년: 2000~2010년〉 보고서에 따르면, 우리나라 2,000대 기업의 매출액은 10년 동안 815조 원에서 1,711조 원으로 두 배 이상 늘었고, 종업원 1인당 매출액이 5억 2천만 원에서 10억 6천만 원으로 높아졌다고 한다. 하지만 2,000대 기업이 만들어낸 일자리는 고작 2.8퍼센트 밖에 늘지 않았다. 10년 동안 900조 원가량의 돈을 벌었는데도 고용은 사실상 제자리걸음의 고용 없는 성장이었다는 말이다. 좋은 기업에서 좋은 일자리가 늘지 않았으니, 경제 성장을 해도 그 과실이 골고루 나누어지지도 않고, 좋은 학벌을 얻어도 좋은 일자리를 얻기란 갈수록 좁아지고 있다. 학벌 따기 경쟁이 치열해지고 대학서열화가 공고해질 수밖에 없는 까닭이다. 학력 · 학벌에 따른 임금 차별과 노동시장의 불평등 구조를 근본적으로 혁파해야 교육 문제 해결의 실마리도 찾아질 수 있다는 근거다.

교육개혁은 장기적 안목을 가지고 국민적 합의를 도출해나가야 한다는 인내와 설득 과정이 필요하다. 이 책이 교육 현장에서는 교육문제의 핵심 아젠다를 가지고 교사 집단의 독서 토론용 자료로 활용하여 교육개혁의 내용과 방향을 세우는 데 작은 도움을 주고, 학부모에게는 내 자식만을 위한 교육이 아닌 모든 자식을 위한 학교교육으로 바로 세우는데 이정표가 되고, 정부 당국과 정책 입안자들에게는 교육이 정치와 경제 논리에 왜곡되지 않고, 경쟁 원리에 의한 수용소 교육이 아닌 협력 원리에 기초한 행복한 교육, 즐거운 교육철학을 만들어가는 데 생명을 불어넣는 작은 불쏘시개가 되었으면 한다.

그런데 교과부는 연간 학비가 대학 등록금보다 비싼 하나금융그룹의 자사고인 '하나고'에 이어, 현대제철과 한국수력원자력, 삼성그룹과 포스코 재단의 임식원 자녀들을 위한 '재벌 자사고'까지 허용하겠다고 한다. 이제 교과부는 학교와 교육마저 재벌 기업에게 아웃소싱하여 스스로 포기하겠다고 선언한다. 이럴 경우 학교와 교육은 재벌의 요구와 시장경제 논리에 휘청거리게 되고, 교육 차별과 불평등은 갈수록 심화될 수밖에 없다.

교육의 과정과 결과가 오직 한 가지의 잣대로만 평가될 때 다양성은 껍데기일 뿐, 교육은 획일화된다. 학교 교육이 지식 교육만으로 치닫게 될 때 아이들의 뇌와 감수성은 활성화되지 않고 창의성은 메말라 간다. 공부와 배움은 억압적 고통이 된다. 진실로 다양성과 창의성 교육이 활성화될 때 교육은 생명의 빛을 얻어 되살아나고, 아이들은 배움을 즐기면서 아름다운 추억을 만들어갈 것이다. 교육은 흐르는 물과 같고, 교육개혁은 늘 현재진행형이어야 한다. 그러므로 교육개혁은 '영원한 화두'여야 한다. 이것이 책을 쓰게 된 유일한 이유다.

참고문헌

EBS제작팀, 『학교란 무엇인가』(중앙북스, 2011)

강수돌, 『경쟁은 어떻게 내면화되는가』(생각의나무, 2008)

강신주, 『철학, 삶을 만나다』(이학사, 2010)

강준만, 『입시전쟁 잔혹사』(인물과사상사, 2009)

국정브리핑 특별기획팀, 『대한민국 교육 40년』(한스미디어, 2007)

김경근, 『대학 서열깨기』(개마고원, 1999)

김덕영, 『입시공화국의 종말』(인물과사상사, 2007)

김동춘, 『근대의 그늘』(당대, 2000)

김동훈, 『대한민국의 진실, 교육을 말하다』(21세기북스, 2010)

김동훈, 『한국의 학벌, 또 하나의 카스트인가』(책세상, 2001)

김상곤 엮음, 『더불어 행복한 민주공화국』(폴리테이아, 2012)

김상곤, 『김상곤의 교육편지 : 행복한 교육을 꿈꾸는 이들께』(한겨레출판, 2012)

김상곤 · 강남훈 외, 『경제학자, 교육혁신을 말하다』(창비, 2011)

김상봉, 『학벌 사회』(한길사, 2005)

김신일, 『교육사회학』(교육과학사, 1993)

김영희, 『대한민국 엄마들이 꿈꾸는 덴마크식 교육법』(명진출판, 2010)

노명우, 『호모 루덴스: 놀이하는 인간을 꿈꾸다』(사계절, 2011)

도정일, 『시장전체주의와 문명의 야만』(생각의나무, 2008)

리처드 윌킨슨 · 케이트 피킷, 『평등이 답이다』(전재웅 옮김, 이후, 2012)

마스다 유리아, 『핀란드 교사는 무엇이 다른가』(최광렬 옮김, 시대의창, 2010)

마이클 W. 애플, 『미국 교육개혁, 옳은 길로 가고 있나』(우리교육, 2003)

마틴 메이어, 『교육전쟁』(조재현 옮김, 글로세움, 2009)

모아시르 가도치, 『파울루 프레이리 읽기 : 그와 그의 사상』(백경숙, 박내형 공동 옮김, 우리교육, 2012)

박성관, 『종의 기원: 생명의 다양성과 인간 소멸의 자연학』(그린비, 2010)

박영숙, 『2020 미래교육보고서』(경향미디어, 2010)

박홍기 · 김재천, 『학벌리포트』(더북, 2003)

사토 마나부, 『교육개혁을 디자인한다』(손우정 옮김, 학이시습, 2010)

사토 마나부, 『배움으로부터 도주하는 아이들』(손우정 · 김미란 옮김, 북코리아, 2010)

서보명, 『대학의 몰락』(동연, 2011)

서상철, 『무한 경쟁이 대한민국을 잠식한다』(지호, 2011)

선대인, 『문제는 경제다』(웅진지식하우스, 2012)

송순재, 고병헌, 카를 K. 에기디우스 편저, 『덴마크 자유교육: 위대한 평민을 기르는』(민들레, 2011)

안동림, 『장자』(현암사, 2010)

알피 콘, 『경쟁에 반대한다』(이영노 옮김, 산눈, 2009)

앤서니 라빈스, 『네 안에 잠든 거인을 깨워라』(조진형 옮김, 씨앗을뿌리는사람들, 2008)

에르끼 아호, 『에르끼 아호의 핀란드 교육개혁 보고서』(김선희 옮김, 한울림, 2010)

요한 하위징아, 『호모 루덴스: 놀이하는 인간 』(이종인 옮김, 연암서가, 2010)

우석훈 · 박권일 공저, 『88만원세대: 절망의 시대에 쓰는 희망의 경제학』(레디앙, 2007)

이석우, 『대학의 역사』(한길사, 1999 년)

이정우, 『불평등의 경제학』(후마니타스, 2011)

장하준, 『그들이 말하지 않는 23가지』(김희정 · 안세민 옮김, 부키, 2010)

정진상, 『국립대 통합 네트워크: 입시 지옥과 학벌 사회를 넘어』(책세상, 2004)

조한혜정, 『학교를 찾는 아이, 아이를 찾는 사회』(또하나의문화, 2000)
존 홀트(John Holt), 『존 홀트의 학교를 넘어서: 학교 밖에서 찾는 능동적 배움의 길』(공양희 옮김, 아침이슬, 2007)
최장집 외, 『해방전후사의 인식 4』(한길사, 1989)
최준식, 『한국인에게 문화는 있는가』(사계절, 1999)
토드 부크홀츠, 『RUSH 러쉬!』(장석훈 옮김, 청림출판, 2012)
파울루 프레이리(Paulo Freire), 『페다고지』(남경태 옮김, 그린비, 2004)
한경애, 『놀이의 달인 호모 루덴스』(그린비, 2007)
한국 교육연구네트워크, 『핀란드 교육혁명』(살림터, 2010)
한홍구 외, 『1%의 대한민국』(철수와영희, 2009)
헨리 지루, 『교사는 지성인이다』(이경숙 옮김, 아침이슬, 2003)
현택수 외, 『문화와 권력 : 부르디외 사회학의 이해』(나남출판, 1999)
홍세화 외, 『왜 80이 20에게 지배당하는가?』(철수와영희, 2008)
홍세화, 『생각의 좌표』(한겨레출판, 2009)
후쿠타 세이지, 『핀란드 교육의 성공』(나성은 · 공영태 옮김, 북스힐, 2010)

주

1 《연합뉴스》, 「수능은 인생 결정 시험」(2001. 11. 7).

2 이와 관련하여, 서남표 KAIST(한국과학기술원) 총장은 2007년 4월 어느 과학고등학교를 직접 방문하여 학교장으로부터 학생들이 오전 5시부터 밤 12시까지 수업과 자율학습을 한다는 자랑스런(?) 소개를 받은 후 한숨을 쉬면서 "이건 야만이다. 집단 수용소지 학교가 아니다."라고 탄식하며 시험성적 중심이 아닌 인성과 창의성, 리더십과 사회성 등 다양한 기준을 만들어 합격 여부를 결정짓는 새로운 입시 안을 만들어야 한다고 주장했다(동아일보, 2007. 4. 27).

3 독일《프랑크푸르터 알게마이네 차이퉁》(2007. 1. 27), 『입시공화국의 종말』(김덕영, 인물과사상사, 2007)의 127~128쪽에서 재인용.

4 《동아일보》, 「수능 일에 생각하는 대입자율화」(2008. 11. 14).

5 《한국일보》, 「영어 발음 좋게 하려고 아이 혀 수술」(2004. 1. 2).

6 《조선일보》, 「모골탑 – 중년주부들 등록금 취업 내몰려」(2007. 2. 2).

7 《경향신문》, 「공부에 감금당한 아이들」(2007. 1. 19).

8 강준만, 『입시전쟁 잔혹사』(인물과사상사, 2009) 참고.

9 《한겨레신문》, 「71만 가구, '교육 빚' 12조 넘어」(2012. 6. 28).

10 사토 마나부, 『배움으로부터 도주하는 아이들』(손우정·김미란 옮김, 북코리아, 2010)의 65쪽.

11 앞의 책, 132~133쪽.

12 《한겨레신문》, 「일제고사 대비, 여름방학도 줄인다」(2009. 6. 17), 《한겨레신문》, 「하루 종일 문제집만 풀어요」(2010. 6. 19), 《한겨레신문》, 「'무늬만 방학'… 학교는 일제고사

보충수업 중」(2011. 1. 24).

13 《경향신문》, 「교과부 "일제고사 거부하면 해당 교사 징계" 강경」(2012. 6. 3).

14 《한겨레신문》, 「도태되는 일제고사, 왜 우리 정부만 고집하나」(2012. 6. 27).

15 《한겨레신문》, 「'YS 교육시장화' 뒤 학벌 사회 더 단단해졌다」(2011. 11. 15).

16 《경향신문》, 「집과 학교는 감시·통제의 감옥…'10대'라는 형벌」(2011. 12. 14).

17 이 결과는 교육과학기술부가 국회에 제출한 「2009~2011 학교급별 학업 중단자 현황」(연합뉴스, 2012. 10. 2)에서 드러났다. 이를 토대로 판단한다면, 우리나라도 이제는 학업 중단 학생들만을 위한 공립형 대안학교가 아니라, 중학교 졸업 후 희망하는 모든 학생들을 대상으로 학력을 인정하는 덴마크의 자유학교와 같은 공립형 자유학교 운영도 신중히 검토할 필요가 있다. 『덴마크 자유교육: 위대한 평민을 기르는』(카를 K. 에기디우스, 송순재, 고병헌 편저, 민들레, 2011), 『대한민국 엄마들이 꿈꾸는 덴마크식 교육법』(김영희, 명진출판, 2010) 참고 바람.

18 《SBS뉴스》, 「학생들 "행복하지 않아요" … 친구는 '경쟁자'로」(2012. 4. 3).

19 EBS제작팀, 『학교란 무엇인가』(중앙북스, 2011)의 290~291쪽.

20 《한겨레신문》, 「청소년 사망 원인 1위가 '자살,' 충격」(2012. 4. 24), 《한국일보》, 「청소년, 자살 도미노」(2012. 5. 8).

21 《한겨레신문》, 「1등 지상주의·성적중심주의 교육병리 한계에 이르렀다」(2011. 11. 25).

22 김상봉, 『학벌 사회』(한길사, 2005)의 223쪽.

23 김동훈, 『대한민국의 진실, 교육을 말하다』(21세기북스, 2010)의 5-7쪽. 김동훈 교수는 이와 같은 약탈적 교육 체제 하에서 명문대학은 '약탈 체제의 집행기구'이고, 그 뒤에서 약탈 체제를 엄호하는 사유화된 국가 체제가 있다고 규정한다. 그런데 이러한 약탈 체제는 어떤 물리적이고 강압적인 기구가 동원되어 유지된다기보다 사회 구성원들의 자발적 동의하에 운영되고 확대되어가면서 더욱 극렬해져 간다는 것이다.

24 사토 마나부, 『배움으로부터 도주하는 아이들』(손우정·김미란 옮김, 북코리아, 2010)의 40쪽.

25 존 홀트(John Holt)에 따르면, 아이들과 모든 사람들을 위해 바라는 교육이란 '더 나은 교육'이라 불리는 어떤 대단한 것이 아니다. 그에게 있어서 참된 교육이란 '살 만한 가치가 있는 삶', '할 만한 가치가 있는 일'이다. 한국처럼 밤늦게까지 교실에 붙잡아 놓는다는 것은 그 자체부터가 이미 교육이 아니다. 존 홀트, 『존 홀트의 학교를 넘어

서: 학교 밖에서 찾는 능동적 배움의 길』(공양희 옮김, 아침이슬, 2007) 참고.

26 《한겨레신문》, 「영국 '명문고'는 성적보다 개성」(2010. 4. 13).

27 《한겨레신문》, 「"공부 못해서" 자퇴 고민, "학교가 방치" 자퇴 결심」(2011. 5. 23)에 따르면, 실제로 학교를 자퇴한 중·고교생들이 학교를 그만둘 때는 부모와 상담(55.4%)하거나 혼자 결정(21.1%)하는 경우가 많지만, 정작 상담을 필요로 하는 학교의 교사와 상담했다는 비율은 8%에 불과했다. 이는 담임교사 개인은 물론 학교가 공부 못하는 아이들에 대해서는 스스로 해결하라고 방치하는 꼴이다. 또한 자퇴를 고민하거나 최종적으로 결심할 때, 그 이유가 가정문제에서 비롯되는 경우도 있지만 "학교와 선생님이 자신을 방치한다"는 느낌을 받거나 그런 말을 들었을 때 학교를 그만두기도 했다고 한다.

28 《경향신문》, 「승자·패자 낙인찍는 경쟁 교육, 학교 폭력·이지매의 공통 원인」(2012. 3. 15).

29 《경향신문》, 「미래 교육의 핵심은 좋은 인성을 기르는 것」(2012. 5. 22).

30 서상철, 『무한 경쟁이 대한민국을 잠식한다』(지호, 2011)의 138쪽.

31 이 성명서에는 박윤수(존스홉킨스대학 전기공학과 교수), 박희선(위스콘신대학 화학과 교수), 이시득(퍼시픽환경조사연구소 대표), 임길진(미시간주립대학 도시계획과 교수), 장석정(일리노이주립대학 경영학과 교수), 한무영(듀크대학 물리학과 교수)이 참여했다. 마틴 메이어, 『교육전쟁』(조재현 옮김, 글로세움, 2009)의 14~17쪽.

32 《한국일보》, 「자녀 1명 키우는데, 2억6,200만원」(2011. 1. 4).

33 《한겨레신문》, 「"공부 못해서" 자퇴 고민, "학교가 방치" 자퇴 결심」(2011. 5. 23).

34 《매일경제》, 「'A급 학군' 대치동에서 잇단 고교생 자살… 왜?」(2012. 2. 15).

35 《프레시안》, 「학생 5명이 자살한 '또 하나의 대치동' 가 보니…」(2012. 6. 27).

36 《한겨레신문》, 「공부밖에 몰랐는데… '경쟁 사회'의 비극」(2010. 12. 24).

37 《위클리 경향》, 「'어학 영재 양성' 거리 먼 외국어고의 폐해: "좋은 대학 가기 위해"」(2009. 11. 3, 제848호).

38 위의 글에서 재인용.

39 《세계일보》, 「지위 높은 부모 '학력 대물림' 사실로」(2012. 7. 22).

40 리처드 윌킨슨·케이트 피킷, 『평등이 답이다 : 왜 평등한 사회는 늘 바람직한가?』(전재웅 옮김, 이후, 2012)의 136쪽.

41 《한국일보》, 「고입 사교육비, 수도권 과학고 최고」(2010. 4. 22).

42 《시사인IN》, 「100명씩 자퇴할 때 100명씩 유학도 가네」(2009. 10. 17, 제109호).

43 《위클리 경향》, 「'어학 영재 양성' 거리 먼 외국어고의 폐해: "좋은 대학 가기 위해"」(2009. 11. 3, 제848호).

44 《한겨레신문》, 「돈·성적 줄 세우는 로스쿨…'법조인 다변화' 퇴색」(2012. 4. 9), 《한겨레신문》, 「대법관 다양성도 '퇴행'」(2009. 8. 25), 《한겨레신문》, 「서울대·50대 남성·평생 법관…'인선 장벽' 허물 때 됐다」(2012. 5. 25), 《한겨레신문》, 「수도권 로스쿨 입학생 'SKY 64% – 지방대 2%'」(2012. 4 .9).

45 강준만, 『입시전쟁 잔혹사』(인물과사상사, 2009)의 259~260쪽에서 요약해 재인용.

46 김상봉, 『학벌 사회』(한길사, 2005)의 86~89쪽.

47 김동춘, 『근대의 그늘』(당대, 2000)의 154~156쪽.

48 김경근, 『대학 서열깨기』(개마고원, 1999)의 141쪽.

49 김상봉, 『학벌 사회』(한길사, 2005)의 60~67쪽. 그런데 박정희 정권 때 SKY대학 출신자들의 점유율이 다른 정권 때에 비해 44.1%로 매우 낮은 것은 군사독재권력의 속성에서 비롯된 것으로서, 육사 출신과 군인 출신자들을 장·차관 및 주요 고위직에 임용한 결과 때문이다.

50 김상봉, 『학벌 사회』(한길사, 2005)의 71~74쪽.

51 박홍기·김재천, 『학벌리포트』(더북, 2003)의 34~35쪽.

52 강준만, 『입시전쟁 잔혹사』(인물과사상사, 2009)의 296쪽.

53 김경근, 『대학 서열깨기』(개마고원, 1999)의 148쪽.

54 김상봉, 『학벌 사회』(한길사, 2005)의 199쪽.

55 박홍기·김재천, 『학벌리포트』(더북, 2003)의 255쪽에서 재인용.

56 홍세화, 『생각의 좌표』(한겨레출판, 2009)의 47~48쪽.

57 김상봉, 『학벌 사회』(한길사, 2005)의 361쪽.

58 존 홀트, 『존 홀트의 학교를 넘어서: 학교 밖에서 찾는 능동적 배움의 길』(공양희 옮김, 아침이슬, 2007).

59 홍세화, 《생각의 좌표》(한겨레출판, 2009) 48쪽.

60 한홍구, 「이젠 개천에서 용 안 난다」, 《한겨레21》(2002. 1. 10, 제391호)의 76쪽.

61 앤서니 라빈스, 『네 안에 잠든 거인을 깨워라』(조진형 옮김, 씨앗을뿌리는사람들, 2008)의 23~28쪽.

62 윌리엄 탭, 『부도덕한 코끼리』, 강신주, 『철학, 삶을 만나다』(이학사, 2010)의 191쪽에

서 재인용.

63 《한겨레신문》, 「성적 좋은 한국, 스스로 공부할 줄 모른다」(2010. 12. 7).

64 《한겨레신문》, 「입시에 찌든 고3… 국·영·수 문제집 평균 25권」(2011. 1. 14).

65 후쿠타 세이지, 『경쟁에서 벗어나 세계 최고의 학력으로, 핀란드 교육의 성공』(나성은·공영태 옮김, 북스힐, 2010)의 124~125쪽.

66 도정일, 『시장전체주의와 문명의 야만』(생각의나무, 2008)의 116~117쪽.

67 김진경, 「입시위주 교육 변하지 않는 이유」, 《한겨레신문》(2001. 11. 24일자 칼럼).

68 노명우, 『호모 루덴스: 놀이하는 인간을 꿈꾸다』(사계절, 2011)의 62쪽.

69 노명우, 『호모 루덴스: 놀이하는 인간을 꿈꾸다』(사계절, 2011), 한경애, 『놀이의 달인 호모 루덴스』(그린비, 2007), 요한 하위징아, 『호모 루덴스: 놀이하는 인간 』(이종인 옮김, 연암서가, 2010) 참고 바람.

70 박영숙, 『2020 미래교육보고서』(경향미디어, 2010)의 68쪽.

71 마틴 메이어, 『교육전쟁』(조재현 옮김, 글로세움, 2009)의 49~50쪽.

72 도종환, 「북해를 바라보며 그는 울었다」, 『핀란드 교육혁명』(한국교육연구네트워크, 살림터, 2010)의 15~17쪽. 위의 시는 도종환 시인이 교육시민단체의 일원으로 핀란드 교육 현장을 직접 탐방한 경험을 토대로 쓴 시다.

73 핀란드 교육도 나름대로 개선해야 할 과제들이 존재하기 때문이다. 교내 살인 사건 발생이나 학교에 대한 학생의 만족도가 낮아지고 있는 문제가 대표적이다. 그렇지만 문제를 해결하는 방식과 과정이 한국과 전혀 다르다는 점에서 높이 평가할만하다.『핀란드 교육혁명』(한국교육연구네트워크, 살림터, 2010), 『핀란드 교육의 성공』(후쿠타 세이지 지음, 나성은·공영태 옮김, 북스힐, 2010) 참고 바람.

74 알피 콘, 『경쟁에 반대한다』(이영노 옮김, 2009)의 18쪽.

75 알피 콘, 『경쟁에 반대한다』(이영노 옮김, 산눈, 2009)의 11쪽.

76 강수돌, 『경쟁은 어떻게 내면화되는가』(생각의 나무, 2008)의 35쪽.

77 알피 콘, 『경쟁에 반대한다』(이영노 옮김, 산눈, 2009)의 27~33쪽.

78 토드 부크홀츠, 『RUSH 러쉬!』(장석훈 옮김, 청림출판, 2012)의 265쪽.

79 서상철, 『무한 경쟁이 대한민국을 잠식한다』(지호, 2011)의 42~49쪽.

80 알피 콘, 『경쟁에 반대한다』(이영노 옮김, 산눈, 2009)의 241쪽에서 재인용.

81 안동림, 『장자』(현암사, 2010) 「외물」·「소요유」편.

82 서상철, 『무한 경쟁이 대한민국을 잠식한다』(지호, 2011)의 196쪽.

83 이정우, 「국가 경쟁력의 수수께끼」, 《한겨레신문》(2010. 9. 12일자 칼럼).

84 윤석천, 「경제 불평등과 붕괴」, 《한겨레신문》(2012. 2. 1일자 칼럼).

85 《한겨레신문》, 「"너희 학교 학생들은 뽑지 않아" 말문 막혀도…분노보다 실력 쌓기」(2012. 2. 20).

86 김경근, 「계층 간의 사다리가 부러졌다」, 《한겨레21》(2010 .8. 26, 제825호).

87 《한겨레신문》, 「4만 달러 미국, 2천 달러 부탄보다 행복할까」(2011. 1. 17), 《한겨레신문》, 「중병 따른 파산에 '뒷북 도움'… 중산층 추락 못 막아」(2011. 1. 25).

88 《한겨레신문》, 「중병 따른 파산에 '뒷북 도움'… 중산층 추락 못 막아」(2011. 1. 25).

89 《한겨레신문》, 「'보편적 복지' 선진국들이 불평등·빈곤 더 감소했다」(2011. 1. 25).

90 위의 글.

91 리처드 윌킨슨·케이트 피킷, 『평등이 답이다: 왜 평등한 사회는 늘 바람직한가?』(전재웅 옮김, 이후, 2012)의 22~23쪽.

92 《한겨레21》, 「평등해야 부자도 오래 산다」(2011. 1. 25, 제846호).

93 《한겨레21》, 「깃털도 뽑지 말라는 부자 거위」(2009. 10. 22, 제782호).

94 서보명, 『대학의 몰락』(동연, 2011)의 28~29쪽.

95 《한겨레신문》, 「상·하 10% 임금 격차 5배…… 자산가·대기업 '부축적'」(2011. 10. 17).

96 이정우, 「교육과 불평등」, 『불평등의 경제학』(후마니타스, 2011)의 122쪽.

97 리처드 윌킨슨·케이트 피킷, 『평등이 답이다: 왜 평등한 사회는 늘 바람직한가?』(전재웅 옮김, 이후, 2012)의 142쪽.

98 이석우, 『대학의 역사』(한길사, 1999년)의 33~34쪽.

99 앞의 책의 35쪽.

100 앞의 책의 40쪽.

101 서보명, 『대학의 몰락』(동연, 2011)의 8쪽.

102 김덕영, 『입시공화국의 종말』(인물과사상사, 2007)의 142쪽.

103 서보명, 앞의 책의 8쪽.

104 《한겨레21》, 「대학평가의 시대, 속물지배의 시대」(2011. 10. 5, 제880호).

105 도정일, 『시장전체주의와 문명의 야만』(생각의나무, 2008)의 149쪽.

106 서보명, 『대학의 몰락』(동연, 2011)의 61~62쪽.

107 앞의 책, 119~120쪽에서 재인용.

108 김예슬, 「오늘 나는 대학을 그만둔다, 아니 거부한다」, 《경향신문》(2010. 3. 23).

109 김덕영, 『입시공화국의 종말』(인물과사상사, 2007)의 229쪽..

110 박도영, 「대학을 줄여야 하나, 정원을 줄여야 하나」, 『경제학자, 교육혁신을 말하다』(김상곤 외, 창비, 2011)의 84쪽.

111 장하준, 『그들이 말하지 않는 23가지』(김희정·안세민 옮김, 부키, 2010)의 237~238쪽.

112 앞의 책의 250쪽.

113 《한겨레신문》, 「입시 경쟁 없이 맘껏 골라 다녀도 대학 경쟁력 으뜸」(2009. 10. 12).

114 《조선일보》, 「한국 6개 대학, 세계 톱 300에…5년 새 급성장」(2012. 9. 11). 영국의 대학평가 기관인 QS(Quacquarelli Symonds)는 4개 분야에서 대학을 평가한 자료를 발표하였는데, 그 4개 분야(연구, 교육, 졸업생 평판, 국제화 정도) 중, 〈연구 분야〉는 '교수 1인당 논문 피인용 수'와 '학계 평가'이고, 〈교육 분야〉는 학생 교육에 대한 투자는 '교수 1인당 학생 수'이고, 〈졸업생 평판도〉는 '세계 기업인들에게 채용을 선호하는 대학을 물은 것'이었고, 〈국제화 분야〉로는 '외국인 학생 비율'과 '외국인 교수 채용 비율'로 평가했다고 함.

115 김덕영, 『입시공화국의 종말』(인물과사상사, 2007)의 131~132쪽.

116 《경향신문》, 「초·중등 교육 정상화하려면 대학 체제부터 바꿔야 한다」(2012. 8. 3).

117 강남훈, 「교육혁신과 사회개혁」; 김상곤 엮음, 『더불어 행복한 민주공화국』(폴리테이아, 2012)의 77~78쪽.

118 《한겨레21》, 「사학 불법 설립, 누가 도장 찍었나」(2004. 10. 27, 제532호).

119 위의 글.

120 염무웅, 「교육부를 개혁하라」(한겨레신문, 2003. 2. 2일자 칼럼).

121 《한겨레21》, 「사학을 담당하고, '정년'을 잊었다」(2004. 10. 27, 제532호).

122 위의 글.

123 위의 글.

124 《한겨레신문》, 「사립대 75곳, 교육부 종합감사 한 번도 안 받아」(2007. 10. 31).

125 《한겨레신문》, 「교원공제회 등 교육단체 3곳 이사장 80%가 교과부 출신」(2012. 7. 29).

126 《한겨레신문》, 「교육부 교부금 '외국어고 편중,' 일반고보다 9배 더 줬다」(2009. 10. 6).

127 《한겨레신문》, 「특목고생 공교육비 '일반고 3배'」(2010. 10. 1).

128 《한겨레신문》, 「지자체, 자사고에 1억 8천만 원씩 더 줬다」(2012. 9. 27) 참고. 이와 같은 예산 쏠림 현상은 자율형 사립고, 기숙형 사립고, 마이스터고, 기숙형 공립고, 자율형 공립고 차례로 심했으며, 이는 곧 이명박 정부의 '고교 다양화 정책' 이 교육의 다양성이 아니라 학교별 차별을 심화시킨 결과를 낳았고, 공교육의 기반과 보편성을 정부 차원에서 자발적으로 훼손했다는 점에서 매우 심각한 문제라 아니할 수 없다. 과연 '고교 다양화 정책'이 누구를 위한, 무엇을 위한 정책인지 되묻지 않을 수 없다.

129 국정브리핑 특별기획팀, 『대한민국 교육 40년』(한스미디어, 2007)의 74쪽.

130 《위클리 경향》, 「이명박 교육은 사회 불평등 심화 주범」(2009. 2. 24, 813호).

131 염무웅, 「교육부를 개혁하라」(한겨레, 2003. 2. 2일자 칼럼).

132 한준상·정미숙, 「1948~1953년 문교정책의 이념과 특성」, 『해방전후사의 인식 4』(최장집 외, 한길사, 1989)의 365~366쪽.

133 김신일, 『교육사회학』(교육과학사, 1993)의 462~463쪽.

134 《오마이뉴스》, 「대학 체제 혁신 공론화, 더는 미룰 수 없다」(2012. 3. 14), 김상곤 엮음, 『더불어 행복한 민주공화국』(폴리테이아, 2012)의 11쪽.

135 김상곤 엮음, 『더불어 행복한 민주공화국』(폴리테이아, 2012)의 78~79쪽.

136 김상곤, 『김상곤의 교육편지: 행복한 교육을 꿈꾸는 이들께』(한겨레출판, 2012)의 256쪽.

137 《연합뉴스》, 「'교육首長' 잦은 교체…흔들리는 교육정책」(2005. 1. 7).

138 에르끼 아호, 『에르끼 아호의 핀란드 교육개혁 보고서』(김선희 옮김, 한울림, 2010)의 94~95쪽.

139 국정브리핑 특별기획팀, 『대한민국 교육 40년』(한스미디어, 2007)의 168~172쪽.

140 《한겨레신문》, 「평준화고 학생이 수능 더 잘 봤다」(2012. 6. 15).

141 《노컷뉴스》, 「평준화 지역이 16년간 수능평균 더 높았다」(2010. 12. 2).

142 국정브리핑 특별기획팀, 『대한민국 교육 40년』(한스미디어, 2007)의 178쪽.

143 《한겨레신문》, 「평준화로 학력 하향, 근거 없다」(2009. 12. 10).

144 《동아일보》, 「평준화 고교생 성적 향상, 非평준화 지역 앞섰다」(2000. 10. 4).

145 《한겨레신문》, 「고교평준화가 학력 높였다」(2001. 5. 24).

146 《한국일보》, 「MB정부 '고교 다양화' 핵심, 자율고 어쩌다 이 지경에…」(2011. 11. 25), 《한겨레신문》, 「"자사고로 바꿨다가…" 정원 미달 진퇴양난」(2010. 12. 20).

147 《세계일보》, 「자사고 성적 향상도, 일반고보다 낮아」(2012. 4. 1), 《한겨레신문》, 「부모·사교육이 만든 '특목고 효과'」(2012. 4. 1).

148 《한겨레신문》, 「외국어고 수능 고득점 비결은…"공부 잘하던 중3 독점한 덕분"」(2010. 6. 14), 《한겨레신문》, 「고교 서열화 정책, 학교·아이들 망가뜨린다」(2010. 9. 2).

149 위의 글(2010. 6. 14)에서 재인용.

150 국정브리핑 특별기획팀, 『대한민국 교육 40년』(한스미디어, 2007)의 182쪽.

151 《위클리경향》, 「외국어고 폐지냐, 변신이냐」(2009. 11. 3, 제848호).

152 《한겨레신문》, 「외국어고 폐지, 자율고 전환 논란」(2009. 10. 20), 《한겨레신문》, 「학생까지 외면하는 '자사고' 전면 재검토하라」(2010. 2. 20).

153 《위클리경향》, 「자율형 사립고가 '대안'일까」(2009. 11. 3, 제848호).

154 선대인, 『문제는 경제다』(웅진지식하우스, 2012)의 300~301쪽. '한 방 신화'라는 개념은 한반도 대운하 사업을 비롯해서, 인천 아시안게임, 지역 신공항 건설, 여수 엑스포, 평창 동계올림픽, F1 그랑프리대회, G20 국제회의 등 대규모 국책 사업이나 그럴듯한 국제 행사를 벌이면 마치 한국경제가 갑작스럽게 살아나서 잘 살 수 있을 것이라는 착각과 환상을 갖게 만드는 현상을 말함. 교육에서의 외국어고와 자사고 효과도 경제 분야에서의 '한 방 신화'와 다르지 않은 일종의 착시 현상이거나 일시적인 환상 효과로 규정한다.

155 박영규, 『특별한 한국인: 박영규의 속 시원한 우리역사, 우리문화 이야기』(웅진닷컴, 2000)의 163쪽 ; 강준만, 『입시전쟁 잔혹사』(인물과사상사, 2009)의 92~93쪽에서 재인용.

156 《서울신문》, 「대입 농어촌 특별전형 수백명 부정입학」(2012. 1. 26); 《중앙일보》, 「"40억 주면 의대 입학" 속아 44억 뜯긴 모정」(2011. 11. 7); 《한국일보》, 「대학 합격증 가짜인 줄 모르고 입학식 가서 "속았구나…"」(2012. 3. 22); 《YTN뉴스》, 「명문대 합격시켜 주겠다며 수천만 원 가로채」(2010. 7. 14) 등을 보면, 명문대 합격을 조건으로 수천만 원, 수십 억 원을 주고 가짜 합격증을 사고팔다가 사기를 당하는 사건들, 단순히 수능시험 부정행위가 아니라 아예 돈을 주고 대학생을 대리인으로 내세워 수능 대리시험을 직접 보게 한 사건, 명문대 합격자를 한 명이라도 늘리기 위해 학교장과 학부모 등이 가짜 주소나 위장 전입을 밥 먹듯 해서 농어촌 특별 전형을 악용한 사례 등은 오직 '내 새끼주의에 함몰된 빗나간 교육열과 맹목적인 명문대 열

풍이 가져온 전형적인 사회적 해악이다. '내 새끼주의'는 한국 사회의 도덕 불감증을 초래한 대표적인 사례ㄴ들이다.

157 최준식, 『한국인에게 문화는 있는가』(사계절, 1999)의 68쪽.

158 《한겨레신문》, 「빗나간 교육열, 끊이지 않는 비극」(2011. 11. 25).

159 《뉴시스》, 「소득별 사교육비 격차 최고 10배…심화되는 교육 양극화」(2012. 5. 31).

160 《한겨레신문》, 「'8만 원 대 54만 원' 교육비 양극화 심화」(2012. 2. 21).

161 《서울경제신문》, 「농가·교육부문 혜택대상 주는데 예산 급증」(2011. 9. 15).

162 《연합뉴스》, 「빚내서 사교육비 대는 '교육 빈곤층' 305만 명」(2012. 8. 26).

163 김상봉, 『학벌 사회』(한길사, 2005)의 328~330쪽.

164 《경향신문》, 「"취업 때 학벌중시로 사교육", 서울·고소득 '특목고' 선호」(2008. 2. 22).

165 박명섭, 「교육개혁의 오적(五賊)은 누구인가?」(한겨레, 2003. 12. 29일자 칼럼).

166 《경향신문》, 「4년제 대학 등록금 4.5% 인하…800만원 이상 24곳」(2012. 2. 29).

167 《한겨레신문》, 「한국 대학 등록금 세계 2위, "사립대 자산 불리기 탓이죠"」(2011. 1. 25).

168 《한겨레신문》, 「허리 휘는 대학 등록금 'OECD' 최고 수준」(2009. 9. 9).

169 《티엔티뉴스》, 「MB정부 5년 교육정책…"안 좋은 건 죄다 늘었다"」(2012. 7. 12).

170 《한겨레신문》, 「가구 절반이 연소득 20% 들여야 '등록금 충당'」(2011. 6. 2).

171 《연합뉴스》, 「5년간 대학 등록금 30%↑… 물가상승률 두 배」(2011. 5. 23).

172 《한겨레신문》, 「대학생 11만 명 20% 넘는 고금리 대출」(2012. 6. 15).

173 《한겨레21》, 「한국보다 더 미친 대학 등록금은 없다 – 스웨덴」(2011. 6. 24, 제866호).

174 《한겨레21》, 「대부업체에 341억 빚진 대학생들」(2012. 9. 7).

175 《연합뉴스》, 「사립대총장協 "대학 자율성 존중해야"」(2011. 10. 31), 《이투데이》, 「사립대총장협의회 "적립금 간섭은 대학자율 침해"」(2011. 10. 31).

176 《시사IN》, 「등록금은 '최고,' 학생 지원은 '최저'」(2010. 2. 17, 제126호).

177 안현효, 「복지와 성장이 선순환하는 사회적 합의」: 김상곤 엮음, 『더불어 행복한 민주공화국』(폴리테리아, 2012)의 522~523쪽.

178 《한겨레신문》, 「학자금 외국에선 어떻게」(2009. 11. 16).

179 위의 글.

180 《한겨레신문》, 「허리 휘는 대학 등록금 'OECD' 최고 수준」(2009. 9. 9).

181 《한겨레신문》, 「한국 대학 등록금 세계 2위, "사립대 자산 불리기 탓이죠"」(2011. 1. 25).

182 《노컷뉴스》, 「고려대 재단, 적립금 주식에 투자했다가 수백억 원 날려」(2012. 2. 22).

183 《내일신문》, 「사립대 수익용 토지로 땅투기 의혹」(2011. 7. 7).

184 《서울신문》, 「"혈세투입 능사 아니다… 적립금 70%풀면 반값 가능"」(2011. 6. 7).

185 《국민일보》, 「사립대 등록금 거품 20%… 2011년 7,437억 더 걷었다」(2012. 6. 18), 《한겨레신문》, 「등록금 인하는 '소극,' 적립금 쌓기는 '적극'」(2012. 3. 18).

186 《한국대학신문》, 「사립대 지난해 적립금 2,787억 늘어」(2012. 8. 27, 제858호).

187 《한겨레신문》, 「대학들, 원금 60% 까먹기도… 대부분 등록금인데」(2012. 9. 5).

188 김상봉, 『학벌 사회』(한길사, 2005)의 58~59쪽.

189 김동훈, 『한국의 학벌, 또 하나의 카스트인가』(책세상, 2001)의 9~10쪽.

190 김상봉, 『학벌 사회』(한길사, 2005)의 228~229쪽.

191 정진상, 『국립대 통합 네트워크: 입시 지옥과 학벌 사회를 넘어』(책세상, 2004)를 참고하기 바람.

192 캘리포니아대학교(UC)는 미국 캘리포니아 주에 있는 주립 종합대학군(群)을 지칭하는데, 캘리포니아대학교(UC)는 10개의 캠퍼스 시스템으로 구성되어 있고, 캘리포니아 주립대학교 시스템(CSU), 캘리포니아 커뮤니티 칼리지 시스템(CCC)과 함께 캘리포니아 주의 3대 고등교육 시스템을 구성하고 있다. 현재 22만 명의 학부생과 대학원생이 다니고 있으며, 캘리포니아 대학교의 운영 방식은 26명으로 구성된 대학이사회에 의해 운영된다. 대학이사회는 주지사가 임명하는 18명의 이사를 포함하여 구성되는데, 임기는 12년이다. 이 밖의 대학이사로는 1년 임기의 학생대표, 그리고 주지사, 부지사, 주의회 의장, 교육위원회 위원장, 동문회 회장과 부회장, 총장 등 7명의 당연직 이사가 대학운영에 참여한다. 〈http://www.universityofcalifornia.edu〉 및 〈http://terms.naver.com/entry.nhn?docId=870863&mobile&categoryId=2027〉를 참고하기 바람.

193 미 군정기 때 제기된 〈국립서울대학교 설립안〉은 보통 줄여서 '국대안'으로 부르는 것이 일반화되었는데, 1946년 7월 13일 당시 미 군정의 문교부장 유억겸, 차장 오천석에 의해 발표되었다. 약 1개월 후인 8월 22일 '국립 서울대학교 설립에 관한 법령'(군정법령 제102호)가 공포되었다. 그 내용은 경성제국대학의 후신인 경성대학의 '3

개학부'와 일제강점기 때 만들어진 '9개 관립 전문학교'를 통폐합하여 단일형 '국립 종합대학'을 설립하자는 것이었다. 그 결과 '국대안'은 경성대학(구 경성제국대학 시절 법문학부, 의학부, 이공학부가 있었음)과 서울과 인근의 전문학교 등을 통합하여 종합대학으로 만들었다. 이를 구체적으로 살펴보면, '문리과대학'(경성대학 문학부+이학부), '법과대학'(경성대학 법학부+경성법학전문학교), '사범대학'(경성사범학교), '의과대학'(경성대학 의학부+경성의학전문학교), '상과대학'(경성고등상업학교), '공과대학'(경성대학 공학부+경성광산전문+경성고등공업학교), '치과대학'(경성치과전문), '농과대학'(수원농림전문), '예술대학'(신설됨. 음악부, 미술부)의 9개 단과대학으로 구성되었다.

194 노동시장의 불평등 모순 구조와 좋은 일자리 창출 및 학벌 사회와 관련해서는 더 구체적이고 종합적인 분석이 별도로 필요한 부분이기 때문에 여기에서는 문제의식만을 제기하는 것으로 대신한다.

195 《한겨레신문》, 「어딜 가나 "어느 대학 나왔나"… 취업·임금 차별 근거로」(2011. 7. 5).

196 위의 글.

197 《경향신문》, 「한국 공교육비 민간 부담률 '유럽의 3배'」(2012. 3. 29).

198 《연합뉴스》, 「한국 공교육비 민간부담률 12년째 OECD 1위」(2012. 9. 11).

199 《매일경제》, 「美명문대 한국학생 절반 졸업 못해」(2008. 10. 2).

200 이정우, 『불평등의 경제학』(후마니타스, 2011)의 210~122쪽.

201 사토 마나부, 『교육개혁을 디자인한다』(손우정 옮김, 학이시습, 2010)의 149쪽.

202 사토 마나부, 『배움으로부터 도주하는 아이들』(손우정·김미란 옮김, 북코리아, 2010)의 47쪽.

203 조한혜정, 『학교를 찾는 아이, 아이를 찾는 사회』(또하나의문화, 2000)의 120쪽.

204 《한겨레신문》, 「교육은 배움과 돌봄… 경쟁 줄이는 방향으로 개혁을」 – 한겨레가 만남 사람 인터뷰 – (2012. 3. 26).

205 파울루 프레이리(Paulo Freire), 『페다고지』(남경태 옮김, 그린비, 2004)의 90쪽. 실천을 통해 현실적 자각으로 현실의 문제를 해결해 나가는 실천교육론과 타인과 세계와 더불어 살아가기 위해서는 피억압자를 위한 진정한 실천교육이 어떤 것인가를 먼저 알 필요가 있다. 이에 관한 자세한 내용은 『페다고지』와 더불어 『파울루 프레이리 읽기: 그와 그의 사상』(모아시르 가도치 지음, 백경숙, 박내형 공동 옮김, 우리교육, 2012)을 참고하기 바람.

206 물론 교사가 우물 안의 개구리나 동네북이라는 사회적 비난을 들을 수도 있다는 것은 비단 교사 집단의 무능이나 무기력함, 그리고 그 집단적 속성에서 비롯되는 것만은 아니다. 교육의 주체인 교사 집단을 도매금으로 비난하는 일부 보수 언론과 사회경제적으로 교사를 우대하지 않는 정부의 안일한 문제의식과 교원정책 등에서 비롯되는 요인이 더 결정적이다. 하지만 교사 집단 내부에서도 개인이든 소그룹이든 집단이든 자발성에 기초한 변화의 모습을 적극적으로 시도하여야 한다.

207 헨리 지루(Henry A. Giroux), 『교사는 지성인이다』(이경숙 옮김, 아침이슬, 2003)의 242쪽. 인용 부분의 내용을 문맥의 전체적인 흐름에 맞게 문장 표현을 일부 수정하여 인용하였음.

208 헨리 지루, 『교사는 지성인이다』(이경숙 옮김, 아침이슬, 2003)의 243쪽.

209 '홀로 주체성'과 '서로 주체성'의 개념은 김상봉, 『학벌 사회』(한길사, 2005)에서 착안하여 사용한 개념이다. 홀로 주체성은 말 그대로 독립적 개인을 지칭한다면, 서로 주체성은 타자와의 연대성을 중요시하는 말이다. 이 개념들에 대한 더 자세한 이해의 폭을 넓히기 위해서라면 위의 책을 참고하면 좋다.

210 국정브리핑 특별기획팀, 『대한민국 교육 40년』(한스미디어, 2007)의 319쪽.

211 존 홀트(John Holt), 『존 홀트의 학교를 넘어서: 학교 밖에서 찾는 능동적 배움의 길』(공양희 옮김, 아침이슬, 2007)의 27쪽.

212 앞의 책의 28쪽.

213 《경향신문》, 「전환학년제 성공의 관건은 사회적 협조」(2012. 7. 30); 《경향신문》, 「고1 땐 학과공부 잠시 접고 세상과 자신을 탐색」(2012. 7. 30) 등 참고.

214 《한국일보》, 「고졸 취업률 11년 만에 늘었지만…」(2012. 9. 12).

215 《한겨레신문》, 「어딜 가나 "어느 대학 나왔냐"…취업·임금 차별 근거로」(2011. 7. 5).

216 위의 글.

217 오스트레일리아 퀸즐랜드대 정재훈 교수는 한국 교육의 가장 큰 문제가 대학 서열에 따라 '명문대 보내기'에 열을 올리는 사회적 분위기가 문제라고 지적하면서, 이를 바꾸기 위해서는 학력·학벌의 중시와 이에 따른 임금 차별이 고착화된 한국의 노동시장 문제를 우선 해결해야 한다는 점을 강조한다. 《한겨레신문》, 「임금 구조 바꿔야 교육 바뀐다」(2012. 3. 4) 참고.

218 김덕영, 『입시공화국의 종말』(인물과사상사, 2007)의 115쪽.

219 김덕영, 『입시공화국의 종말』(인물과사상사, 2007)의 269쪽.

220 《연합뉴스》, 「주요大 수리논술 84문제 중 54.8%가 대학 수준」(2012. 8. 20).

221 《중앙일보》, 「교단 떠나는 교사들」(2012.8.16).

222 《연합뉴스》, 「한국 공교육비 민간부담률 12년째 OECD 1위」(2012. 9. 11), 《경향신문》, 「한국 공교육비 민간 부담률 '유럽의 3배'」(2012. 3. 29).

223 김상곤, 『김상곤의 교육편지: 행복한 교육을 꿈꾸는 이들께』(한겨레출판, 2012)의 262쪽.

224 박명섭, 「한국 교육의 피사 쇼크」, 《한겨레신문》(2010. 4. 26일자 칼럼).

225 조한혜정, 『학교를 찾는 아이, 아이를 찾는 사회』(또하나의문화, 2000)의 125쪽.

교육의 **배신**, 내몰리는 **아이들**
현장에서 쓴 교육개혁 블루프린트

초판 1쇄 인쇄일 | 2012년 12월 10일
초판 1쇄 발행일 | 2012년 12월 14일

발행처 지호출판사
발행인 장인용
출판등록 1995년 1월 4일
등록번호 제10-1087호
주소 경기도 고양시 일산동구 호수로 662 삼성라끄빌 1319호
전화 031-903-9350
팩시밀리 031-903-9969
이메일 chohobook@naver.com

ISBN 987-89-5905-072-3